Liebe Mutti!

Wo du doch Krimis so magst, dachte ich mir, dir gefällt vielleicht so ein Buch auch...

2020

Frohe Weihnachten

Alles Liebe

Deine Suni

Elli

Johannes Seiffert

Legendäre Spionagefälle

Operationen, Enthüllungen, Mythen: 25 spektakuläre Geheimdienst-Affären

edition berolina

ISBN 978-3-95841-113-5
1. Auflage

Umschlaggestaltung: BEBUG mbH, Berlin
Umschlagabbildung: picture alliance / AP Photo | Edwin Reichert
Druck und Bindung: CPI Moravia Books s.r.o.

eb edition berolina

Alexanderstraße 1
10178 Berlin
Tel. 030 / 206 109 – 0

www.buchredaktion.de

Inhalt

Vorwort

Liebe Leserin, lieber Leser,

Markus »Mischa« Wolf, über Jahrzehnte Chef der DDR-Auslandsspionage, pflegte im privaten Gespräch und später auch in seiner Autobiographie gern die Geschichte wiederzugeben, wie in der Bibel die Anfänge nachrichtendienstlicher Aktivitäten geschildert werden, speziell im Hinblick auf die Verbindung des ältesten (Prostitution) mit dem zweitältesten Gewerbe (Spionage). Im vierten Buch Mose findet sich tatsächlich die Geschichte, wie Mose – im Auftrag des Herrn (!) – zwölf Männer zu Kundschaftern bestimmt. Einem der Männer, Hosea, verleiht er den Decknamen »Joshua«. Als Nachfolger von Moses sendet Joshua später selbst weitere Kundschafter aus, darunter zwei, die in Jericho Kontakt zur Prostituierten Rahab aufnehmen sollen. Als die Polizei sich wenig später dem Bordell Rahabs nähert, versteckt sie die beiden israelischen Agenten auf dem Dach des Hauses und bewahrt sie so vor der Verhaftung. Später revanchieren sich die beiden Kundschafter und retten Rahab das Leben.

Ist somit die Spionage als Profession bereits mehrere Jahrtausende alt, so soll es im vorliegenden Buch um herausragende Spionagefälle der beiden vergangenen Jahrhunderte gehen, die reich an ebensolchen waren, und um Persönlichkeiten, welche die Geschichte der Spionage geprägt haben, erfolgreich oder erfolglos, aber in jedem Falle speziell bis spektakulär. Wenn Sie sich nun fragen, was hat das alles mit heute zu tun, mit dem Hier und Jetzt, dann genügt ein Blick auf die aktuelle Medienberichterstattung zu Vorgängen rund um den Globus, die illustrieren, welche Folgen die Tätigkeit einzelner Spione beziehungsweise einzelner Spionageorganisationen haben kann. Es ist kein Zufall, dass in Hongkong gerade dann 2019 die Unruhen aufflammten, als die Volksrepublik (VR) China vom amerikanischen Präsidenten Trump in einen Handelskrieg mit den USA gezerrt wurde. Seitdem kam Hongkong monatelang nicht zur Ruhe, wurde die VR China an ihrem »weichen Bauch« (wie seinerzeit die Sowjetunion in den islamisch geprägten Landesteilen an ihrer Südgrenze) unter Druck gesetzt, durch gezielt inszenierte Tumulte in Schwierigkeiten gebracht. In Hongkong sind traditionell die britischen, aber eben auch die mit ihnen per UKUSA-Abkommen eng verbündeten amerikanischen Geheimdienste sehr präsent und in der Lage, quasi auf Knopfdruck solche Unruhen auszulösen (oder abzustellen).

Eine weitere solche »Schwachstelle« stellt in Chinas fernem Westen die Uiguren-Provinz Xinjiang dar, die immer wieder von »Unruhen« heimgesucht wird. Hier mischt auch der Bundesnachrichtendienst (BND) mit, der bekanntlich in München eine große Uiguren-Exilgemeinde finanziert und steuert. Und auch in den USA wird dieses »Argument« gern genommen, um die Menschenrechtskeule gegen die VR China zu schwingen – zuletzt sogar unterstützt durch einen einstündigen »Beitrag« des Comedians John Oliver zu bester Sendezeit in den USA. Und kaum waren die Unruhen auf den Straßen Hongkongs abgeklungen, kam mit dem Coronavirus die nächste Plage übers Land. Ein Schelm, wer dabei Böses denkt. Mittlerweile wird in chinesischen Medien – zur Belustigung der sich wie immer ahnungslos gebenden Westblockpresse – offen darüber spekuliert, dass genau vier Wochen vor dem Ausbruch des Virus in Wuhan eine große US-Militärdelegation bei den Militärsport-Weltmeisterschaften in Wuhan angetreten war. Nimmt man nun noch hinzu, dass die USA die Nation ist, die am meisten

Geld in die Erforschung von ABC-Waffen, also atomaren, biologischen und chemischen Waffen, steckt, muss man auch hier nur eins und eins zusammenzählen, um zu einem beunruhigenden Befund zu kommen.

Ende des Jahres 2019 bekam das staunende Publikum eine weitere Bilderbuchvorstellung über die Wirkungsweise von Spionagetätigkeit gegen ein Land beziehungsweise gegen eine Partei oder eine einzelne Person. In Bolivien wurde der gewählte Präsident Evo Morales zur Flucht außer Landes genötigt, nachdem der bolivianische Heeres- und der Polizeichef ihn zum Rücktritt aufgefordert und »Aufständische« dem Präsidenten und seiner Familie mit dem Tod gedroht hatten. Wie zu vernehmen war, halfen siebenstellige US-Belohnungsangebote per Telefon dabei, die beiden Funktionäre zum Umdenken beziehungsweise zum Seitenwechsel zu bringen. Jeder Mensch hat seinen Preis, eine der ältesten Grundregeln des Spionagegeschäfts. Und wenn es nicht das Geld ist, dann sind es kompromittierende Dinge aus seinem Privatleben, entweder echt oder täuschend echt nachgemacht oder per raffiniert gestellter Falle gezielt produziert, die ausreichenden Druck auszuüben in der Lage sind.

Interessant sind auch die seit der Wahl Donald Trumps zum US-Präsidenten 2016 nicht verstummenden Gerüchte beziehungsweise Behauptungen, Russland habe massiv und manipulativ in die US-Präsidentenwahl eingegriffen und so erst die Wahl Trumps ermöglicht. Stichhaltige, überprüfbare Beweise hierfür wurden zu keinem Zeitpunkt vorgelegt. Dennoch werden diese Behauptungen mantraartig wiederholt und von den US-Medien und ihrer internationalen Gefolgschaft wiedergekäut. Dass die Kriegstreiberin Hillary Clinton wegen massiver Fehler in der Wahlkampfführung trotz aussichtsreicher Position im Rennen 2016 nicht siegte, muss aus Friedenssicht als großer Glücksfall gelten. Zwar wurde stattdessen mit Trump ein korrupter Clown gewählt, der jedoch zumindest außenpolitisch den Säbel weitgehend aus der Hand gelegt und bislang keinen größeren neuen Krieg vom Zaun gebrochen hat (im Gegensatz zu dem, was Frau Clinton schon im Wahlkampf ankündigte), sondern im Gegenteil den Rückzug der US-Truppen aus Syrien und zuletzt sogar – aus persönlicher Kränkung heraus – den teilweisen US-Truppenabzug aus der BRD befahl. Da nach wie vor und ganz bewusst sowohl eine Sicherungstruppe rund um die Ölquellen im kurdischen Stammesgebiet auf syrischem Boden belassen wird als auch noch über 20.000 US-Soldaten auf dem Gebiet der BRD die größte Ansammlung von US-Truppen außerhalb der USA darstellen, wurde damit die eigentliche Interessenlage der USA einmal mehr offenbar gemacht. Nachdem selbst die offiziellen, gerichtlichen und sonstigen Untersuchungen in den USA keine stichhaltigen, gerichtsverwertbaren Beweise für eine ausländische Manipulation der US-Wahlen erbrachte (sondern einmal mehr die Erkenntnis, dass es dem Populisten Trump 2016 gelungen war, die Stimmung im US-Volke besser zu erfassen und für sich zu nutzen als seiner demokratischen Widersacherin), wurde Trump seit Ende 2019 erneut durch den Kakao gezogen und sogar mit einem am Ende erfolglosen Amtsenthebungsverfahren (*Impeachment*) bedacht. Grund: Er soll den ukrainischen Präsidenten Selenskyj im Juli 2019 während eines Telefonats um kompromittierendes Material gegen Joe Biden gebeten haben und als Druckmittel dafür 400 Millionen US-Dollar Militärhilfe der USA für die Ukraine (ein neutrales, mit der USA vertraglich nicht verbündetes Land) zurückgehalten haben. Worum geht es, und wer ist dieser Joe Biden? Biden war US-Vizepräsident unter Barack Obama und hat sich gerade in der Ukraine in zweifelhafter Weise betätigt. Zum einen war er 2014 zentral am vom Westen gesteuerten Umsturz, am Putsch gegen den gewählten Präsidenten Janukowitsch beteiligt, der auf illegale Weise zur Flucht gezwungen wurde. Seinerzeit hatten die vom Westblock finanzierten, monatelang in Kiew auf dem Maidan randalierenden Hooligans aus Lwiw (Lemberg) sehr glaubwürdige Todesdrohungen gegen ihn ausgesprochen. Zum anderen erhielt Bidens Sohn Hunter zur Belohnung (*hony soit qui mal y pense*) direkt nach dem Umsturz ein mit *monatlich* 50.000 US-Dollar dotiertes Aufsichtsratsmandat der ukrainischen Gasholding Burisma, das dieser erst 2019 aufgab, um seinen Vater im Wahlkampf 2020 von diesem Amtsmissbrauchsvorwurf zu entlasten.

Natürlich ging auch diese angebliche Affäre Trumps wie das Hornberger Schießen aus. Dennoch wird in den US-Medien behauptet, eine solche Manipulation des Wahlkampfs, wie sie Trump vorgehabt habe, sei beispiellos. Dabei muss man nur einige Jahrzehnte in der US-Geschichte zurückgehen (aber so weit reicht das Kurzzeitgedächtnis der Westblockmedien bekanntlich nur, wenn es den eigenen Interessen dient, nicht, wenn es um die Wahrheit geht), um auf einen deutlich massiveren Fall illegaler Absprachen im Rahmen einer US-Präsidentenwahl zu stoßen. 1980 führte Schauspieler Ronald Reagan für die Republikaner einen erbitterten Wahlkampf gegen den Demokraten Jimmy Carter, der zum Ende seiner ersten Wahlperiode vor der in der US-Geschichte eigentlich meist unproblematischen Wiederwahl für die zweite Amtsperiode stand, qua Amtsbonus als Wahlkampfvorteil. Doch die den etwas dümmlichen Reagan steuernden Republikaner konnten dennoch einen überraschenden Sieg erringen. Und zwar dank einer heimlichen Absprache mit den islamischen Revolutionären im Iran, die 1977 den Schah gestürzt und 1979 einige Dutzend Mitarbeiter der US-Botschaft in Teheran als Geiseln genommen hatten.

Carter hatte eine militärische Befreiungsaktion für die US-Geiseln genehmigt, die auf spektakuläre Weise – und möglicherweise absichtlich – scheiterte. Anschließend hielten die Islamisten in Absprache mit dem Wahlkampfteam Reagans für die Dauer des US-Präsidentenwahlkampfs die Geiseln weiter in Haft. Die misslungene Befreiungsaktion *Eagle Claw* (»Adlerklaue«) und die Tatsache, dass Carter nicht in der Lage war, die Geiseln auf anderem Weg zu befreien, sorgten für den beabsichtigten Stimmungsumschwung im Wahlvolk und sicherten Staatsschauspieler Reagan den Sieg. Die iranischen Islamisten ließen nach seinem Wahlsieg umgehend ihre Geiseln frei. Diese illegale Wahlkampfmanipulation legte im Folgenden die Grundlage für eine weit größere Spionageaffäre, auf die an anderer Stelle ausführlich eingegangen werden soll: die sogenannte Iran-Contra-Affäre. In diesem Zusammenhang wird von Historikern meist die Vorgeschichte übersehen beziehungsweise bewusst ausgeblendet, nämlich dass der vertraute Umgang Reagans mit den Islamisten seit der Geiselnahme und ihrer gezielten Beendigung nach der Wahlniederlage Carters erst das Geschäft Waffen gegen Geiseln möglich machte, das einige Jahre später aufflog und einen weiteren der vielen Schatten auf die Präsidentschaft Reagans warf. Carter wurde so der zehnte US-Präsident, der nach nur einer Wahlperiode sein Amt wieder verlor. Bush senior, George H. W. Bush, war dann der elfte, als er nach zwei Reagan-Amtszeiten und einer ersten eigenen Wahlperiode gegen Teflon-Boy Bill Clinton verlor. Was Bush Senior so wurmte, dass er im Jahr 2000 seinen Sohn in den Wahlkampf schickte, den dieser, George W. Bush, dann 2001 auch gewann.

Möglicherweise haben aber auch Sie sich gewundert, dass Anfang 2020 in der Medizinischen Hochschule Hannover (Universitätsklinik) knapp drei Wochen lang ein Mafiaboss aus Montenegro, dessen Name als Igor K. angegeben wurde, ob seiner bei heimatlichen Auseinandersetzungen erlittenen Schusswunden behandelt und das Krankenhaus während dieser Zeit mit einem massiven Polizeiaufgebot abgeriegelt wurde. Verweigerte die Polizei zunächst jegliche Auskunft über den Einsatz rund um das Krankenhaus, so sickerte anschließend durch, der Mafiaboss samt Ehefrau sei mit einem Privatflugzeug und in Begleitung von Beamten des Spezialeinsatzkommandos (SEK) nach Hannover gebracht worden. Flug- und Behandlungskosten in Höhe von über 100.000 Euro trug der reiche Mafioso angeblich selbst. Dabei wurde ihm auch ein künstliches Kniegelenk eingesetzt. Die Kosten für das Polizeiaufgebot in Höhe von rund einer Million Euro trug, so die letzte Auskunft, der deutsche Steuerzahler. Alle diese Informationen machen nur Sinn, wenn hier der BND seine Hand im Spiel hatte und somit der Mafiaboss, in welcher Form auch immer, zum lokalen Agentennetzwerk des BRD-Geheimdienstes zählte, was die Sonderbehandlung samt aufwendigster Schutzabschirmung erklären würde. Zwischenzeitlich sollte Igor K. in ein deutsches Gefängnis-Krankenhaus verlegt werden, was aber interessierte BRD-Regierungskreise zu verhindern wussten. Das niedersächsische Innenministerium verfügte Ende Februar 2020 zum großen Ärger des BND, der Mafioso habe die BRD nach erfolgter Behandlung umgehend zu verlassen, sonst werde er abgeschoben. Die Schusswunden soll der Mafioso übrigens im Zuge von Auseinandersetzungen der beiden im örtlichen Drogenhandel konkurrierenden Skaljari- und Kavac-Clans erlitten haben. In Montenegro, einem der Nachfolge-Staaten des vom Westblock erfolgreich desintegrierten Jugoslawiens, sind die westlichen Geheimdienste sehr präsent, um die noch schwankende Bevölkerung von den Vorteilen einer EU- und NATO-Mitgliedschaft und damit der Abkehr von

Russland zu »überzeugen«. Und Drogenhandel zählt bekanntlich zu den beliebtesten Neben-Einnahmequellen von Geheimdiensten.

Es gäbe hier noch viel anzuführen, doch belassen wir es bei Obigem und wenden wir uns nun den 25 sehr unterschiedlichen Persönlichkeiten oder Personengruppen zu, die ich wegen ihrer herausragenden, auf spektakuläre Weise erfolgreichen oder erfolglosen Spionagetätigkeit für dieses Buch ausgewählt habe, um Ihnen einen repräsentativen Eindruck der mit nahezu endlosen Facetten ausgestatteten Spionageprofession zu vermitteln.

Ich wünsche Ihnen viel Vergnügen bei der Lektüre!

Schöneck/Vogtland, im Sommer 2020
Johannes Seiffert

1. Alfred Redl

Ein »Jahrhundertverräter«?

Überdurchschnittlich intelligent, schneidig, Absolvent der kaiserlichen Kadettenschule, Karriereoffizier, dreisprachig, homosexuell: Alfred Redl (1864–1913) war das, was man im Wien der Jahrhundertwende einen »Feschak« nannte. Ein hübscher Bursche, dem die Herzen zuflogen, der das Leben in vollen Zügen genoss, sein Schwulsein aber wegen der rigiden Gesetze nur illegal im Rotlichtmilieu ausleben konnte. Das alles wäre noch kein Grund, ihn in die Annalen der legendären Spionagefälle aufzunehmen, wäre da nicht seine langjährige Tätigkeit für den Armeegeheimdienst Österreichs und das unrühmliche Ende seiner Karriere. Als hoher Offizier in der Russland-Abteilung des *Evidenzbüros* stellte Redl mitsamt seinen »menschlichen Schwächen« eine ideale Zielperson für die Anwerber des zaristisch-russischen Geheimdienstes *Ochrana* in Wien dar. Beschäftigt war Redl mit dem Sammeln und Auswerten von Informationen über den »Feind im Osten«, aber auch mit verdeckten Aktionen Richtung Russland. Die russischen Werber waren bereit, für valide Informationen reichlich Geld zu bezahlen. Und Redl benötigte viel davon für seinen aufwendigen Lebensstil. Die Falle schnappte nur allzu bald zu.

Doch zunächst zur Vorgeschichte. Redl stammte aus Lemberg, der Hauptstadt des österreichischen Kronlands Galizien (Lwiw in der heutigen Ukraine), und war der Sohn eines Berufsoffiziers der k. u. k. Armee. Vater Redl erzog seine Kinder konsequent dreisprachig – polnisch, ukrainisch und deutsch. Redl lernte später noch Tschechisch und Französisch. Mit 17 Jahren trat er in eine kaiserliche Kadettenschule ein. Nach zwei Jahren Ausbildung verließ der 19-jährige Redl die Schule 1883 als Kadett-Offiziersstellvertreter mit sehr guten Noten. Im heimatlichen Lemberg avancierte er in den nächsten vier Jahren zum Leutnant. 1887 bewarb er sich 23-jährig in der »Reichshauptstadt« Wien um die Zulassung zur k. u. k. »Kriegsschule« in der Lehárgasse 4 im 6. Gemeindebezirk. Hier wurden Offiziere für den Generalstabsdienst, die Spitze der militärischen Karriereleiter, ausgebildet. Als einer von fünfundzwanzig Offizieren des gesamten k. u. k. Reichs wurde Redl 1894 zum Generalstab versetzt. Zwischendurch musste sich der Lebemann wegen einer syphilitischen Erkrankung ärztlich behandeln lassen. Redl wurde nun zum *Eisenbahnbüro* des Generalstabs abkommandiert, wo man gegnerische Transport- und Aufmarschplanungen auskundschaftete beziehungsweise aufklärte. Dies war hinsichtlich Russlands von besonderer Bedeutung, unterlagen Landkarten im Zarenreich doch strikter Geheimhaltung, so dass man den Verlauf von Bahnstrecken vielfach nur durch persönliches Bereisen feststellen konnte. 1899 wurde der 35-jährige Redl zu einem »Sprachkurs« nach Russland geschickt. Üblicherweise waren solche Aufenthalte auch mit Aufklärungs- beziehungsweise Spionageaufträgen verbunden. Im ostrussischen Kasan konnte sich Redl während des einjährigen Aufenthalts (Mai 1899 bis Mai 1900) auf diese Weise eine sechste Sprache aneignen.

Solche Aufenthalte in einem Zielland waren und sind nicht ungefährlich, sowohl für den Betreffenden als auch für sein Heimatland. Denn es besteht die Gefahr, dass eine aufmerksame Spionageabwehr beziehungsweise Gegenspionage des Gastlands ihrerseits »Reisende« umzudrehen und anzuwerben versucht. Ob Redl möglicherweise schon hier für den russischen Geheimdienst tätig wurde, konnte bisher nicht mit letzter Sicherheit festgestellt werden. Seine frisch erworbenen Russischkenntnisse waren jedenfalls der Schlüssel zu seiner nächsten Karrierestufe, dem im Jahr 1900 erfolgten Dienstantritt in der »russischen Gruppe« des Wiener *Evidenzbüros* im k. u. k. Generalstab. Der 36-jährige Redl war damit Teil eines Teams von nur zwanzig Offizieren – der deutsche und der russische Generalstab hatten ein Vielfaches an Personal für die jeweiligen Feindbelange zur Verfügung.

Redl avancierte weiter. Wenige Monate später rückte er ins übergeordnete *Kundschaftsbüro* auf, welches die eintreffenden nachrichtendienstlichen Informationen aller Regional- und Ländergruppen des *Evidenzbüros* sammelte. 1907 übernahm er 43-jährig die Leitung des *Kundschaftsbüros*. Doch damit nicht genug. Wenige Monate später stieg er erneut auf und wurde nun Oberstleutnant im Generalstab (i.G.). Nach seiner Beförderung zum Oberst im Mai 1912 war der 48-jährige Redl nunmehr »kommandoberechtigt« und wurde am 18. Oktober desselben Jahres Generalstabschef des VIII. Armeekorps in der k. u. k. Metropole Prag.

Gegenspieler auf russischer Seite war einesteils die zaristische Geheimpolizei *Ochrana*, die für die zivile Auslandsspionage zuständig war, sowie anderenteils die Abteilung für *Kundschafterwesen* im russischen Generalstab. Die Österreich-Abteilung der *Ochrana* residierte im damals noch russischen Warschau, fünfzig Angestellte arbeiteten hier an der Informationsbeschaffung aus Österreich, unterstützt von weiteren hundertfünfzig Spionen vor Ort.

Der Chef des *Kundschafterwesens* im Generalstab hatte 1901 einen gutaussehenden, perfekt deutschsprechenden Balten-Baron als »Urlauber« nach Wien geschickt. Dessen Aufgabe war es gewesen, einen möglichst hochrangigen

Zuträger des *Evidenzbüros* anzuwerben. Auf seiner Suche nach Offizieren mit Schwachstellen war er angeblich 1903 auf Redl gestoßen – einen idealen Zuträger. Laut einer verbreiteten Legende soll der russische Agent seine Zielperson Redl mit dem Wissen um dessen homosexuelle Umtriebe im Rotlichtmilieu erpresst und zur Spionage für die *Ochrana* genötigt haben. Neuerliche Recherchen in Wiener und Moskauer Archiven ergaben jedoch keinerlei Hinweise auf eine solche Erpressung beziehungsweise eine solche Anwerbeoperation. Wahrscheinlicher ist, dass die wachsame russische Gegenspionage schon 1900 auf den »Sprachurlauber« Redl in Kasan aufmerksam geworden war und einen langfristig angelegten Anwerbeversuch unternommen hatte, verbunden mit hohen Geldversprechungen bei entsprechend attraktiven Lieferungen an Material. Nicht ausgeschlossen ist sogar, dass die Initiative zur Zusammenarbeit von Redl selbst ausgegangen war. Redl hatte hohen Geldbedarf, um seinen aufwendigen Lebensstil zu finanzieren – mit Villa, Automobilen, zahlreichen Bediensteten und regelmäßigen Besuchen exklusivster Restaurants.

Zu den von Redl verkauften Informationen gehörten Mobilmachungspläne, Truppenstärken, Inspektionsberichte und Festungspläne sowie die Operationsplanungen gegen Russland, Serbien und Italien. Redl fotografierte die Unterlagen und entwickelte die Aufnahmen selbst. Als Mitglied der Russlandgruppe bekam Redl auch alle Zusammenarbeitsangebote von russischen Überläufern und Verrätern vorgelegt und leitete deren Namen prompt nach Moskau weiter. Natürlich blieb es nicht aus, dass die seit dem Aufstieg Redls gehäuften Rückschläge bei der gegen Russland gerichteten österreichischen Spionagetätigkeit auffielen. Redl und seine russischen Führungsoffiziere verstanden es allerdings, diese Rückschläge durch vermeintlich »erfolgreiche Aktionen«

zu kompensieren. Dazu wurden angeblich streng geheime (falsche) russische Dokumente zur Verfügung gestellt und russische Agenten »enttarnt«, die ohnehin geopfert werden sollten. Redls ungeniert zur Schau gestellter Reichtum wurde niemals ernsthaft untersucht, kein Ruhmesblatt für die österreichische Spionageabwehr. Selbst handfeste Hinweise auf einen »Maulwurf« im *Evidenzbüro* konnten Redl nicht schaden. So etwa, als der österreichische Militärattaché in St. Petersburg, Major Lelio Graf Spannocchi, von dem mit ihm befreundeten britischen Militärattaché 1909 erfuhr, ein hoher österreichischer Generalstabsoffizier verkaufe Russland streng geheime militärische Unterlagen. Spannocchi telegrafierte das umgehend an den Chef des *Evidenzbüros*, Oberst Hrdlicka, der Spannocchi bat, sich an Oberst Redl, den Russland-Experten des *Evidenzbüros*, zu wenden. Redl gelang es in der Folge, Spannocchis Abberufung aus Moskau zu erreichen.

Material- und Geldübermittlungen erfolgten seit Redls Versetzung nach Prag 1912 meist per Post. Der in Prag dienstlich länger als vorgesehen festgehaltene Generalstabschef versäumte es im selben Jahr jedoch, eine solche postlagernde Geldsendung, gerichtet an seinen Tarnnamen »Nikon Nizetas«, auf dem Hauptpostamt in Wien rechtzeitig abzuholen. Daher wurde der Brief nach Ende der Abholfrist als unzustellbar an das Herkunftspostamt im ostpreußischen Grenzort Eydtkuhnen (heute: Tschernyschewskoje, Oblast Kaliningrad, Russland) zurückgesendet. Interessant ist, dass die russische Seite das am Grenzübergang zu Russland gelegene Eydtkuhnen als Postamt zur Absendung solcher Nachrichten ausgewählt hatte. Man wollte damit wohl die Postkontrolle umgehen, die alle direkt aus Russland ins deutsche Kaiserreich beziehungsweise nach Österreich-Ungarn geschickten Brief- und Paketsendungen betraf.

Als man 1913 in Eydtkuhnen die Postsendung auf der Suche nach Hinweisen auf den Absender öffnete, kamen ein hoher Bargeldbetrag und mehrere Adressenlisten zum Vorschein. Das Postamt leitete den Brief sicherheitshalber an den deutschen Militärgeheimdienst weiter. Dessen Chef, der im Zusammenhang mit der Russischen Revolution 1917 bedeutsam werdende Major Walter Nicolai (zuständig für die Finanzierung der Bolschewiki vor 1917 – vgl.: Johannes Seiffert: *Die größten Täuschungen der Geschichte,* 2. Aufl., Berlin 2019, S. 173–217), fand im Brief bekannte russische Spionage-Tarnadressen. Er informierte umgehend das Wiener *Evidenzbüro*. Der Brief wurde erneut verschlossen und nach Wien transportiert und, dort angekommen, abermals im Hauptpostamt hinterlegt. Die österreichische Staatspolizei ließ das Postamt sechs Wochen lang überwachen, dann schnappte die Falle zu. Als Redl am 24. Mai 1913 das Schreiben am Schalter abholte, wurde er anschließend beschattet und anhand der Abhol- und Aufgabescheine, die er weggeworfen hatte, als Adressat identifiziert. Neben dem Geheimnisverrat an sich drohte nun bei einer öffentlichen Untersuchung, dass Versäumnisse des Generalstabs hinsichtlich der Sicherheitsüberprüfung von Offizieren in Schlüsselpositionen bekannt würden. Daher wurde eine umfassende Nachrichtensperre zum »Fall Redl« verhängt. Eine Offiziersdelegation erhielt den Auftrag, Redl in seinem Wiener Domizil, dem luxuriösen *Hotel Klomser* (Palais Batthyány) in der Herrengasse, festzunehmen. Die Delegation traf Redl in seinem Hotelzimmer an. Redl wusste sofort, was die Stunde geschlagen hatte. Er gestand (allerdings nur einen verkürzten Zeitraum angebend), dass er 1910 und 1911 Geheimnisse an fremde Staaten verraten habe, dabei aber stets und ausnahmslos ohne Komplizen vorgegangen sei. Einer der Offiziere übergab Redl eine

Pistole und ein Päckchen Gift und ließ Redl dann allein, um ihm die Möglichkeit zu geben, seinem Leben selbst ein Ende zu bereiten. Bei der Rückkehr eine Stunde später fand man dann Redls Leiche mit einer Schusswunde im Kopf. Franz Conrad von Hötzendorf, Chef des k. u. k. Generalstabs, berichtete seinem Vorgesetzten, dem Thronfolger Erzherzog Franz Ferdinand, Generalinspektor der k. u. k. Armee, Redl habe sich »aus bisher unbekannter Ursache« erschossen. Der Kaiser wurde in ähnlicher Form informiert. Eine Mitteilung identischen Inhalts ging einen Tag später an die Presse.

Redls Prager Wohnung wurde zeitgleich durchsucht. Davon bekam der »rasende Reporter«, Egon Erwin Kisch, Wind. Er erfuhr von dem Schlosser, der in staatlichem Auftrag die Tür zu Redls Wohnung geöffnet hatte, dass Spionage und Homosexualität im Spiel gewesen seien. Kisch verfiel auf einen genialen Ausweg, wie er diese Sensationsmeldung trotz der in Österreich-Ungarn herrschenden Militärzensur publizieren könne: Er druckte die Meldung in Form eines Dementis: *Von hoher Stelle werden wir um Widerlegung der speziell in Militärkreisen aufgetauchten Gerüchte ersucht, dass der Generalstabschef des Prager Korps, Oberst Alfred Redl, der vorgestern in Wien Selbstmord verübte, einen Verrat militärischer Geheimnisse begangen und für Russland Spionage getrieben habe.* Dieses »Dementi« sorgte für großes Aufsehen; auch Kaiser und Thronfolger erfuhren auf diese Weise von Redls Verrat. Das Kriegsministerium reagierte erst drei Tage später. Nun musste man zugeben, dass Redl sich das Leben genommen habe, weil man im Begriffe war, ihn wegen homosexueller Verfehlungen und Geheimnisverrat an fremde Mächte zu überführen. Die österreichische Spionageabwehr überprüfte nun Redls Konto, das seit 1905 Einzahlungen von insgesamt mehr als 100.000 Kronen aufwies. Es stand somit fest, dass Redls Verrat deutlich früher begonnen hatte.

Redls Leiche wurde heimlich auf dem Wiener Zentralfriedhof (Gruppe 79, Reihe 27, Nummer 38) beigesetzt. Einen später aufgestellten Grabstein ließen die nationalsozialistischen Behörden kurz vor Kriegsende im April 1945 zerstören. Heute ist das Grab neu belegt, Redls Gebeine ruhen jedoch immer noch dort. Von einigen Historikern wird Redl bis heute für die verheerenden Niederlagen Österreich-Ungarns zu Beginn des Ersten Weltkriegs verantwortlich gemacht. Dank Redl habe Österreich-Ungarn sich falsche Vorstellungen von den Kräfteverhältnissen gemacht und die russische Armee als viel schwächer angenommen, als sie eigentlich war. Vereinzelt wurde sogar behauptet, dass die österreichische Kriegserklärung nicht erfolgt wäre, wenn die realen Informationen vorgelegen und Redl nicht für deren Verschleierung gesorgt hätte – mithin sei er also für den Ausbruch des Ersten Weltkriegs verantwortlich. Selbst CIA-Chef Allen Dulles bezeichnete Redl Jahrzehnte später noch als »Erzverräter«. Allerdings stehen dem die österreichischen Siege von Kraśnik und Komarów zu Beginn des Ersten Weltkriegs entgegen, die es demzufolge nicht hätte geben dürfen. Bis heute ungeklärt ist, wie auch nach dem Tod Redls weiterhin »Informationsabflüsse« aus dem *Evidenzbüro* Richtung Russland erfolgen konnten. Es muss also noch weitere, bis heute unbekannte »Redls« dort gegeben haben.

2. Mata Hari

Tänzerin und Amateur-Agentin

Am Montag, dem 15. Oktober 1917, wird in den frühen Morgenstunden dieses kühlen, nebligen Herbsttages eine etwas verlebt aussehende Frau mittleren Alters in den Hof des französischen Forts Vincennes, unweit von Paris, geführt. Vor einer Mauer ist ein Pfahl in den Boden gerammt, an den sie gefesselt wird. Ein Peloton Soldaten marschiert auf und lädt die Gewehre. Auf den Befehl eines Offiziers hin legen die Soldaten an, zielen auf die Frau und drücken ab. Von vielen Kugeln getroffen, sackt sie zusammen. Auf diese Weise endet das Leben einer der schillerndsten Frauengestalten der Spionagegeschichte, das Leben der Mata Hari, die in Wirklichkeit Margaretha »Grietje« Geertruida Zelle hieß.

Zelle wird 1876 als einzige Tochter und erstes Kind eines Hutmachers und seiner Frau im niederländischen Leeuwarden (Provinz Friesland) geboren. Ihre Mutter stammt von exotischen Vorfahren ab, deren Wurzeln in der damals niederländischen Kolonie Java liegen. Zwei Jahre nach Margaretha wird ihr Bruder Johannes geboren, und 1881 kommen ihre Zwillingsbrüder Ari und Cornelis zur Welt. Grietje besucht zunächst die Volksschule und ab 1890 – mit 14 Jahren – die Mittelschule. Sie lernt dort Englisch, Französisch und Deutsch. Ihr Vater ist als Aufschneider bekannt, der sich gern »Baron« nennen lässt, trotz fehlender Adelsahnen. 1890 lässt sich Grietjes Mutter von ihrem Hallodri-Gatten scheiden, stirbt aber schon ein Jahr später an Tuberkulose. Der bald neu verheiratete Vater nimmt nur zwei seiner Kinder zu sich, Grietje und einer ihrer Brüder kommen zu anderen Verwandten. Grietje beginnt nun gemäß dem Willen ihres Patenonkels, der sie aufnahm, eine Ausbildung zur Kindergärtnerin, bricht sie jedoch bald ab. Erst Jahrzehnte später kommt heraus, dass die 15-Jährige offenbar vom Direktor der Ausbildungsschule missbraucht wurde. Grietje, die sich standhaft weigerte, die Schule weiterhin zu besuchen, wurde innerhalb der Verwandtschaft weitergereicht, diesmal an einen Onkel in Den Haag.

1895 entdeckt die 19-Jährige eine Zeitungsanzeige, in der ein aus England stammender Offizier der niederländischen Kolonialarmee eine Ehefrau sucht. Rudolph MacLeod ist zwanzig Jahre älter als Grietje, ein Griesgram, der an Rheuma und Diabetes leidet. Grietje ist das egal. Die Eheschließung bietet ihr die Chance, aus der holländischen Provinz herauszukommen, da MacLeod in Niederländisch-Indien stationiert ist und nach seinem Heimaturlaub dorthin wieder zurückzukehren beabsichtigt. Die 19-Jährige heiratet den 39-Jährigen im Sommer 1895, Ende Januar 1896 bringt sie einen Sohn zur Welt. Die Ehe steht unter keinem guten Stern, ihr Ehemann stellt sich als Alkoholiker heraus, der sie oft schlägt.

Im Frühjahr 1897 geht die Reise endlich los, die Reise ans andere Ende der Welt, zum Stationierungsort Batavia (heute: Jakarta, Indonesien). Ein Jahr später kommt dort Töchterchen Jeanne Louise »Non« (malaiisch für »Mädchen«) zur Welt. Grietje blüht auf, beteiligt sich am kulturellen Leben der Garnison, beschäftigt sich mit indonesischer Folklore und wird Mitglied einer Tanzgruppe der Offiziersfrauen. Offenbar legt sie sich, wie Briefe von ihr belegen, schon damals den Künstlernamen »Mata Hari« (indonesisch für »Auge des Tages«, also der »Sonne«) zu. Die schleichende Entfremdung des Ehepaars ist jedoch nicht mehr aufzuhalten. MacLeod will seinen Lebensabend in Indonesien verbringen. Die 24-jährige Grietje jedoch zieht es wieder zurück nach Europa. Man reist zwar noch gemeinsam zurück nach Amsterdam, dort wird jedoch im Sommer 1902 die Trennung vereinbart. Eigentlich soll MacLeod Grietje Alimente zahlen, was er jedoch nie tut. Sie ist daher gezwungen, ihren Lebensunterhalt selbst zu verdienen.

1903 zieht die 27-Jährige nach Paris – ihre Kinder lässt sie bei ihrem Ex-Mann – und arbeitet dort als Zirkusreiterin unter dem Künstlernamen »Lady MacLeod«. Um ihr Einkommen aufzubessern, steht sie verschiedenen Malern nackt Modell. 1904 beginnt sie, angeregt vom Erfolg von Isadora Duncan (1877–1927), als leichtbekleidete Tänzerin aufzutreten, mit einem Repertoire selbst erfundener »Tempeltänze«, die angeblich indischen Ursprungs seien. Sie wird von einem Impresario namens Gabriel Astruc (1864–1938) unter Vertrag genommen, der für einige Jahre ihr Manager bleibt. 1905 zündet sie die nächste Stufe ihres Erfolgsrezepts, der »gewagten«, nur mit wenig Bekleidung vorgeführten exotischen Tänze, als sie am 13. März im *Asiatica*-Museum des greisen Millionärs und Sammlers Émile Guimet (1836–1918) erstmals vor großem Publikum ihre ebenso exotischen wie erotischen Tänze vorführt. Sie bleibt für längere Zeit die Mätresse des vier Jahrzehnte älteren Millionärs. Sie gilt als authentische indische Sensation des Erotik-Tanzes. Ihre selbst zusammengestellte Nachempfindung vermeintlich indischer »Tempeltänze« führen immer bis zum sehnlichst erwarteten Ende, bis sie nahezu unbekleidet auf der Bühne steht. Das Jahr 1905 ist ihr Jahr, die 29-jährige Grietje ist die Sensation in Paris, ihre Auftritte sind Stadtgespräch, man redet von nichts anderem. Sie gibt über dreißig Vorstellungen, verdient pro Abend 10.000 Francs und bezieht eine prachtvolle Wohnung in der Rue Balzac, im Haus Nummer 3, im vornehmen 8. Pariser Arrondissement.

Die Gesetze des Kapitalismus hat sie schnell verinnerlicht: a) *any news is good news*, b) wenn die erste Welle durch ist, das Angebot verknappen und auf eine zweite Welle des Erfolgs hoffen. Folgerichtig kündigt sie Ende 1905 an, sie werde das Tanzen ganz aufgeben und einen osteuropäischen Hochadligen heiraten. Das Interesse an ihrer Person wachzuhalten, ist umso notwendiger, da ihre Erfolgsmasche schnell und vielfach kopiert wird. Eine Tänzerin der *Folies Bergère* führt nun ebenfalls »Tempeltänze« auf, bald gefolgt von weiteren »Tempeldienerinnen«, unter ihnen die Stripteasetänzerin Gabrielle, später berühmt geworden als Modeschöpferin Coco Chanel. Mata Hari, das Original, bleibt nachgefragt, sie ist eine veritable Werbeikone, ungeachtet der entstandenen Konkurrenz. Die großen Varietés buchen sie weiterhin, auf ein Engagement folgt das nächste, Bilder von ihr gibt es auf Postkarten, Zigarettenschachteln, Keksdosen und in »pikanten« Sammelalben.

In Monte Carlo verkörpert sie in Jules Massenets Oper *Le Roi de Lahore* die Salomé, Seite an Seite mit der gefeierten Ballerina Carlotta Zambelli (1875–1968). Grietje reist weiter nach Wien, wo sie erneut große Erfolge feiern kann. Die Zeitungen überbieten sich mit begeisterten Kritiken, erklären sie gar zur Nachfolgerin von Isadora Duncan. Zumal sie deutlich mehr zeige als ihre vermeintliche Vorgängerin, die »exotische Schönheit ersten Ranges«. Auf ihre Spezialität wird extra hingewiesen: »Unter dem Schleier trägt die schöne Tänzerin auf dem Oberkörper einen Brustschmuck und einen Goldgürtel, sonst nichts. Die Kühnheit des Kostüms bildet eine kleine Sensation.« Berlin bekommt sie 1907 erstmals zu sehen, im Varieté *Wintergarten* an der Friedrichstraße. Sie darf auch vor den allerhöchsten Majestäten, Kaiser Wilhelm II. und Familie, ihre »Tempeltänze« vorführen. Angeblich kommt es sogar zu einer kurzen Liaison mit dem Sohn des Kaisers. Dass sie dieses Gerücht nie dementierte, wird ihr während ihres Hochverratsprozesses angekreidet. Anfang 1907 kehrt sie nach Paris zurück, zieht es aber vor, zunächst von der Bildfläche zu verschwinden.

Am 30. März 1907 erkundigt sie sich von Rom aus bei ihrem Manager Astruc, ob inzwischen neue Engagements für sie vorlägen. Gleichzeitig bietet sie Richard Strauss (1864–1949) an, die Rolle der Salome bei der Uraufführung seiner neuen gleichnamigen Oper zu übernehmen. Sie erhält keine Antwort und reist verdrossen nach Paris zurück. Dort ist mittlerweile eine veritable »exotische« Tanzszene entstanden, die Mata Hari mittlerweile als Kunstprodukt fast schon vergessen gemacht hat. Sie lässt beleidigt verlautbaren, angesichts dieser inflationären Vermehrung angeblicher Exotik-Tänzerinnen ziehe sie sich aus dem Betätigungsfeld zurück. 1910 nimmt die Kritik an ihrer angeblichen Authentizität zu, man wirft ihr (zu Recht) vor, sich das meiste ihrer Geschichten ausgedacht zu haben und dass ihre Tänze nur wenig mit wirklichen asiatischen Tempeltänzen zu tun hätten, dafür sehr viel mehr mit dem bereits gängigen Genre des Striptease, wie er in einer Vielzahl von Nachtlokalen in den unterschiedlichsten Variationen dargeboten wird. Weitere Engagements bleiben aus.

Doch dann kommt der Auftritt, der als Höhepunkt ihrer Karriere gilt: Am 7. Dezember 1911 tanzt sie in der Mailänder *Scala*, bei einer Aufführung der Oper *Armide* von Christoph Willibald Gluck (1714–1787). Weitere Auftritte in den Salons der italienischen Oberschicht folgen. Doch das ist ihr nicht genug. Erfolgreichster Newcomer in diesem Segment in Europa ist der russische Kulturunternehmer Sergei Djagilew (1872–1929), der schon mehrfach märchenhafte Triumphe in Europa zu feiern vermochte. So kurz zuvor auch mit dem 1909 gegründeten Ensemble *Ballets Russes,* den von ihm ausgewählten besten Tänzerinnen und Tänzern des Landes. Daher liegt es für Grietje nahe, diesen vom Erfolg verwöhnten Impresario zu kontaktieren. Als sie im März 1912 in Monte Carlo auftritt, spricht sie bei ihm vor. Djagilew, der ausschließlich mit professionell ausgebildeten Tänzerinnen und Tänzern arbeitet, fordert Grietje auf, sich auszuziehen und auf der Bühne eine Kostprobe ihres tänzerischen Könnens abzuliefern. War Grietje mit ihren mittlerweile 36 Jahren wirklich davon überzeugt, ohne jede tänzerische Ausbildung, ohne irgendwelche Erfahrung im klassischen Ballett mit der seinerzeit führenden Ballett-Truppe Europas auftreten zu können? Sie verzichtet auf dieses »Angebot« und reist empört ab.

1913 neigt sich ihre Karriere dem Ende zu. Zum einen ist sie mit 37 Jahren mittlerweile dem besten Alter für Nacktauftritte entwachsen, zum anderen hat sie nichts Neues mehr anzubieten als ewige Variationen ihres ursprünglichen Erfolgsrezepts, das nun aber mangels Exklusivität bei einer Fülle deutlich jüngerer und attraktiverer Konkurrentinnen nicht mehr zieht. Anfang 1914 reist sie nochmals nach Berlin, unterschreibt dort einen Vertrag mit dem *Metropol-Theater.* Sie soll ab September sechs Monate lang in einer Bühnenshow auftreten und beginnt mit den Vorbereitungen. Damit wären ihre drängendsten Geldsorgen vorerst überwunden. Doch als am 1. August 1914 der Erste Weltkrieg ausbricht, wird das Engagement abgesagt. Anfang August 1914 verlässt sie daher Deutschland. Sie reist in ihre holländische Heimat zurück – die Niederlande waren im gesamten Ersten Weltkrieg neutral und somit keine Kriegspartei. Als Bürgerin eines neutralen Staates ist es Grietje generell erlaubt, die Grenzen zu den benachbarten, miteinander Krieg führenden Staaten zu überqueren. Wegen akuter Geldsorgen reist sie Ende 1915 über England und Dieppe nach Paris, um ihren dortigen Hausstand – eine Villa in Neuilly – aufzulösen, also zu Geld zu machen. Sie geht jetzt sogar anschaffen, verdingt sich also in einigen Pariser Bordellen als Prostituierte. Im März 1916 kehrt sie mit den Resten ihres Pariser Hausstands nach Den Haag zurück und lernt dort einen achtzehn Jahre jüngeren russischen Offizier kennen, dessen Geliebte sie wird. Der Russe gehört zu dem vom Zarenreich entsandten, 50.000 Mann starken Expeditionskorps, das die französischen Verbündeten gegen den gemeinsamen Feind Deutschland militärisch unterstützen soll.

Seit Mitte 1915 hat das *Deuxième Bureau,* der französische militärische Auslandsnachrichtendienst, ein Auge auf Grietje. Diese reist im Frühjahr 1916 von Paris nach Madrid. Sie arbeitet weiterhin als Prostituierte, will sich aber zusätzliche Einnahmequellen im einträglichen Spionagebetrieb sichern. Und das von allen Seiten. Die Franzosen bieten eine Million Francs, falls es ihr gelinge, sich Zugang zum deutschen Oberkommando der Westfront in Antwerpen zu verschaffen. In Madrid kontaktiert sie auftragsgemäß den deutschen Militärattaché in Spanien und bittet ihn um die Herstellung eines Kontakts zum Oberkommando. Der Militärattaché leitet die Information nach Antwerpen weiter, wo auch die für Frankreich zuständige *Kriegsnachrichtenstelle West* sitzt, eine Abteilung des deutschen Militärgeheimdienstes *Abteilung III b.* Grietje beginnt eine sexuelle Liaison mit dem deutschen Militärattaché Arnold Kalle (1873–1952) und nimmt nach eigener Darstellung Geld für den Sex (und nicht als Agentenlohn). Grietje erhält von Kalle angeblich brisante Informationen über die Auftankung deutscher U-Boote in spanischen Häfen und die Einschleusung deutscher Agenten nach Monaco. Diese Informationen sind jedoch veraltetes »Spielmaterial«. Im

April 1916 ist Grietje nachweisbar in Antwerpen und Köln, wo sie von der Chefin der deutschen Militärspionage gegen die Entente an der Westfront, Dr. Elisabeth Schragmüller (1887–1940), in Spionagedingen unterrichtet und auf ihren Einsatz gegen Frankreich vorbereitet wird. Wieder in Paris, beantragt sie im Sommer 1916 einen Passierschein für die frontnahe Stadt Vittel in den Vogesen, wo ihr mittlerweile kriegsverletzter russischer Offiziersgeliebter im Lazarett liegt. Vittel ist eine Garnisonsstadt mit vielen französischen Offizieren und Mannschaften. Aus Geldmangel ist sie gezwungen, vor Ort ihre Arbeit als Sexdienstleisterin wieder aufzunehmen. Sie wird nun auf Schritt und Tritt vom französischen Geheimdienst überwacht. Eine verdächtige Tätigkeit kann dort nicht festgestellt werden.

Das *Deuxième Bureau* stellt Grietje daher im Dezember 1916 eine Falle. Sie erhält die Namen von sechs belgischen Agenten, die mit Frankreich zusammenarbeiten und die sie nun aufsuchen soll. Fünf von ihnen scheinen – offenbar in deutschem Auftrag – irreführende Meldungen nach Frankreich zu liefern, vom sechsten ist den Franzosen bekannt, dass er als Doppelagent für Frankreich und Deutschland arbeitet. Grietje reist von Paris ab nach Spanien. Zwei Wochen später wird der Doppelagent von den Deutschen erschossen, während die übrigen fünf unbehelligt bleiben. Das ist dem französischen militärischen Auslandsnachrichtendienst Beweis genug, dass sie die Namen der sechs Agenten den deutschen Militärbehörden verraten hatte.

Am 13. Februar 1917 wird sie in Paris festgenommen. Ihre Ankunft hat der damals als Passbeamter arbeitende Schriftsteller Louis-Ferdinand Céline (1894–1961) seinen übergeordneten Behörden gemeldet. Nach anfänglichem Leugnen gibt sie schließlich zu, der deutsche Konsul in Amsterdam habe ihr im Mai 1916 insgesamt 20.000 Francs ausgehändigt, für sexuelle Dienstleistungen, so Grietje, für Spionageinformationen, so der französische Militärstaatsanwalt. Am 24. Juli 1917 beginnt ihr Prozess im Pariser Justizpalast, der nur eineinhalb Tage dauert. Ob Mata Hari überhaupt Gelegenheit hatte, tatsächlich bedeutsame Informationen an den deutschen Geheimdienst weiterzuleiten, ist bis heute nicht zweifelsfrei geklärt – auch nicht nach Freigabe ihrer Prozessakten im Jahre 2017. Wichtig für Termin und Verlauf des Prozesses ist, dass 1917 ein Jahr war, in dem Frankreich Desertionen in großem Umfang und Aufstände in der Armee gegen das massenhafte Sterben an der Front erlebt. Durch eine Verurteilung Grietjes kann man ihr alle Fehlschläge an der Front in die Schuhe schieben. Am 25. Juli 1917 wird sie zum Tode verurteilt. Ein von ihr verfasstes Gnadengesuch lehnt der französische Staatspräsident ab. Zweieinhalb Monate später, am 15. Oktober 1917, um 6.15 Uhr morgens, wird Grietje in der Nähe von Schloss Vincennes bei Paris erschossen. Die bei Erschießungen obligatorische Augenbinde verweigert sie. Nach der Salve des Pelotons gibt ihr ein Unteroffizier aus kurzer Distanz einen Gnadenschuss in den Kopf.

In Deutschland gilt sie seitdem als unschuldiges Opfer der französischen Militärjustiz. Dem widersprechen zwei offizielle deutsche Dokumente. Einmal der Sammelband *Was wir vom Weltkrieg nicht wissen* aus dem Jahr 1929, in dem die deutsche Spionagechefin an der Westfront, Elsbeth Schragmüller, einige Details ihrer Arbeit in der *Kriegsnachrichtenstelle West* in Antwerpen (Rue de la Pépinière) beschreibt. Zum anderen der in den 1920er Jahren verfasste sogenannte Gempp-Bericht, eine umfangreiche Darstellung nachrichtendienstlicher Geschehnisse für interne Zwecke unter dem Titel *Geheimer Nachrichtendienst und Spionageabwehr des Heeres* für die Zeit von 1866 bis 1917 (15 Bände) aus der Hand des Leiters des neuaufgebauten militärischen Nachrichtendienstes als Nachfolgeorganisation der ehemaligen *Abteilung III b,* Friedrich Gempp (1873–1947), die leider bis heute weder umfassend bearbeitet noch entsprechend publiziert wurde. Der französischen Spionageabwehr war vermutlich klar, dass Grietje den Deutschen keine wichtigen Hinweise übermittelt hatte. Eine Wiederaufnahme des Verfahrens mit dem Ziel, Grietjes Unschuld feststellen zu lassen, hat die französische Justiz in den letzten Jahrzehnten mehrfach abgelehnt.

Übrigens haben die deutschen Besatzungsbehörden in Belgien während des Ersten Weltkriegs nicht weniger als fünfzig feindliche »Agenten« und fünf »Agentinnen« hinrichten lassen. Wie die Deutschen ansonsten 1914 bis 1918 in Belgien hausten, dazu entwirft der in Buchform erschienene Augenzeugenbericht von Heinrich Wandt (1890–1965) ein erschreckendes Bild. Leider ist davon in den BRD-Geschichtsbüchern nur selten oder nie die Rede. Ebenso wenig von den unzähligen deutsch-österreichischen Kriegsverbrechen an der Ostfront des Ersten Weltkriegs – einschließlich Hungerlager und der massenweisen Erschießung von Geiseln. Hier werfen die Gräuel der deutschen Kriegsverbrechen des Zweiten Weltkriegs schon ihre Schatten voraus – und das ohne NS-Terror als »Entschuldigung«. Das führt zu beunruhigenden Fragen, mit denen sich bisher leider noch kein namhafter BRD-Historiker beschäftigt hat. Denn dies bedürfte aufwendiger Recherchen in vielen verstreuten Archiven Ost- und Westeuropas.

3. Sidney Reilly

Saboteur, Mörder, Spion

Sidney Reilly – kennen Sie nicht? Dann sollten wir diese Wissenslücke schleunigst schließen. Denn Reilly ist ein ideales Beispiel für jene Entwicklungen vor, während und nach dem Ersten Weltkrieg, die zum heutigen System des internationalen Spionage-Zirkus führten. Reilly steht dabei für die düstere, gewalttätige Seite der Spionage, mit Sabotage, Anschlägen, Fälschungen, Mord. Seine biographischen Details liegen im Dunkeln, allein zu seinem Namen und dem Geburtsdatum gibt es Dutzende Variationen. Vermutlich wurde er am 24. März 1873 als Salomon Rosenblum in Odessa geboren. Anfang der 1890er Jahre, also um sein zwanzigstes Lebensjahr herum, soll sich der junge Rosenblum als Kurier für eine revolutionäre Gruppe in Russland betätigt haben und deswegen von der zaristischen Geheimpolizei *Ochrana* verhaftet worden sein. Angesichts seines späteren Lebenslaufs ist jedoch wahrscheinlicher, dass Reilly ein *Agent Provocateur* der *Ochrana* war. Dafür spricht auch, dass er damals ohne Prozess wieder auf freien Fuß gesetzt wurde. Nach seiner Freilassung ging er – vermutlich aus Angst vor der Rache der Revolutionäre, die er an die *Ochrana* verraten hatte – als Sigmund Rosenblum nach Südamerika, wo er den Vornamen Pedro annahm. Dort verdiente er sich als Hafenarbeiter, Plantagenarbeiter und Koch seinen Lebensunterhalt. Unter anderem bekochte er eine britische »Reisegruppe«, die den Amazonas erkundete und sich als eine Schar britischer Agenten herausstellte. Damit war der Kontakt zum britischen Geheimdienst geknüpft, dem er zeitlebens die Treue halten sollte.

Dass er vor drastischen Mitteln nicht zurückschreckte, zeigte sich, als er im Dezember 1895 während einer Zugfahrt zwei italienische Genossen, die als Geldboten einer anarchistischen Organisation unterwegs waren, kurzerhand ermordete, um an das von ihnen mitgeführte Vermögen zu kommen. Dokumentarisch nachweisbar ist, dass er sich ab Ende 1895 in London aufhielt, wo er nun unter dem Namen Sidney Rosenblum auftrat. Dort lernte er die junge Ethel Boole kennen, eine angehende Schriftstellerin, die sich in russischen Emigrantenkreisen herumtrieb. Bald entwickelte sich eine sexuelle Beziehung zwischen den beiden. Sie blieben auch nach dem Ende der Affäre befreundet, und Boole beschreibt in einem ihrer Bücher einen Charakter, der Rosenblum sehr ähnelt. Möglicherweise führte er auch diese Beziehung nur aufgrund eines Auftrags der britischen Geheimpolizei als deren bezahlter Informant.

Zu Tarnzwecken gründete er mit Hilfe der britischen Polizei die *Ozone Preparations Company*, die sich dem Handel mit »Wundermitteln« widmete. Denn zu diesem Zeitpunkt war sein Haupttätigkeitsgebiet, als Informant für William Melville, den Leiter der *Special Branch* (Sonderabteilung) von *Scotland Yard* (Londoner Kriminalpolizei), in London lebende osteuropäische Emigranten zu bespitzeln. Melville wechselte später zum britischen Geheimdienst *Secret Service Bureau*, dem Vorläufer der heutigen Geheimdienste *Security Service* (MI5 – Inland) und *Secret Intelligence Service* (SIS, MI6 – Ausland), und nahm seinen Topagenten Sidney mit zu seiner neuen Organisation.

1897 lernte Rosenblum einen schwerkranken Priester kennen, dessen Ehefrau seine Geliebte wurde. Ein Jahr später war der vermögende Priester tot, und Rosenblum heiratete die Witwe. Den Tod des Priesters umgibt eine Reihe von Ungereimtheiten, so dass in der Fachliteratur wiederholt vermutet wurde, dabei sei nachgeholfen worden. Die Witwe des Priesters war als Haupterbin in den Besitz eines atemberaubenden Vermögens von rund 800.000 Pfund gekommen. Die anschließende Heirat mit der Priesterwitwe machte Rosenblum zu einem reichen Mann. Mit Hilfe von William Melville legte er sich nun eine neue Identität zu. Fortan hörte er auf den Namen Sidney George Reilly. Dass er seinen neuen Ausweis und die britische Staatsangehörigkeit ohne weitere offizielle Verwaltungsakte bekam, verdeutlicht, dass er mittlerweile über mächtige Freunde in Großbritannien verfügte.

Im Juni 1899 trat Sidney unter seiner neuen Identität zusammen mit seiner Frau eine Reise ins zaristische Russland an – vermutlich im Auftrag des britischen Geheimdienstes. Er unternahm eine Erkundungsreise in den Kaukasus und sammelte Informationen über die dortigen Ölvorkommen, die er anschließend der britischen Regierung übergab. Dort kam es auch zu einem Treffen mit dem japanischen Geheimdienstgeneral Akashi Motojirō. Dieser beauftragte Reilly, Kontakt mit den russischen Revolutionären aufzunehmen und diesen hohe Geldspenden zukommen zu lassen – Japan wollte das zaristische Russland, einen potentiellen Kriegsgegner, nach Kräften schwächen. Außerdem wünschte er detaillierte Aufstellungen zu den in Fernost dislozierten russischen Heeres- und Marinekräften. Für beides versprach er Reilly hohes Honorar und steckte ihm eine üppige Anzahlung in die Tasche.

Drei Jahre später tauchte Reilly unter falschem Namen in der damals unter russischer Verwaltung stehenden chinesischen Hafenstadt Port Arthur/Lüshun (heute: Bezirk Lüshunkou der Stadt Dalian) auf, als Agent sowohl der Briten als auch der Japaner. Angesichts der zunehmenden

Spannungen zwischen Russland und Japan kaufte er in großem Umfang Lebensmittel, Rohstoffe, Medikamente und Kohle auf, die er während des nun folgenden Krieges dann mit erheblichen Gewinnen an den Mann brachte. Im Januar 1904 gelang es ihm, die Pläne der russischen Verteidigungsstellungen und Minenfelder rund um Port Arthur zu stehlen und sie – mit Billigung beziehungsweise auf Weisung des britischen Geheimdienstes – der japanischen Marine zukommen zu lassen. Den Briten lag im Rahmen des *Great Game*, der Auseinandersetzung mit dem expandierenden Russland um die Vorherrschaft in Zentralasien, ebenfalls daran, Russland möglichst nachhaltig zu schwächen. Die Japaner waren durch die von Reilly überlassenen Pläne in der Lage, bei ihrem Überraschungsangriff auf den Hafen Anfang Februar 1904 einen umfassenden Sieg zu erringen. Da sich nun die russische Spionageabwehr für den merkwürdigen »Sägewerksbesitzer« zu interessieren begann, packte Reilly seine Sachen und floh.

Als Nächstes ist Reilly in Japan nachgewiesen, wo er eine üppige Belohnung für die geleisteten Dienste in Empfang nahm. Im Juni 1904 kehrte er nach Europa zurück und schlug sein Quartier in Paris auf. Dort traf er sich mit seinem alten Freund und Förderer Melville. Von ihm erhielt Reilly seinen nächsten lukrativen Auftrag. Da die britische Marine davon ausging, dass künftig Erdöl als Treibstoff den bisherigen kohlebefeuerten Dampfantrieb auch der Kriegsschiffe ersetzen würde, war sie daran interessiert, einen möglichst großen Anteil der damals noch günstig zu erwerbenden Ölkonzessionen in britische Hände zu bekommen. Sie wollte sich hierzu der Dienste des Erdöl-Unternehmers William Knox D'Arcy bedienen, der gerade die Konzession für ein gigantisches Ölfeld in Persien erworben hatte. Zur Ausbeutung desselben hatte Knox D'Arcy mittlerweile die

Anglo-Persian Oil Company (APOC) gegründet und war gerade dabei, eine weitere lukrative Konzession im damals noch türkischen Mesopotamien (heute: Irak) zu erwerben. Die Briten beauftragten Reilly, mit Knox D'Arcy in Kontakt zu treten und diesen davon abzuhalten, die – wie von ihm beabsichtigt – französische Rothschild-Bank als Teilhaber aufzunehmen, sondern stattdessen britische Finanziers ins Boot zu holen. Zu diesem Zweck reiste Reilly nach Cannes, wo Knox D'Arcy gerade mit den Abgesandten der Rothschild-Bank verhandelte. Reilly konnte ihn davon überzeugen, mit den Briten die Aussicht auf einen besseren Deal zu haben als mit den Franzosen.

Nach diesem Coup reiste Reilly im Januar 1905 nach St. Petersburg, um seine Kontakte mit den russischen Revolutionären zur Schwächung des Zarenreichs weiter auszubauen und den Kontakt zu den Japanern zu halten. Über seine genauen Aktivitäten der nächsten Jahre ist nicht allzu viel bekannt. Erst ab 1909 gibt es dann wieder halbwegs gesicherte Nachrichten über ihn. So soll er während einer Internationalen Luftschifffahrtsausstellung in Frankfurt am Main eine von deutschen Firmen neu entwickelte Magnetzündungsanlage für Flugzeugmotoren entwendet haben. Von Frankfurt aus reiste Reilly weiter nach Essen, wo ihn im Zusammenhang mit dem deutschen Rüstungskonzern *Krupp*, der »Kanonenschmiede« des Kaiserreichs, sein nächster Auftrag erwartete. Hier sollte er im Auftrag der britischen Regierung die neuesten Waffensysteme ausspionieren, die *Krupp* damals im Auftrag der deutschen Regierung entwickelte. Diesmal trat Reilly als baltischer Werftarbeiter auf. Er schaffte es, einen Arbeitsplatz in der Geschützgießerei von *Krupp* zu ergattern. Hier engagierte er sich auch in der Werksfeuerwehr, für die er detaillierte Pläne der Werkshallen anfertigte (deren Kopien auf geheimen Pfaden ihren Weg nach London fanden, wo sie auf reges Interesse stießen).

Weitere Einsätze übernahm Reilly im Zweiten Burenkrieg (Südafrika), wo er, als russischer Waffenhändler getarnt, die niederländischen Waffenlieferungen an die Buren (Kriegsgegner der Briten) störte, und im Ersten Weltkrieg. Offenbar hielt er sich von 1914 bis zum US-Kriegseintritt 1917 in den USA auf und arbeitete dort als Zwischenhändler für amerikanische Munitionsunternehmen, deren Produkte er sowohl an Deutschland als auch ans zaristische Russland (den Kriegsgegner Deutschlands) verkaufte. Anderen Quellen zufolge hielt er sich von 1915 bis 1918 in den USA auf, um dort den Kriegseintritt der Amerikaner zu beschleunigen und anschließend amerikanische Rüstungslieferungen an Großbritannien zu koordinieren. Dazu habe er Sprengstoffanschläge auf US-Rüstungsunternehmen durchgeführt, die dann angeblichen deutschen Agenten in die Schuhe geschoben wurden, um so eine antideutsche Stimmung in den USA zu erzeugen. Vonseiten der deutschen Spionageabwehr wurde nach 1918 eine Liste von ungeklärten Explosionen in deutschen Rüstungsfirmen während des Ersten Weltkriegs erstellt, für die teilweise ebenfalls Reilly verantwortlich gemacht wurde.

Seine spektakulärsten Coups standen aber erst noch bevor. Wie aus mittlerweile freigegebenen Akten des britischen Auslandsgeheimdienstes MI6 hervorgeht, wurde Reilly im März 1918 von George Smith-Cumming, dem legendären Chef des SIS (für die Zeitgenossen nur unter dem Sigel »C« bekannt), nach Russland geschickt, um die mit deutscher Hilfe während der Oktoberrevolution an die Macht gekommenen Bolschewisten wieder aus Russland zu vertreiben. Kaum in Moskau angekommen, begann Reilly mit der Planung: Er wollte auf einen Hieb die gesamte Führungsebene der Bolschewisten um Lenin umlegen. Wären diese einmal beseitigt, würde das Bolschewisten-Regime, so sein beziehungsweise das britische Kalkül, sofort in sich zusammenbrechen. Die offene Frage bis heute ist, ob der bolschewistische Geheimdienst *Tscheka* Reilly schon frühzeitig auf die Spur kam und die ganze Zeit über seine Mätzchen informiert war. Der US-Konsul in Moskau vertrat öffentlich die Meinung, Reilly wäre ein bolschewistischer *Agent Provocateur,* und die ganze Affäre wäre von der *Tscheka* eingefädelt.

Der britische Premierminister Lloyd George hatte Reilly einen weiteren britischen Agenten namens Lockhart an die Seite gegeben, um den Auftrag durchzuführen. Zu diesem Zeitpunkt – der Erste Weltkrieg war noch in vollem Gange – arbeitete die Bolschewisten-Regierung noch zwangsläufig eng mit dem ehemaligen Kriegsgegner Deutschland zusammen, das nach der einseitig von Russland verkündeten Waffenruhe die gesamte Ukraine besetzt hatte und diese nach allen Regeln der Kunst ausplünderte. Das russische Ausscheiden aus der Entente hatte Deutschland von einem wichtigen Kriegsgegner befreit. Lockharts Bemühungen, eine Verschwörung gegen die Bolschewisten aufzuziehen, scheiterten; bis April 1918 hatte er mehr oder weniger nichts erreicht. Er empfahl daher in seinen Telegrammen nach London eine alliierte Intervention in Russland mit dem Ziel, die Bolschewisten zu vertreiben und Russland wieder in die Reihe der kriegführenden Mächte zurückzuführen. Reilly sollte nun einen bewaffneten antibolschewistischen Aufstand in Moskau vorbereiten. Er traf sich zu diesem Zweck mit dem russischen Rechtsextremisten Boris Sawinkow, Chef der antirevolutionären *Union für die Verteidigung des Vaterlands und der Freiheit.* Sawinkow war unter Kerenski stellvertretender Kriegsminister der letzten bürgerlichen Regierung Russlands gewesen. Als ehemaliger Sozialrevolutionär hatte er schon vor 1917 zu den Gegnern der Bolschewiki gehört. Er erhielt von den Briten erhebliche Geldmittel zur Finanzierung der Aufstandsvorbereitung, dem Kauf von Waffen und Munition et cetera. Diese Winkelzüge waren mit dem amerikanischen und dem französischen Botschafter in Moskau abgesprochen.

Auch in Petrograd versuchte Reilly, diesmal getarnt als türkischer Großhändler, antibolschewistische Kräfte zu sammeln, hier mit der Hilfe des britischen Marineattachés Francis Cromie. Geplant war die Ausführung des Gegenputsches für September 1918. Was Reilly und Lockhart übersehen hatten, war die Tatsache, dass die angeblichen weißen Offiziere, mit denen sie in Petrograd verhandelten, in Wahrheit Agenten der bolschewistischen *Tscheka*, genauer gesagt: der Spionageabwehrabteilung, waren, die dadurch von vornherein im Bilde war. Da die *Tscheka* im Mai 1918 die britischen Geheimcodes geknackt und den geheimen Telegrammverkehr der britischen Botschaft in Moskau mit London mitgelesen hatte, war auch das keine Überraschung. Die alliierte Intervention begann als *Operation Erzengel* mit einer Landung alliierter Truppen im nordrussischen Archangelsk, unweit des Polarkreises, am 4. August 1918. Erstes Operationsziel war es, die von den Alliierten dem zaristischen Russland zur Verfügung gestellten Nachschubgüter, die sich in Archangelsk stapelten, vor dem Zugriff der »Roten« oder der Deutschen zu sichern. Als Reaktion stürmten die Bolschewiki die britische Botschaft in Moskau und stießen dabei auf ein Treffen von Reilly, Lockhart und weißen Offizieren. Parallel arbeitete ein Heer alliierter Agenten und V-Leute daran, die Lebensmittelversorgung im Sowjetreich lahmzulegen. Damit sollten Unruhen und Aufstände provoziert werden.

Die Spannungen erreichten am 30. August 1918 ihren Höhepunkt, als in Petrograd ein von Reillys Kumpan Sawinkow und dem britischen Marineattaché Cromie vorbereiteter Mordanschlag auf den dortigen *Tscheka*-Chef Urizki ausgeführt wurde. Urizki wurde erschossen, der Täter, ein ehemaliger zaristischer Militärschüler, wenig später gefasst. Am selben Tag verübte die offenbar allein agierende Attentäterin Fanny Kaplan (eine Sozialrevolutionärin) in Moskau ein Attentat auf Lenin, das dieser knapp überlebte. Die Sicherheitsvorkehrungen wurden nun so erhöht, dass der geplante antibolschewistische Umsturz nicht mehr durchführbar schien. Die *Tscheka* revanchierte sich für die Mordanschläge mit Razzien gegen echte und vermeintliche Gegner und verhaftete in großem Stil Verdächtige. Damit hatte sie Erfolg, konnten doch alle auch von dritter Seite geplanten weiteren Anschläge und Aktionen unterbunden werden. Beim Sturm auf das britische Konsulat in Petrograd wurde Marineattaché Cromie bei einem Schusswechsel tödlich verwundet. In Moskau konnte Lockhart verhaftet werden, der wenig später gegen eine sowjetische Geisel in britischen Händen ausgetauscht wurde. Reilly gelang in letzter Minute mit US-Hilfe die Flucht.

Nur eine Woche nach seiner Rückkehr nach London erhielt Reilly den nächsten Auftrag, diesmal in Südrussland für Unruhen zu sorgen und die Richtung Moskau marschierenden weißen Truppen zu unterstützen. Als die gesamten antibolschewistischen Bemühungen in sich zusammenbrachen und die Bolschewiki den Bürgerkrieg Anfang der 1920er Jahre gewannen, wurde es ruhiger um ihn. Der mittlerweile Endvierziger lernte während eines Berlin-Aufenthalts 1922 eine ehemalige Nackttänzerin kennen, die er wenig später heiratete.

1924 war Reilly auch in die perfide Westintrige rund um

den angeblichen »Sinowjew-Brief« involviert. Vier Tage vor den Parlamentswahlen von 1924 – in den Umfragen lagen die linken britischen Parteien weit vorn – druckte ein Parteiblatt der Konservativen ein Schreiben ab, das angeblich der sowjetische Spitzenfunktionär Sinowjew seinen britischen Genossen geschickt hatte. Darin dankt der vermeintliche Sinowjew der britischen *Labour Party* (ähnlich der deutschen SPD) schon vorab dafür, dass sie nach ihrem Wahlsieg mit der Wiederaufnahme der diplomatischen und der Handelsbeziehungen mit der Sowjetunion die Voraussetzungen dafür schüfe, auch in Großbritannien die Revolution voranzutreiben und dort bald ein bolschewistisch-kommunistisches System zu installieren. Die Sowjetunion und die britischen Kommunisten erklärten das Schreiben umgehend für eine Fälschung, doch wurde ihnen nicht geglaubt. Der schon sicher geglaubte Wahlsieg der *Labour Party* wurde damit verhindert, die Konservativen errangen einen erdrutschartigen Wahlsieg. Mittlerweile konnte wissenschaftlich nachgewiesen werden, dass es sich bei dem angeblichen Schreiben tatsächlich um eine Fälschung der britischen Geheimdienste handelte, die auf illegale Art und Weise im Inland eine Parlamentswahl entscheidend nach ihrem Gutdünken beeinflussten. Zudem war das gefälschte Schreiben Grundlage für die Ächtung der Sowjetunion durch die meisten europäischen Länder. Das alles erinnert sehr an aktuelle Vorgänge.

Im September 1925 traf Reilly in Paris den weißen Russengeneral Kutepow und weitere Verschwörer, um mit ihnen zu besprechen, wie man eine offenbar antibolschewistisch-promonarchistische Untergrundbewegung in der Sowjetunion namens *Monarchistische Union Zentralrusslands (Монархическое объединение Центральной России)* unterstützen könne. Reilly sollte von Finnland aus Möglichkeiten zur Unterstützung der Untergrundbewegung auskundschaften. Dort eingetroffen, sprach er mit lokalen Kontaktpersonen um den angeblichen Verräter Toivo Vähä, der zusagte, ein Treffen mit Abgesandten der Untergrundbewegung zu arrangieren, das sei allerdings nur jenseits der Grenze auf sowjetischem Gebiet möglich. Reilly ließ sich darauf ein und überquerte mit Vähä heimlich die Grenze. Einmal auf sowjetischem Gebiet angekommen, gaben sich die vermeintlichen antikommunistischen Verschwörer als *Tscheka*-Agenten zu erkennen, verhafteten ihn und brachten ihn nach Moskau. Die angebliche »Untergrundbewegung« und ihre Umtriebe waren Teil einer großangelegten Täuschungsoperation der *Tscheka*, die von 1921 bis 1926 lief. Das Vorhaben ging unter dem Titel *Operation Trust* in die Annalen der Spionagegeschichte ein. Sie sorgte dafür, dass sich der sowjetische Geheimdienst über viele Millionen Pfund und Dollar an Zuwendungen westlicher Geheimdienste für die vermeintliche antikommunistische Untergrundorganisation in der Sowjetunion erfreuen konnte. Reilly brachte man zunächst ins Moskauer *Lubjanka*-Gefängnis, wo er verhört wurde. Einige Monate später, Anfang November 1925, wurde er in einem Wald bei Moskau hingerichtet. Im Westblock hielt sich das Gerücht, sein Tod sei nur vorgetäuscht worden. Das SS-Reichssicherheitshauptamt setzte Reilly noch Anfang 1941 auf eine Liste wichtiger Zielpersonen, die nach dem Überfall auf die Sowjetunion zu liquidieren seien.

4. Dr. Richard Sorge

Ein Held der östlichen Welt

In der Weltgeschichte der Spionage werden viele verschiedene Akteure von Historikern und Journalisten jeweils als »größte Spione aller Zeiten« bezeichnet. Einige davon werden in diesem Buch beschrieben. Ein hauptberuflicher Spion, der in diesem Zusammenhang am häufigsten genannt wird, ist Dr. Richard Sorge (1895–1944). Und das nicht nur unter Fachhistorikern, sondern auch von Autoritäten wie den Bestseller-Autoren Ian Fleming, Tom Clancy und Frederick Forsyth.

Wer war dieser Sorge? Bei seinen Eltern handelte es sich um den in Baku tätigen deutschen Erdölingenieur Wilhelm Sorge und dessen russische Frau Nina (geborene Kobelewa). Der 1895 in Sabuntschi, einem Vorort von Baku, geborene Richard Sorge hatte insgesamt acht Geschwister. 1898 zog die Familie nach Berlin. Sein Großonkel Friedrich Adolf Sorge war einer der Mitbegründer der Ersten Internationale um Karl Marx. Der 19-jährige Richard Sorge meldete sich 1914 freiwillig zur Armee und wurde als Artillerist an die Westfront versetzt. Dort wurde er im März 1916 an den Beinen schwer verwundet und behielt für den Rest seines Lebens eine körperliche Beeinträchtigung. Nach der Beförderung zum Unteroffizier und der Auszeichnung mit dem Eisernen Kreuz II. Klasse wurde er ehrenhaft aus der kaiserlichen Armee entlassen und legte 1916 sein Notabitur ab. Anschließend studierte er die Werke von Karl Marx und Friedrich Engels. Er studierte Nationalökonomie und Philosophie in Berlin und Kiel, wo er eine Stelle als Assistent am Kieler Institut für Weltwirtschaft bekam. Er promovierte 1919 an der Universität Hamburg im Fach Politikwissenschaft mit einer Dissertation zum Thema »Die Reichstarife des Zentralverbandes Deutscher Konsumvereine«, die mit der Bestnote *summa cum laude* bewertet wurde.

Bereits 1917 war Sorge der Unabhängigen Sozialdemokratischen Partei Deutschlands (USPD) beigetreten und im November 1918 Mitglied des Kieler Arbeiter- und Matrosenrats geworden. Anfang 1919 arbeitete er als Redakteur und Autor der *Hamburger Volkszeitung*, des Presseorgans der USPD. Im Oktober 1919 trat er der Kommunistischen Partei Deutschlands (KPD) bei. Nach einem Umzug ins Rheinland wurde er in Aachen in die örtliche Parteileitung gewählt. Hier leitete er auch Zirkel zum Studium der Werke von Marx, Engels und Lenin. Ende 1919 begann er, als Hochschulassistent an der Technischen Hochschule Aachen zu arbeiten, wurde aber wenige Monate später wegen der Teilnahme an bewaffneten Auseinandersetzungen während des Kapp-Putsches entlassen. Um nun seinen Lebensunterhalt zu verdienen, wurde er Bergmann in einer der örtlichen Kohlengruben. Auch hier war er politisch nicht untätig, gründete Betriebsgruppen und organisierte Fluchtwege für verfolgte Bergarbeiter. Die Polizei war mittlerweile auf ihn aufmerksam geworden und verfügte ein Aufenthaltsverbot fürs Rheinland. Er zog weiter nach Remscheid, wo er sich als Redakteur bei der Solinger KPD-Zeitung *Bergische Arbeiterstimme* verdingte. Bald darauf wurde er in Solingen Lehrer an der KPD-Parteischule und unterrichtete auch an der Volkshochschule im benachbarten Ohligs. Im August 1921 nahm er am zweiten Parteitag der KPD in Jena teil.

1922 heiratete er die geschiedene Frau seines Doktorvaters. In dieser Zeit erschien seine erste Monographie über Rosa Luxemburg. Daneben arbeitete er als Kurier für Regionalorganisationen der KPD. Während der Arbeiteraufstände des Jahres 1923 war Sorge erneut als Kurier tätig, der die Verbindung zwischen der KPD-Zentrale in Frankfurt am Main und den Aufständischen sicherstellen sollte. Als der KPD-Vorsitzende Ernst Thälmann nach der Niederschlagung der Aufstände untertauchen musste, begleitete ihn Sorge als Assistent und Leibwächter unter dem Decknamen »Robert«. Sorge brachte auch die Parteigelder und die aktuelle Mitgliederliste in Sicherheit. Er war zudem für die Betreuung und Sicherheit der beteiligten Komintern-Abgesandten aus Moskau verantwortlich. Über ihre Vermittlung erhielt er nach dem Scheitern der Aufstände eine Arbeitsstelle bei der Komintern in Moskau, woraufhin er mit seiner Frau in die Hauptstadt der Sowjetunion umzog.

Untergebracht im legendären *Hotel Lux,* wurde er nun Mitglied der KPdSU und Mitarbeiter der Informationsabteilung der Kommunistischen Internationale. Er verfasste Artikel für Zeitschriften wie die *Kommunistische Internationale, Bolschewiki, Die Rote Gewerkschaftsinternationale* und die Zeitung *Weltwirtschaft und Weltpolitik.* Dabei hielt er sich häufig in China auf, wo die kommunistische Bewegung unter Mao Tse-tung die rechtsextreme Kuomintang unter dem US-Vasallen Chiang Kai-shek bekämpfte. 1928 veröffentlichte er unter dem Pseudonym R. Sonter sein nächstes Buch, *Der neue deutsche Imperialismus,* und nahm als Delegierter am VI. Weltkongress der Kommunistischen Internationale teil.

Der Leiter des Militärnachrichtendienstes der Roten Armee, GRU-Chef Jan Karlowitsch Bersin, rekrutierte Sorge als geheimen Mitarbeiter für Auslandseinsätze. Sein erster Auftrag führte ihn wieder nach China. Die dortigen

Konflikte unter Beteiligung der immer größere Teile Chinas besetzenden japanischen Armee wurden in Moskau mittlerweile als Gefahr für die äußere Sicherheit der Sowjetunion betrachtet. Die rechtsextreme Kuomintang-Armee wiederum wurde von Deutschland unterstützt. Ende 1929 reiste Sorge nach Shanghai, getarnt als Journalist der *Deutschen Getreide-Zeitung*. Vor Ort baute er ein kleines Agentennetzwerk auf, zu dem der deutsche Funker Max Christiansen-Clausen und der japanische Journalist Ozaki Hotsumi gehören. Hier rekrutiert er auch die deutsche Kommunistin Ursula Hamburger (Ruth Werner) für die GRU. Die Gruppe um Sorge beschaffte wertvolle Informationen über die Aktivitäten der Kräfte um Chiang Kai-shek und dessen deutsche Militärberater. Einem Angriff der Kuomintang oder der Japaner hätte die Sowjetunion zu diesem Zeitpunkt wenig entgegenzusetzen gehabt.

Nach Hitlers Machtübernahme reiste Sorge im Frühjahr 1933 nach Deutschland. Er sollte sich hier eine neue Tarnung, sprich: eine Korrespondentenstelle einer großen deutschen Tageszeitung, besorgen, als Vorbereitung für seinen nächsten Einsatz, der ihn diesmal nach Japan führen sollte. Angesichts der Nazi-Machtübernahme in Deutschland am 30. Januar 1933 war dies nur möglich, indem er sich als Überläufer und nunmehriger NSDAP-Anhänger ausgab. Im September 1933 traf Sorge als Korrespondent des *Deutschen Börsenkuriers* in Yokohama ein. Hier baute er in den nächsten Jahren ein Netzwerk auf, das bis in höchste japanische Regierungs- und Militärkreise reichte. Er perfektionierte seine Tarnung, indem er 1934 Mitglied der NSDAP wurde. Sorge konzentrierte sich darauf, auch enge Beziehungen zu Mitarbeitern der deutschen Botschaft in Tokio aufzubauen, so dem Militärattaché Eugen Ott. Zudem lernte das Sprachgenie Sorge auch noch fließend Japanisch sprechen, was ihm eine Sonderstellung unter den ansonsten dieser Sprache nicht mächtigen Journalisten oder Botschaftsbeamten verlieh.

Im November 1935 traf der von Sorge angeforderte Funker Max Christiansen-Clausen in Tokio ein. Ozaki Hotsumi wechselte nun von China nach Tokio und wurde Teil des japanischen Agentennetzwerks von »Ramsay«, dem Decknamen von Sorge bei der GRU. Hotsumi verschaffte Sorge das Entree beim damaligen japanischen Premier. Sorge konnte zutreffend berichten, dass Japan für die kommenden Jahre keinen Angriff auf die Sowjetunion plante. Anfang 1936 fand ein Putschversuch von Teilen des japanischen Militärs in Tokio statt. Zahlreiche hohe Offiziere wurden ermordet, Ziel der Putschisten war es, eine spirituelle, an mittelalterlichen Idealen orientierte Militärdiktatur zu errichten. Nach wenigen Tagen wurde der Putsch niedergeschlagen. Sorge fertigte eine umfangreiche Analyse über Ursachen und mögliche Folgen an, die er auch dem deutschen Militärattaché Eugen Ott zur Verfügung stellte. Diesen Bericht leitete der deutsche Botschafter, Herbert von Dirksen, mangels eigener Informationen nach Berlin weiter, wo man über die detailreichen Einblicke sehr erfreut war. Sorge erhielt nun ein eigenes Büro in der Botschaft. Als zusätzlichen Service übernahm er auch die Redaktion des Informationsblatts der deutschen Botschaft.

Ebenfalls 1936 lieferte Sorge eine in Moskau hochwillkommene Analyse zu dem von Deutschland, Japan und Italien vereinbarten antisowjetischen »Antikominternpakt«. Auch Teile der geheimen militärischen Zusatzprotokolle waren ihm zugänglich. Ihnen konnte Sorge Details zur eigentlichen Stoßrichtung des Vertrags entnehmen, der strategischen Ausrichtung Japans gegen die UdSSR. 1937 lieferte er einen detaillierten Bericht über den Zweiten

Japanisch-Chinesischen Krieg und die Kampfhandlungen im Juli 1938 im mongolischen Grenzgebiet. Im selben Jahr wurde Ott als Nachfolger von Dirksen deutscher Botschafter in Japan, was Sorges Handlungsfreiheit innerhalb der Botschaft und seinen Zugang zu Geheimdokumenten noch verbesserte. Zudem unterhielt Sorge mittlerweile eine Affäre mit Frau Ott. 1939 unterrichtete Sorge seine Auftraggeber von der GRU vorab über Einzelheiten und Termine des von Japan geplanten Überfalls auf die Mongolei mit weiterer Stoßrichtung auf den Fernen Osten der Sowjetunion. Dadurch konnten mongolische und sowjetische Truppen unter dem Kommando von General Georgi Schukow den japanischen Angriff am Chalchyn Gol im August 1939 zurückschlagen. Japan unterzeichnete nach der vernichtenden Niederlage seiner 6. Armee einen Waffenstillstandsvertrag mit der Sowjetunion. Damit war Japan, mittlerweile militärischer Bündnispartner der »Achsenmächte« Berlin-Rom-Tokio, als militärischer antisowjetischer Aggressor vorerst neutralisiert worden.

Am 1. September 1939 überfiel Deutschland – wie von Sorge vorab nach Moskau gefunkt – sein Nachbarland Polen. Eine der wichtigsten Informationen, die Sorge für die Sowjetunion zu beschaffen in der Lage war, umfasste die Kriegsvorbereitung NS-Deutschlands gegen die Sowjetunion innerhalb der von Hitler *Unternehmen Barbarossa* getauften Operation. Im März 1941 übermittelte er weitere operative und taktische Details der Kriegsvorbereitungen nach Moskau. Den endgültigen Termin für den Beginn des Überfalls funkte er am 15. Juni 1941 nach Moskau: »Der Krieg wird am 22. Juni beginnen«. Der misstrauische Stalin, von vielen alliierten Ränkespielen und Scheinverhandlungen ernüchtert, misstraute diesen und anderen gleichlautenden Meldungen aus Angst, vom Westblock zu einem

Präventivkrieg gegen Deutschland provoziert zu werden, ließ aber dennoch erste militärische Abwehrmaßnahmen vorbereiten. Der Westblock hätte damit die beiden größten Widersacher auf einen Schlag erledigt. Hitler fabulierte später, er sei einem sowjetischen Angriff auf Deutschland nur um Stunden zuvorgekommen. Das war gelogen. Wie die heute zugänglichen Dokumente über die Situation im Juni 1941 belegen, hatte Stalin explizit jegliche Vorbereitungen zu einem von Generälen wie Georgi Schukow – angesichts der ständig zunehmenden Bedrohung der Sowjetunion durch Nazideutschland und seine Verbündeten – vorgeschlagenen Präventivkrieg gegen Deutschland untersagt.

Die vielleicht wichtigste Information, die Sorge in seinem kurzen Leben für die Sowjetunion in Erfahrung bringen konnte, betraf die weiteren Kriegspläne Japans in jenem entscheidenden Jahr 1941. Nach einer Geheimsitzung des japanischen kaiserlichen Thronrats Ende August 1941 erhielt er die Meldung, dass Japan als strategisches Ziel die USA und die englischen beziehungsweise französischen und niederländischen Kolonien im Pazifik angreifen werde. Japan war zwar von NS-Deutschland wiederholt zu einem Angriff auf die Sowjetunion gedrängt worden, hatte diesem Drängen aber widerstanden. Im September 1941 informierte Sorge Moskau, dass Japan die Sowjetunion nur unter der Bedingung einer deutschen Eroberung Moskaus, einer weiteren (damals aber ausgeschlossenen) deutlichen Verstärkung der Kwantung-Armee (japanische Besatzungsarmee in China) und dem Ausbruch eines Bürgerkriegs in Sibirien angreifen werde. Damit war für die Sowjetunion die Gefahr eines Zweifrontenkriegs im Fernen Osten zunächst gebannt. Nachdem diese Information Sorges mit mehreren gleichlautenden Aussagen anderer Quellen abgeglichen worden war, genügte das Stalin, um Marschall

Schukow umfangreiche sowjetische Truppenkontingente aus Sibirien freizugeben, der sie gegen die mittlerweile bis in die Nähe Moskaus vorgedrungenen deutschen Divisionen in die Schlacht warf. Mit den bekannten Folgen: Die Wehrmacht, durch die bisherigen schweren Kämpfe seit Beginn des Überfalls am 22. Juni schon dramatisch durch Gefallene und Verwundete in ihrer Personalstärke reduziert sowie durch endlose Fußmärsche und Temperaturen tief unter dem Gefrierpunkt ohne ausreichende Winterausrüstung erschöpft, blieb beim Sturm auf Moskau Anfang Dezember 1941 im Abwehrfeuer der gut ausgebauten und nunmehr auch mit einer großen Menge frischer Soldaten besetzten Verteidigungsstellungen rund um Moskau liegen und musste angesichts umfassender sowjetischer Gegenangriffe sogar den Rückzug antreten. Die bis dahin für unbesiegbar gehaltene deutsche Wehrmacht erlitt damit ihre erste, entscheidende Niederlage, die zusammen mit den Ereignissen des Jahres 1942 bis hin zur Einkesselung Stalingrads die Kriegswende herbeiführte.

Auch den japanischen Angriff auf die US-Marinebasis Pearl Harbor auf Hawaii am 7. Dezember 1941 sagte Sorge zutreffend voraus. Insgesamt hatte Sorge seit 1939 mit seinem Funker Clausen über 65.000 Worte in 141 Funksprüchen sowie zahlreiche Mikrofilme per Kurier nach Moskau übermittelt. Der intensive Funkverkehr hatte schon längere Zeit die Aufmerksamkeit der japanischen Spionageabwehr *Kempeitai* geweckt. Auch der aus Berlin nach Tokio entsandte »Schlächter von Warschau«, der besonders brutale SS-Standartenführer Meisinger, nunmehr Gestapo-Resident in Tokio, sollte den mutmaßlichen Maulwurf in der Botschaft ausfindig machen. Sorge konnte Meisinger allerdings dank dessen Alkoholismus erfolgreich von seinem Verdacht ablenken. Meisinger schrieb sogar in einem Bericht kurz vor der Verhaftung Sorges, an dessen Loyalität zu Großdeutschland gebe es keinen Zweifel. Zum Verhängnis wurde Sorge die im Herbst 1941 einsetzende Observierung japanischer Kommunisten durch den japanischen Geheimdienst *Tokkō*, in deren Verlauf eine seiner Kontaktpersonen enttarnt wurde. Kurz zuvor hatte Sorge noch in seinem letzten Bericht nach Moskau darum gebeten, wieder nach Deutschland zurückgeschickt zu werden, da von Japan keinerlei Gefahr mehr für die Sowjetunion ausgehe. Ozaki wurde am 14. Oktober, Sorge selbst am 18. Oktober 1941 verhaftet. Die Japaner gingen beim Verhör Sorges zunächst davon aus, es handle sich bei ihm um einen Abwehr-Agenten der NS-Spionagedienste. Die Abwehr dementierte jedoch vehement. Anschließend begannen die Japaner, Sorge zu foltern. Der Prozess begann im September 1943 unter Ausschluss der Öffentlichkeit. Das Urteil lautete, wie vorab feststehend, auf die Todesstrafe für ihn und seinen Mitangeklagten. Vollstreckt wurde die Strafe am 7. November 1944.

Seine letzte Geliebte Hanako Ishii ließ Sorges Leiche in den 1980er Jahren exhumieren und in einem Krematorium verbrennen. Seine Urne befindet sich seitdem auf dem Friedhof Tama westlich von Tokio. Sorge wurde postum der Titel »Held der Sowjetunion« verliehen. In der BRD wurde Sorge von der vorherrschenden konservativen Historikerzunft und Journaille als Verräter dargestellt, der den Sieg der Wehrmacht vor Moskau 1941 verhindert habe. In Baku erinnert im Sorge-Park ein Denkmal an den Meisterspion. In Ostberlin wurde die Tilsiter Straße 1969 zu seinem 25. Todestag in Richard-Sorge-Straße umbenannt. Die Dresdener Dr.-Richard-Sorge-Straße am Großen Garten wurde 1990 wieder in Lennéstraße umbenannt. Das zugehörige Sorge-Denkmal wurde nach 1990 mehrfach mutwillig zerstört, Beleg dafür, dass Sorge bis heute in manchen Kreisen als Verräter angesehen wird. In Russland wird er nach wie vor geehrt, so trägt eine Station des Zentralen Moskauer Eisenbahnrings seinen Namen, ebenso wie die an ihr vorbeiführende Sorge-Straße *(Улица Зорге)*.

5. Elyesa Bazna

Die Affäre »Cicero«

Einer der merkwürdigsten Spionagefälle des Zweiten Weltkriegs trug sich in der neutralen Türkei zu. Diese hatte – eingedenk des für die Türkei als Bündnispartner der Mittelmächte negativen Ausgangs des Ersten Weltkriegs – im Zweiten Weltkrieg die von Hitler angebotene beziehungsweise angeforderte Waffenbrüderschaft abgelehnt und sich bis Kriegsende aus den militärischen Auseinandersetzungen herausgehalten. Trotz einer nationalistischen und im Prinzip dem NS-Staat freundschaftlich verbundenen Regierung gewährte die Türkei einigen deutschen Emigranten Exil. Einige von ihnen bekamen dort sogar Arbeit, wie der frühere KPD- und damalige SPD-Politiker Ernst Reuter (der amerikanische Geheimdienst OSS, Vorläufer der CIA, nahm damals Kontakt zu ihm auf), oder Architekten wie Paul Bonatz, Bruno Taut, Margarete Schütte-Lihotzky und Martin Wagner. Insgesamt hielten sich circa tausend deutsche Emigranten zwischen 1933 und 1945 in der Türkei auf.

Die Spionage-Affäre am Bosporus, von der hier nun die Rede sein soll, dauerte nicht allzu lange, nur knapp sechs Monate, und trug sich zwischen Oktober 1943 und März 1944 zu. In ihrem Zentrum stand ein Agent mit dem Decknamen »Cicero«. Dabei handelte es sich um einen türkischen Staatsbürger namens Elyesa Bazna, 1904 im damals türkischen Priština (heute: Kosovo) geboren. Seine Eltern zogen mit ihm schon vor dem Ersten Weltkrieg nach Istanbul. Dort ging er in die Schule und arbeitete später bei einer im Gefolge des Ersten Weltkriegs in der Türkei stationierten französischen Militär-Einheit. Aufgrund verschiedener

Diebstähle wurde Bazna zu drei Jahren Arbeitslager in Frankreich verurteilt. Nachdem er die Strafe abgesessen hatte, blieb er in Frankreich und arbeitete als Handlanger in einer Lkw-Werkstatt. Nach einiger Zeit kehrte er zurück in die Türkei und suchte sich ein neues Tätigkeitsgebiet. Aufgrund seines Aufenthalts in Frankreich und der dort erworbenen französischen Sprachkenntnisse und Manieren gelang es ihm, Diener des jugoslawischen Botschafters in Ankara zu werden. Dieses Amt übte er sieben Jahre aus, anschließend war er für den amerikanischen Militärattaché tätig. Er heiratete und setzte mit seiner ersten Frau vier Kinder in die Welt. Von einer Bühnenkarriere träumend, nahm er neben seiner Kammerdiener-Stelle Gesangsunterricht. Sein Abschlusskonzert war jedoch ein Reinfall.

1942 wechselte er als Bediensteter zum deutschen Geschäftsmann Albert Jenke, dem Schwager des deutschen Außenministers Ribbentrop, der in Istanbul lukrativen Geschäften nachging. Jenke wurde ein Jahr später offizieller Mitarbeiter der deutschen Botschaft in Ankara. Doch Bazna hielt es nicht lange bei Jenke aus und wechselte nun als Bediensteter zum Ersten Sekretär der britischen Botschaft, Douglas Busk. Dieser war von ihm so angetan, dass er ihn sogar an den britischen Botschafter in Ankara vermittelte, Hugh Montgomery Knatchbull-Hugessen. Der Botschafter hatte eigenwillige Angewohnheiten. Er nahm entgegen den Vorschriften wichtige Urkunden aus der Botschaft in seine Privatwohnung mit. Der in der Botschafter-Wohnung arbeitende Bazna konnte diese dort heimlich mit einer normalen Leica-Kamera und einem improvisierten Stativ fotografieren. Als er einige Dutzend geheime Dokumente auf diese Weise kopiert hatte, wollte er diesen Schatz zu Geld machen. Daher nahm er im Oktober 1943 Kontakt zu der ihm wohlbekannten deutschen Botschaft in Ankara auf und bot dort einen Negativfilm voller Fotos britischer Geheimdokumente für 20.000 Pfund an. Botschafter Papen nahm diesbezüglich Kontakt zu NS-Außenminister Ribbentrop und dem Leiter des NS-Geheimdienstes SD (Sicherheitsdienst), Schellenberg, auf, die beide ihre Zustimmung gaben, das außergewöhnlich teure Angebot zu akzeptieren.

Bazna erhielt den Decknamen »Cicero«. Als Motiv für seinen Verrat gab Bazna damals Hass auf die Briten an, in seinen zwei Jahrzehnte später veröffentlichten Memoiren dagegen seinen Geldbedarf. Insgesamt übergab er den Deutschen rund fünfzig Negativfilme mit vierhundert Fotos und erhielt dafür die exorbitant hohe Summe von rund 300.000 britischen Pfund, damals ein Gegenwert von 1,2 Millionen US-Dollar. Damit war er einer der bestbezahlten Spione aller Zeiten. Die von ihm übergebenen Dokumente waren in der Tat außerordentlich bedeutsam. Sie enthielten streng geheime Informationen zur britischen Nahostpolitik und zu den Versuchen, die Türkei ins alliierte Lager zu ziehen. Zudem übermittelte er Informationen zur Konferenz von Teheran und über die geplante zweite Front in Europa. Im Hinblick auf die geplante Landung der Alliierten in der Normandie konnte er nur den Decknamen, *»Operation Overlord«*, übermitteln, aber keine Details. SD-Chef Walter Schellenberg schätzte die Dokumente als authentisch ein, Außenminister Ribbentrop war dagegen der Meinung, es handle sich um Fälschungen des britischen Geheimdienstes. Daher kam es längere Zeit nicht zu einer angemessenen Auswertung der Informationen in Berlin. Gerade die Abwehr war in ständiger Furcht vor britischen Doppelagenten, die ihnen falsches Material zuspielen könnten. Und sie lagen damit gar nicht so falsch, wie sich nach dem Krieg herausstellte. Nicht weniger als drei der vermeintlichen

Topspione der Abwehr waren britische Doppelagenten: »Garbo« (Juan Pujol), »Zig-Zag« (Eddie Chapman) und »Tricycle« (Dusan Popov). Zudem lieferte »Cicero« für den Geschmack der Abwehr schlicht zu viele Informationen, und zudem von zu guter Qualität, selbst die Fotos waren außergewöhnlich scharf für einen Amateuragent.

Die deutsche Seite trug nach Kräften dazu bei, die Verbindung zu Bazna zu unterminieren. Entgegen geheimdienstlichen Gepflogenheiten erwähnte der deutsche Botschafter von Papen bei einem Treffen mit dem türkischen Außenminister im Dezember 1943 Details aus den Verhandlungen zwischen der Türkei und Großbritannien. Der türkische Außenminister warnte den britischen Geheimdienst umgehend vor einem Maulwurf in der britischen Botschaft. Der MI6 veranlasste eine umfassende Sicherheitsüberprüfung der britischen Botschaft, die jedoch keine weitergehenden Kenntnisse ergab. Denn der britische Botschafter verschwieg, dass er geheime Dokumente in seinem Privathaus aufbewahrte. Ende Dezember 1943 wurde Allen Dulles, Repräsentant des amerikanischen Geheimdienstes *Office of Strategic Services* (OSS, Vorläufer der CIA) in der Schweizer Hauptstadt Bern, vom deutschen Hitlergegner Fritz Kolbe darüber informiert, dass ein Agent namens »Cicero« in Ankara für die Deutsche spioniere. Mitte Januar 1944 teilte US-Präsident Roosevelt dem britischen Premier Churchill mit, dass Nazideutschland über detaillierte Kenntnisse bezüglich der geheimen alliierten Kairo-Konferenz (November 1943, die Türkei hatte den Kriegseintritt aufseiten der Alliierten erneut abgelehnt) verfüge. Bazna seinerseits wurde der Stress langsam zu viel, er gab im März 1944 seinen Posten als Kammerdiener des britischen Botschafters auf, da er befürchtete, aufzufliegen. Zudem war er mittlerweile durch die deutschen Zahlungen umgerechnet auf die heutigen Werte mehrfacher Millionär geworden.

Bazna plante, mit diesem Reichtum nun ein geruhsames Leben als Ruheständler zu führen. Nach 1945 begann er, seine Pläne, Hotelier zu werden, mit staatlicher Unterstützung in Bursa zu realisieren, wo er den Bau eines Luxushotels startete. Doch nun holte ihn seine Vergangenheit ein. Denn er hatte die Bauarbeiten mit den von Moyzisch erhaltenen britischen Pfundnoten bezahlt. Wie sich jetzt herausstellte, war er von den Deutschen mit wertlosem Falschgeld bezahlt worden. Die riesigen Pfundnotenbestände, über die Bazna noch verfügte, wurden umgehend beschlagnahmt und vernichtet. Mehr als zwei Jahrzehnte musste er die mit dem Falschgeld aufgehäuften Schulden abbezahlen. Weltweit bekannt wurde der Fall 1950 durch die Publikation der Memoiren eines deutschen Botschaftsangestellten. Der britische Außenminister Bevin bestätigte während einer Sondersitzung des britischen Parlaments, dass es 1943 einen schweren Fall von Verrat in der britischen Botschaft in Ankara gegeben habe, dabei seien aber nur Kopien, keine Originaldokumente in deutsche Hände gelangt. Er verwies auf das Fehlverhalten des damaligen Botschafters im Umgang mit Geheimdokumenten. 1954 bat Bazna den BRD-Kanzler Adenauer um Entschädigung in Höhe von 150.000 Pfund wegen der Falschgeldzahlung durch den SD. Sein Gesuch wurde vom BRD-Außenministerium abgelehnt. 1962 publizierte Bazna seine Memoiren unter dem Titel *Ich war Cicero.* Seine letzten Jahre verbrachte Bazna offenbar auf Vermittlung des BND in München. Er starb 1970 im Alter von 66 Jahren und wurde auf dem Friedhof am Perlacher Forst beigesetzt.

6. Dr. Schneider alias Reinhard Gehlen

Ein Diener seiner selbst

Eine Übersicht der bedeutendsten Spionageakteure des 20. und 21. Jahrhunderts wäre unvollständig, wenn ein Mann fehlen würde, den man, ohne zu übertreiben, zu den interessanteren Figuren im Spionagezirkus zählen darf. Nicht so sehr wegen seiner professionellen Verdienste in der Nachrichtenbeschaffung. Wohl aber als Beispiel dafür, wie man den Spionagezirkus zum persönlichen Fortkommen nutzen, wie man auch von dramatischen Umschwüngen profitieren kann, und wie man schließlich zum Apologeten seiner selbst wird, indem man in seiner Autobiographie behauptet, ein wichtiger, wenn nicht der wichtigste Deutsche im Nachrichtendienst-Wesen aller Zeiten gewesen zu sein. Der Mann, um den es hier gehen soll, heißt Reinhard Gehlen. Er wird 1902 in Erfurt geboren. Als Sohn eines Majors a.D. und Buchhändlers und einer Hausfrau flämischen Ursprungs wächst er in behüteten Verhältnissen in Breslau auf. Der rechtskonservative Soziologe Arnold Gehlen ist sein Cousin. Das Abitur legt Reinhard Gehlen 1920 in Breslau ab und tritt wenige Wochen später als Offiziersanwärter der Reichswehr bei. Er bleibt bei der Armee und macht weiter Karriere. Von 1933 bis 1935 dient er im Stab des Chefs der Heeresleitung, General Kurt von Hammerstein-Equord, und nimmt an geheimen Generalstabslehrgängen teil, um sich für die höhere militärische Laufbahn zu qualifizieren (ein Generalstab innerhalb der deutschen Reichswehr ist im Versailler Vertrag verboten worden). Ab Mai 1935 besucht er die Kriegsakademie des Heeres und dient anschließend bis 1937 im Generalstab des Heeres. Er untersteht zu dieser Zeit dem nachmaligen Panzerstrategie-Experten Erich von Manstein-Zielinsky. 1939 nimmt Gehlen als Generalstabsoffizier am Überfall auf Polen teil. Während des Überfalls auf Frankreich 1940 dient er als Verbindungsoffizier. Von Oktober 1940 bis April 1942 ist er Leiter der *Gruppe Ost* der Operationsabteilung des Generalstabes des Heeres unter Oberst Adolf Heusinger, der wiederum ab 1942 die »Bandenbekämpfung« und »Partisanenbekämpfung« im Hinterland der Front leitet und dabei in Kriegsverbrechen involviert wird.

Als Teil der Gruppe Ost ist Gehlen intensiv an den Vorbereitungen für das *Unternehmen Barbarossa*, den deutschen Überfall auf die Sowjetunion im Juni 1941 beteiligt. Er ist für die Transportplanung und die Reserve-Nachführung zuständig. Nach der deutschen Niederlage in der Schlacht um Moskau im Dezember 1941 sucht der Generalstab nach einer neuen Führung für seinen erfolglosen Heeresnachrichtendienst, der in Konkurrenz zum Reichssicherheitshauptamt der SS steht. Obwohl Gehlen sich vorher nie mit Geheimdienstarbeit beschäftigt hat, keine Fremdsprache beherrscht und keinerlei Kenntnisse über die Sowjetunion vorzuweisen hat, wird er im Mai 1942 im Alter von 40 Jahren zum Chef der *Abteilung Fremde Heere Ost* (FHO) ernannt, also Chef einer der wichtigsten nachrichtendienstlichen Abteilungen in Deutschland. Damit ist er gleichzeitig Chef der Aufklärung Ost und vor allem der Auswertung. Anfangs ist er auch noch für Skandinavien, Südeuropa sowie die Luftrüstung der USA zuständig, was im Hinblick auf seine weitere Karriere von Bedeutung ist, da er somit Informationen über seinen künftigen Arbeitgeber erhält. Doch dazu weiter unten mehr. Zunächst stellt Gehlen die Informationsgewinnung um auf die Massenbefragung von Kriegsgefangenen. Die Devise des OKH ist dabei, dass jede »Nachsicht« und »Menschlichkeit« gegenüber den Kriegsgefangenen »streng zu tadeln« sei. Damit wird den Befragern ein Freibrief zur Folter der Gefangenen ausgestellt. Zu seinen engsten Mitarbeitern beruft Gehlen die ihm aus früheren Verwendungen bekannten und als loyal empfundenen Heinz Herre (für die Auswertung), Gerhard Wessel (für die Aufklärung der Roten Armee) und Hermann Baun (für das Agentennetz im Feindgebiet vor der Front).

Die katastrophale Niederlage der Wehrmacht in Stalingrad im Winter 1942/1943 übersteht Gehlen ungeschoren, und das, obwohl er als verantwortlicher »Aufklärer« den gigantischen sowjetischen Aufmarsch rund um Stalingrad im Herbst 1942 trotz der »strengen« Befragung von Kriegsgefangenen und Überläufern (Folter) komplett übersieht. Bis unmittelbar vor Beginn des sowjetischen Umfassungsangriffs bei Stalingrad am 19. November 1942 lässt Gehlen noch in Meldungen verlauten, es sei keinerlei Bewegung auf der Gegenseite zu beobachten, ein Angriff sowjetischer Truppen im Winter unwahrscheinlich. Nach dem Zusammenbruch der deutschen Verbände in Stalingrad intensiviert Gehlen die Zusammenarbeit mit dem Auslandsnachrichtendienst der SS unter Walter Schellenberg. Trotzdem versagt Gehlens Abteilung auch beim nächsten vernichtenden sowjetischen Großangriff, der sowjetischen *Operation Bagration* ab 22. Juni 1944 (ganz bewusst am Datum des deutschen Überfalls auf die Sowjetunion drei Jahre zuvor orientiert), auf ganzer Linie. Die erfolgreichste Offensive der Sowjetarmee führt zur Vernichtung der Heeresgruppe Mitte und damit zur größten militärischen Niederlage Deutschlands aller Zeiten. Die Verluste belaufen sich auf rund vierhunderttausend Mann. Von der FHO gab es dazu erneut überhaupt keine Vorwarnung. Aber auch das kann den wendigen Gehlen nicht in seiner weiteren Karriereplanung beeinträchtigen. Für seine bisherigen Auftraggeber und Finanziers arbeitet er noch Unterlagen für die *Aktion Werwolf* aus, der Organisation von kleinen Widerstandsgruppen, versorgt aus geheimen Erddepots. Diese Strategie wird zehn Jahre später fast wörtlich von der NATO übernommen für ihre *Stay Behind Organisations* (SBO), die in fast allen westeuropäischen Ländern bis 1990 existieren und in einer bis heute ungeklärten Beziehung zu Rechts- wie Linksterroristen stehen, innerhalb der *Strategie der Spannung,* der Zusammenarbeit mit Rechtsradikalen und Organisation von *False Flag* Operationen, mit denen angeblichen Linksradikalen verheerende, blutige Anschläge in die Schuhe geschoben werden sollen, um rechten Regierungen an die Macht zu verhelfen; doch auch RAF und die italienischen *Brigate Rosse* sollen – teilweise – von Westblock-Geheimdiensten gesteuert gewesen sein; alle diese Gruppen versorgten sich aus geheimen Erddepots, welche die NATO in ganz Westeuropa einschließlich neutraler Länder wie Österreich, Schweiz und Schweden einrichtete. Offiziell sollten die SBOs im Fall eines sowjetischen Vormarschs Richtung Kanalküste hinter der Front den Widerstand gegen die sowjetischen Besatzer organisieren, durch Sabotage, Attentate, Anschläge et cetera.

Ab Oktober 1944 plant der immer auf sein eigenes Wohlergehen bedachte Gehlen schon für die Zeit nach der absehbaren deutschen Kriegsniederlage. Er geht von dem Szenario aus, dass die Westmächte sich früher oder später gegen den damaligen Verbündeten »Sowjetrussland« wenden werden und dabei auf ihn und die von ihm komplett kopierten und mikroverfilmten Dokumente der FHO über die Sowjetarmee angewiesen sein werden, weil sie selbst dort über keine oder zumindest nur sehr wenige Agenten verfügen. Anfang März 1945 lässt Gehlen die Mikrofilme der FHO-Akten in den österreichischen Alpen vergraben. Vorher hat er seine Familie von Schlesien aus in die künftige US-Besatzungszone gebracht, deren Lokalisierung in Bayern er aus seinen nachrichtendienstlichen Erkenntnissen nur zu genau kannte. Von den Amerikanern, denen er sich als neuer Verbündeter im Kampf gegen die Sowjetunion anbieten will, erwartet er eine Vorzugsbehandlung für sich selbst, seine Familie und seine engsten Vertrauten. Mit Wessel und Baun verabredet er den geordneten Seitenwechsel zu den Amerikanern. Hitler macht Gehlen sogar noch ein letztes Geschenk. Er setzt ihn am 9. April 1945 als Leiter der FHO ab, nachdem er ihm kurz zuvor noch das »Deutsche Kreuz« in Gold verliehen hat. Damit bekommt Gehlen in letzter Minute sogar noch so eine Art »Widerstandsbonus«, hat Hitler ihn doch explizit und offiziell von seinem Posten entfernt. Das kann ja nur so interpretiert werden, dass ihm Gehlen nicht mehr in den nationalsozialistischen Kram passt, der zu diesem Zeitpunkt schon kurz vor dem Untergang steht.

Am 28. April 1945 versteckt sich Gehlen zusammen mit einigen Getreuen auf der Elendsalm bei Miesbach, wo er das offizielle Ende des »Dritten Reichs«, die bedingungslose Kapitulation abwartet, die dann am 09. Mai 1945 endlich offiziell wird. Zwei Wochen später, am 22. Mai 1945, ergibt er sich zusammen mit sechs seiner Offiziere in Fischhausen am Schliersee vorbeikommenden US-Soldaten. Das erste Ziel Gehlens: Er muss auf alle Fälle vermeiden, als Mitverantwortlicher für Kriegsverbrechen an der Ostfront – wie eigentlich zwischen den USA und der UdSSR vereinbart – an die Sowjetunion ausgeliefert zu werden. Deshalb verlangt Gehlen sofort, einem Offizier der US-Armeegeheimdienste vorgeführt zu werden.

Dort hofft er, schnell eine Einigung über seine künftige Beschäftigung in US-Diensten zu erlangen. Doch er stößt zunächst wider Erwarten auf geringes Interesse an seiner Person. Einstweilen werden er und seine Mitstreiter über Salzburg zum zentralen Vernehmungszentrum in Wiesbaden, gebracht. Doch nach ein paar Tagen erkennen die Amerikaner, welcher Fisch ihnen freiwillig ins Netz gegangen ist. In Wiesbaden kann er mit der US-Seite schnell Einverständnis über die Aufgaben der Zukunft – den Kampf gegen die Ausbreitung des Kommunismus – herstellen. Gehlen gibt die Lage der versteckten Dokumentenkisten bekannt, welche die Amerikaner umgehend ausgraben und ins *Document Center* nach Frankfurt-Höchst bringen. Gehlen wird wenige Wochen später mit sechs seiner Mitarbeiter und den Dokumenten zur US-Militärbasis Fort Hunt (USA) geflogen. Dort trifft er auf andere NS-»Experten«, welche die Amerikaner im Hinblick auf eine künftige Mitarbeit gegen die Sowjets dort versammeln und intensiv verhören. Dazu gehören unter anderem Raketenforscher Wernher v. Braun und Atomphysiker Otto Hahn. Zwar sind seit dem Jahr 2000 Tausende von Dokumenten in den *National Archives* der USA über die für Gehlens weitere Karriere fundamentale Transitionsphase zwischen 1945 bis 1955 öffentlich zugänglich. Doch eine historisch fundierte Auswertung fehlt bislang, ebenso wie eine umfassende, abschließende wissenschaftliche Beurteilung der Arbeit der *Abteilung Fremde Heere Ost* vor 1945 und ihre Verbindung zu den Kriegsverbrechen an der Ostfront. Im Juni 1946 wird Gehlen wieder nach Westdeutschland gebracht, in die US-Militärbasis *Camp King* (eine speziell für Geheimdienstzwecke eingerichtete Basis) bei Oberursel (Taunus). Im Juli 1946 wird vom US-amerikanischen Heeresnachrichtendienst CIC formell eine neue Behörde gegründet, die den Namen *Organisation Gehlen* (OG) erhält und deren Namensgeber ihr Chef wird. Gehlen selbst erhält den sprechenden Decknamen »*Utility*« (»Hilfsmittel«). Die OG soll unter Benutzung des vorhandenen Potentials nach Osten aufklären beziehungsweise die alte Spionage- beziehungsweise Sabotage-Arbeit im gleichen Sinn fortsetzen. Im Gegenzug finanzieren die Amerikaner den Dienstbetrieb der OG bis auf weiteres. Dafür liefert die OG alle Aufklärungsergebnisse an die Amerikaner. Sobald wieder eine souveräne westdeutsche Regierung besteht, soll, so Gehlen, dieser Regierung die Entscheidung darüber freistehen, ob die OG als deutsche Dienststelle fortgeführt werden soll oder nicht. Da die US-Regierung wegen der Abwicklung der Kriegslasten knapp bei Kasse ist, wird die OG zunächst über Schwarzmarktschiebereien finanziert. Die US-Army stellt tonnenweise aus den vorhandenen und nun nicht mehr benötigten Nachschub-Vorräten Nahrungsmittel, Zigaretten, Kaffee und Nylonstrümpfe zur Verfügung, die von den Gehlen-Agenten auf dem Schwarzmarkt umgerubelt werden und so die schwarzen Kassen der OG füllen.

Die Räumlichkeiten in Camp King werden für die schnell wachsende OG bald zu klein. Daher bekommt sie von den US-Besatzungsbehörden im Dezember 1947 die ehemalige *Reichssiedlung Rudolf Heß* in der Heilmannstraße (München-Pullach) zugewiesen. Eine hohe Mauer umgibt die von 1936 bis 1938 für die NS-Elite gebaute Siedlung mit 20 Häusern. Ab 1947 wechselt die OG von der Zuständigkeit der US-Army in die Zuständigkeit einer neuen Behörde, dem neuen US-Geheimdienst *Central Intelligence Agency* (CIA, Nachfolger des OSS). Deren Leitung ist von Gehlen und seinem – angeblichen – riesigen Agentennetz in Osteuropa bis tief in die Sowjetunion hinein begeistert. Der Armeegeheimdienst CIC dagegen hält schriftlich fest, es sei einer der größten nachrichtendienstlichen Fehler der USA, die OG übernommen zu haben. Vorgeworfen werden Gehlen veraltete Methoden, ein primitives System der Nachrichtenübermittlung, und quasi nicht-existente Sicherheitsvorkehrungen. Die Gefahr, dass sein Dienst penetriert werde, sei jeden Tag gegeben. Diese Befürchtungen sollten sich nur als allzu begründet erweisen. Gehlens Methoden bleiben gleich: Rückkehrende Kriegsgefangene, ehemalige Zwangsarbeiter und Flüchtlinge aus den ehemaligen Ostgebieten werden in Auffanglagern zusammengetrieben und systematisch verhört. Auch zu den Briten gibt es mittlerweile enge Kontakte, haben diese doch die OG als Ausführungsgehilfen beispielsweise für die *Operation Jungle* rekrutiert, also den britischen Versuch, Einfluss- und Sabotageagenten in Polen und im Baltikum mittels deutscher Schnellboote aus dem Zweiten Weltkrieg abzusetzen. Die alten Nazi-Schnellboote sind zwar tatsächlich schneller als die damals zur Verfügung stehenden sowjetischen Minenjäger, der Operation ist aber dennoch kein Erfolg beschieden, da die meisten Agenten – einmal abgesetzt – entweder zum KGB überlaufen oder schon nach kurzer Zeit geschnappt werden. Ähnliche Fehlschläge gibt es beim Versuch, rechtsradikale Untergrundgruppierungen in Polen, in der Tschechoslowakei und anderen Ostblockgebieten aufzubauen.

Gehlen akquiriert so viel Personal wie möglich für die OG aus den Überresten des »Dritten Reichs«, darunter viele Kriegsverbrecher, ehemalige Offiziere der Wehrmacht genauso wie ehemalige RSHA- und SS-Mitglieder. Gehlen schützt sie vor dem Zugriff der Alliierten. Dem 1949 gewählten BRD-Bundeskanzler Adenauer ist die Gehlen-Truppe von amerikanischen Gnaden trotz bester eigener (familiärer) Verbindungen zu den USA etwas unheimlich. Der vom Westblock 1950 provozierte Koreakrieg bringt weitere Vorteile für Gehlen. Denn jetzt verlangen die USA ultimativ die Wiederbewaffnung der BRD, die in Europa einen wichtigen Teil des militärischen Drucks, einen wichtigen Teil des Bedrohungspotentials im Hinblick auf die Sowjetunion übernehmen soll. Er platziert seine Kumpels Heusinger, Speidel und Foertsch an zentraler Stelle innerhalb der Vorbereitungskomitees, welche die BRD-Wiederbewaffnung planen. Bei der Rekrutierung des eigenen Personals für die OG legt Gehlen die üblichen US-Standards an, die generell Grundlage für den »Wiederaufbau« der BRD waren: Jeder noch so schlimme *son of a bitch* (Hundesohn) wird engagiert, solange er nur Antikommunist ist (so Harry Rositzke, CIA). Daher stoßen auch viele Hundert SS- und NS-Funktionäre sowie Kriegsverbrecher zur OG. Für die Sowjetunion bietet diese Vorgehensweise den Vorteil, durch die Platzierung scheinbar beinhart antikommunistischer Doppelagenten leichtes Spiel bei der Unterwanderung zu haben. Politisch bleibt Gehlen auf Kurs und bringt als Nächstes auch den geplanten neuen militärischen Geheimdienst der BRD-Armee, den *Militärischen Abschirmdienst* (MAD, englisch für verrückt), unter seine Kontrolle.

Letztlich gelingt Gehlen dies auch beim neuen BRD-Inlandsgeheimdienst, dem *Bundesamt für Verfassungsschutz* (BfV). Im Gegensatz zur CIA-abhängigen OG ist das BfV eine BRD-Organisation von britischen Gnaden. London setzte 1950 einen ihrer Vertrauensleute, den Juristen Otto John, an die Spitze des neugegründeten BfV. John (der an anderer Stelle in diesem Buch beschrieben wird) ist eine für Gehlen problematische Personalie, da John aus dem Kreis der Widerständler und Exilanten stammt, die ansonsten weitgehend erfolgreich aus den Spitzenpositionen der BRD herausgehalten werden. John ist Gehlen weder weisungsgebunden noch unterstellt, sondern hegt ganz eigene, unabhängige Planungen und Meinungen. Gehlen geht daher umgehend auf Konfrontationskurs. Er fühlt sich, mit der CIA und Adenauer im Rücken, in einer überlegenen Angriffsposition. Nach dem bis heute nicht völlig geklärten zeitweiligen Übertritt Johns in die DDR 1954 ist er auch nach seiner Rückkehr in die BRD ein halbes Jahr später Persona non grata und wird zu langjähriger Zuchthausstrafe verurteilt. Gehlen kommentiert befriedigt: »Einmal Verräter, immer Verräter.« Und beweist damit einmal mehr sein ewig gestriges Weltbild. Gehlen ist dabei nicht wählerisch bei der Wahl seiner Mittel. Denn illegalerweise schnüffelt er nach Kräften auch im BRD-Inland herum und versorgt hauptsächlich BRD-Bundeskanzler Adenauer (CDU) mit geheimen Erkenntnissen über die politische Konkurrenz. Dabei nutzt er auch seine engen Beziehungen zum Nachrichtenmagazin *Der Spiegel*, in dessen Anfangsphase (1947–1960) dort viele SS- und Wehrmachtsveteranen ihr Unwesen treiben, zu denen Gehlen beste Kontakte pflegt.

Nun steht noch die offizielle Übergabe der OG an die BRD-Regierung an (die künftig hauptsächlich die Finanzierung der sich immer weiter aufblähenden OG übernehmen sollte). Auch ein neuer Name für die OG in BRD-Diensten ist schnell gefunden – man einigte sich bei Gesprächen im BRD-Kanzleramt im Sommer 1952 auf das Signet *Bundesnachrichtendienst* (BND). Am 1. April 1956 – und das ist kein Aprilscherz – wird aus der bereits mehrere Tausend Mitarbeiter zählenden *Organisation Gehlen* eine BRD-Behörde. Gehlen erhält am 20. Dezember 1956 die Berufung in ein Beamtenverhältnis auf Lebenszeit und die Ernennung zum hochdotierten Präsidenten des Bundesnachrichtendienstes. Gehlens OG- und BND-interner Deckname ist »Dr. Schneider«, gemäß seiner Zimmernummer in Pullach wird er auch als »Nr. 106« bezeichnet. Angesichts eines möglichen Wahlsiegs der SPD informiert Gehlen 1956 die CIA über BND-Pläne und konkrete Vorbereitungen zu einem BND-Staatsstreich beziehungsweise einem BND-Untergrundkampf gegen die künftige SPD-Bundesregierung. Was seine US-Ansprechpartner ihm darauf entgegnet haben, ist bis heute unbekannt, da die entsprechenden CIA-Akten nach wie vor der Geheimhaltung unterliegen. Unter dem Einfluss der nach wie vor maßgeblichen US-Geheimdienste erweitert der BND im Lauf der nächsten Jahre das Spektrum seiner Informationsbeschaffung von der rein befragungsbasierten Beschaffung (HUMINT – *Human Intelligence*) um die technisch-technologischen Methoden der Informationsbeschaffung (SIGINT und ELINT – *Signal und Electronic Intelligence*). In seinem Vorzimmer platziert Gehlen die junge gutaussehende Annelore Krüger, viele Jahre seine Geliebte. Gehlen macht sie später sogar zur Leiterin der hausinternen Sicherheitsabteilung. Einen Tiefpunkt erreicht Gehlens Verhältnis zu BRD-»Bundeskanzler« Adenauer während der sogenannten *Spiegel*-Affäre 1962. Mitarbeiter des BRD-Nachrichtenmagazins werden verhaftet, die Redaktion mehrere Tage lang durchsucht, weil die BRD-»Bundesanwaltschaft« in Karlsruhe auf Wunsch der BRD-Regierung die in einem Artikel des Blattes enthaltenen Informationen zur Bundeswehr-Einsatzfähigkeit als Landesverrat ansehen. Es handelt sich dabei um den im Oktober 1962 abgedruckten Artikel mit dem Titel *Bedingt abwehrbereit,* den die beiden *Spiegel*-Redakteure Conrad Ahlers (später SPD-Regierungssprecher) und Hans Schmelz verfassten. Der Artikel beschäftigt sich mit den Resultaten des NATO-Herbstmanövers *Fallex 62* und stellt generell die Rüstungspolitik von BRD-»Bundesverteidigungsminister« Franz Josef Strauß in Frage. Zudem kritisiert er die angeblich mangelhafte Ausstattung der

BRD-Armee »Bundeswehr«. Hinterher wird das Verfahren eingestellt, alle Redakteure aus der Haft entlassen, der Vorwurf des Landesverrats nicht länger aufrechterhalten. Die Rolle des BND innerhalb der Affäre ist erst in den letzten Jahren deutlich geworden. BRD-Kanzler Adenauer vermutete aufgrund der erfolglosen Durchsuchungen von Redaktion und Privaträumen der Redakteure, dass der *Spiegel* vorab bezüglich der anstehenden Durchsuchung gewarnt worden war, und zwar vom BND in Person von Gehlen. Heute steht fest, dass Adenauer mit seiner Vermutung recht hatte und der *Spiegel* tatsächlich vom BND einen Tipp bekommen hatte. Am 12. November 1962 lud Adenauer daraufhin zu einer Krisensitzung ins BRD-Kanzleramt zu Bonn. Adenauer verlangte vom anwesenden BRD-Justizminister, den im Nebenzimmer wartenden Gehlen mit Hilfe eines ebenfalls anwesenden Bundesanwalts festnehmen zu lassen. Nur mit viel Mühe konnten der Minister und der Bundesanwalt Adenauer von einer solch illegalen Aktion abbringen. Doch die Szene im Bundeskanzleramt spricht sich herum, es ist die tiefste Demütigung Gehlens in seiner bisherigen Laufbahn, es sollte ihm nicht mehr gelingen, das Vertrauen von Adenauer oder seiner Nachfolger im Bundeskanzleramt zurückzugewinnen.

In Rapports an die BRD-Bundesregierung versteigt sich Gehlen zu der aberwitzigen Behauptung, UdSSR und DDR hätten die *Spiegel*-Affäre ausgeheckt, um Strauß zu stürzen. Dabei sei ihnen jedoch der britische Geheimdienst zuvorgekommen und habe wesentliche Teile dieser Planung von sich aus durchgeführt. Doch dann stellt sich heraus, dass tatsächlich BND-Angehörige dem *Spiegel* halfen, den kritischen Titel über die Bundeswehr zu erstellen. Und dies angeblich, ohne ihrem Chef davon zu berichten. Der angeblich ahnungslose Gehlen hatte BRD-Verteidigungsminister Strauß sogar ausdrücklich darin bestärkt, gegen den *Spiegel* juristisch vorzugehen. Als Strauß damit gegen den Ofen fuhr, musste er zwangsläufig annehmen, von Gehlen reingelegt worden zu sein. Heute steht fest, dass der BND jahrelang mindestens drei Agenten beim *Spiegel* platziert hatte. Juristisch ein eindeutiger Rechtsbruch. Der BND versuchte, das Image der Bundesregierung durch Beeinflussung von Artikeln zu verbessern, wie von Gehlen befohlen. Offenbar führte der BND (analog zur *Operation Mockingbird* des CIA) Hunderte von BRD-Journalisten als V-Leute und Quellen, wofür diese außerordentlich großzügig entlohnt wurden. Das bezeugte der für die Pressekontakte zuständige BND-Abteilungsleiter Weiß (Deckname: »Winterstein«) vor der Bundesanwaltschaft. *Spiegel*-Herausgeber Augstein wiederum, der Gehlen schon 1951 persönlich kennenlernen durfte, hatte bei der Auswahl seiner Journalisten in der Anfangszeit ähnliche Kriterien wie der BND beziehungsweise die gesamte BRD-Elite zugrunde gelegt: Er stellte mit Vorliebe NS-Veteranen ein, auch gern von der SS, solange diese einigermaßen schreiben konnten und über ergiebige Kontakte verfügten. Der unten noch ausführlicher zu Wort kommende Heinz Felfe wies in seinen 1988 erschienenen Memoiren darauf hin, dass solche Agenten damals immer noch im *Spiegel* tätig waren – es liegt nahe anzunehmen, dass das bis heute so ist. Auch rückblickend hält man sich bedeckt, so verweigert die Bundesregierung bis heute darüber Auskunft, wer der im 2019 entdeckten »geheimen Nachlass« Gehlens ohne Klarnamen erwähnte vierte BND-Agent im *Spiegel* zum Zeitpunkt der *Spiegel*-Affäre war.

Die BND-Unterwanderung des *Spiegel* hatte spätestens 1953 begonnen. Offenbar waren verschiedenste Behörden, darunter das Bundeskanzleramt, das Verteidigungsministerium und die Bundesanwaltschaft, darüber im Bilde, dass eine BRD-Bundesbehörde also rechtswidrig, sprich: illegal, im BRD-Inland vorging. Gehlen prahlte gegenüber Adenauer, es sei gelungen, unerwünschte Veröffentlichungen zu verhindern, abzuschwächen oder durch Spielmaterial in eine andere Richtung zu lenken. BND-Ansprechpartner war Adolf Wicht, Hamburger Resident des Geheimdienstes und ehemaliger FHO-Mitarbeiter. Im Zuge der *Spiegel*-Affäre wurden sowohl Becker als auch Wicht verhaftet, da man bei der Durchsuchung der Redaktion eine von Wicht beantwortete Liste von Detailfragen Beckers zur Bundeswehr gefunden hatte. Für Adenauer war der BND damit weitgehend erledigt. Insgesamt führte der BND neben Geschäftsführer Becker, der sich angeblich rühmte, dass es ihm als Funkaufklärer im Dritten Reich gelungen sei, die Widerstandsgruppe »Rote Kapelle« zu enttarnen, auch den Co-Autor des *Bundeswehr*-Artikels, Hans Schmelz (ehemaliger Wehrmachtsoffizier und OG-Mitarbeiter), Horst Mahnke, Deckname: »Klostermann«, sowie eine weitere, bislang namentlich nicht bekannte Quelle. *Der Spiegel* klagt seit Jahren auf die Herausgabe der Namen *aller* BND-Quellen in der Redaktion. Doch der BND weigert sich, diese herauszugeben, mit dem Hinweis auf »Quellen-Schutz«, unübersehbares Anzeichen dafür, dass der BND offenbar bis heute Agent*innen innerhalb des Blattes führt. Gehlen überstand zwar noch einige Jahre an der Spitze des BND, dann wurde er 1968 im Alter von 66 Jahren endgültig kaltgestellt beziehungsweise in den üppig dotierten Ruhestand verabschiedet, allerdings nicht ohne noch die höchste BRD-Auszeichnung, das *Große Bundesverdienstkreuz mit Stern und Schulterband,* erhalten zu haben.

Jahre zuvor hatte Gehlen bereits den rechtsextremen Publizisten Gert Buchheit unter BND-Vertrag genommen. Buchheit – Deckname: »Gero« – arbeitete seitdem als geschichtspolitischer Spindoktor des BND und ganz speziell für dessen Präsidenten Gehlen. Dabei wurden geschichtliche Tatsachen und Details gern ins Gegenteil verdreht, um Gehlen, die FHO, die OG und den BND möglichst gut aussehen zu lassen. Buchheit erhielt für seine Dienste die für damalige Verhältnisse üppige Summe von 500 Mark pro Monat plus Spesen. Hierfür produzierte er neben vielen sonstigen journalistischen und publizistischen Pro-BND-Aktivitäten 1966 ein Buch mit dem Titel *Der deutsche Geheimdienst. Geschichte der militärischen Abwehr.* Darin lobt Buchheit die FHO über den grünen Klee und setzt dem ebenso schmächtigen wie eitlen Gehlen ein tönernes Denkmal. Denn letztlich war die FHO wie gesehen ein ziemlich erfolgloser Haufen. Für viele Jahrzehnte zerstörte ein anderer, noch verheerenderer Skandal den Ruf des BND: die Aufdeckung von nicht weniger als drei sowjetischen Doppelagenten im Dienst der Pullacher Behörde. Ihre Namen waren Hans Clemens, Erwin Tiebel und Heinz Felfe, allesamt alte SS-Kameraden, die sich vom RSHA kannten. Die US-Geheimdienste, die zuvor schon die Zusammenarbeit mit den britischen Geheimdiensten stark eingeschränkt hatten nach der Aufdeckung der *Cambridge Five*, verloren jetzt auch das Vertrauen in ihre westdeutsche Dependance BND und reduzierten die nächsten Jahrzehnte auch in diese Richtung die Zusammenarbeit beziehungsweise den Informationsaustausch. »Bleibender« Erfolg des BND vor 1989 innerhalb der BRD blieb, über die von BRD-Firmen und Behörden bei der Beurteilung von Bewerber*innen obligatorische Sicherheitsabfrage beim BND viele Biographien positiv oder negativ beeinflussen zu können, was häufig tragische Auswirkungen für die Betroffenen hatte. Die neue SPD-FDP-Regierung ließ 1969 von einem Bundesrichter a.D. namens Mercker und dem ehemaligen Heeresinspekteur Zerbel einen bis heute geheimen Zustandsbericht über

Gehlens BND erstellen, der einem vernichtenden Zeugnis gleichkam. Laut Presseberichten wurden darin Führungsmängel, Vetternwirtschaft, Korruption sowie Missbrauch und Fehlverwendung von Haushaltsmitteln genannt. Weiterhin wurde dem BND vorgeworfen, unter Bruch seines eigentlichen Auftrags, der Auslandsspionage, einen signifikanten Teil seiner Ressourcen auf das innenpolitische Ausspähen von BRD-Politikern verwendet zu haben. Daraufhin begann eine umfangreiche Reorganisation des BND, die sich über Jahre erstreckte.

7. Dr. Otto John

Verräter oder Held

Eine der merkwürdigsten Spionage-Episoden der an nachrichtendienstlichen Merkwürdigkeiten wahrlich nicht armen Zeit nach dem Zweiten Weltkrieg hatte eine Person namens *Otto John* zum Protagonisten. John gehörte mit seinem Geburtsjahrgang 1909 ähnlich wie Gehlen der jüngeren Generation der Nachkriegsprotagonisten an, einer der wenigen, die nicht aktiv schon am Ersten Weltkrieg teilgenommen hatte. Er stammte aus Marburg (Hessen), wuchs in Wiesbaden auf und studierte Jura in Frankfurt am Main. Mit 25 Jahren legte er 1934 am Oberlandesgericht in Frankfurt am Main die erste juristische Staatsprüfung ab und wurde im selben Jahr an der Universität Marburg promoviert mit einer Dissertation zum Thema »Der Rechtsbehelf zur Wahrung der Rechte Dritter im Vollstreckungsverfahren«. Nach Referendariat und zweitem Staatsexamen erhielt er 1937 eine Stelle als Syndikus bei der Fluggesellschaft *Lufthansa*, die er bis 1944 ausübte. Wie er um den eigentlich obligatorischen Militärdienst in der Wehrmacht herumkam, liegt bisher im Dunkeln. Zu vermuten ist, dass er schon zu einem frühen Zeitpunkt seiner Tätigkeit bei der *Lufthansa* zusätzliche Aufgaben für einen der staatlichen Geheimdienste des NS-Reichs übernommen hatte (vermutlich der Abwehr). Dafür war er als »Reisekader« der *Lufthansa* mit zahlreichen Auslandsaufenthalten pro Jahr prädestiniert, sei es als Kurier, sei es als klassischer Spion. Sein Vorgesetzter als Syndikus der *Lufthansa*-Rechtsabteilung war Klaus Bonhoeffer, Bruder des Theologen Dietrich Bonhoeffer. Auf diese Weise erhielt Otto John Kontakt zur

Widerstandsbewegung gegen den Nationalsozialismus und beteiligte sich an den Vorbereitungen zum Hitler-Attentat am 20. Juli 1944. Nach dessen Scheitern wurde sein mitbeteiligter Bruder Hans verhaftet und hingerichtet, während Otto John am 24. Juli 1944 über Madrid und Lissabon die Flucht nach Großbritannien gelang.

Dort arbeitete er nach anfänglicher Internierung ab November 1944 unter Sefton Delmer beim britischen Propaganda-Funk *Soldatensender Calais*, der den deutschen Soldaten ihre Kriegsbegeisterung austreiben sollte. In England heiratete Otto John eine aus Deutschland emigrierte Sängerin, die Tochter des jüdischen Arztes und Schriftstellers Ferdinand Mainzer, einem Freund des späteren BRD-»Bundespräsidenten« Theodor Heuss. Heuss selbst war, wie die US-Fachzeitschrift *Studies in Intelligence* 2020 berichtete, seit 1945 in US-Diensten geheimdienstlich tätig. John übersetzte nach Kriegsende bei Gefangenenverhören in britischen Kriegsgefangenenlagern und war Zeuge der Anklage bei den Nürnberger Prozessen. Beim Prozess gegen Wehrmachtsgeneral v. Manstein-Zielinsky trug seine Aussage zur Verurteilung des Generals zu achtzehn Jahren Haft bei, was ihm in den entsprechenden Kreisen neuerlich als Verrat angekreidet wurde. Erst 1950 gelang es John, auf Vermittlung des CDU-Politikers Jakob Kaiser und seines alten Bekannten, des nunmehrigen Bundespräsidenten Heuss, einen festen Job in der BRD zu ergattern: Er wird Präsident des neu gegründeten BRD-Inlandsgeheimdienstes, des sogenannten Bundesamts für Verfassungsschutz in Köln. Die drei Westmächte hatten anstandslos ihre Zustimmung erteilt (selbst die Amerikaner), BRD-Bundeskanzler Adenauer dagegen nur zögerlich (da sich sein Chefberater in Geheimdienstdingen, Gehlen, gegen John ausgesprochen hatte). Vier Jahre lang versah John, trotz jugendlichen Alters

(42 Jahre bei Amtsantritt) und mangelnder Vorkenntnisse in Geheimdienstdingen, von einzelnen Fehlern und der von ihm gern gesuchten Öffentlichkeit abgesehen, sein Amt mehr oder weniger zur Zufriedenheit seiner Vorgesetzten in der BRD-Regierung. BRD-Innenminister Schröder (CDU) plante allerdings seit Juni 1954 konkret, John bei nächster Gelegenheit – nach der anstehenden Beendigung des Besatzungsstatuts für die BRD seitens der Westalliierten – aus seinem Amt als BfV-Präsident zu entfernen. Auch die britischen Besatzungsbehörden waren mit ihm unzufrieden, da er dem Alkohol zu sehr zugetan sei und Kontakte in zweifelhafte Kreise unterhalte. Nun passierte etwas Merkwürdiges. Am 20. Juli 1954 fand im »Bendlerblock«, dem ehemaligen Wehrmachtsgeneralstabsgebäude und nunmehrigen Außenstelle des nachmaligen BRD-Verteidigungsministeriums, erstmals eine öffentliche Gedenkfeier einer BRD-Bundesregierung für die Mitglieder des Widerstandskreises des 20. Juli 1944 statt. Angesichts der Tatsache, dass für viele hohe Militärs und Verwaltungspersonen die Widerständler nach wie vor als Verräter galten (auch für Gehlen), eine bemerkenswerte Sache. John reiste bereits am 15. Juli 1954 nach Westberlin und nahm vor dem Festakt auch an der Wiederwahl von Bundespräsident Heuß durch den – geltenden Besatzungsvorschriften widersprechenden – in Westberlin tagenden »Bundestag« als Zuschauer teil. Am 19. Juli 1954 war der mit seiner Frau nach Westberlin gereiste John Gast eines abendlichen Empfangs des Westberliner Senats (des Westberliner Landesparlaments). Dabei traf er mit vielen Bekannten aus der Widerstandsszene zusammen. Zu vorgerückter Stunde soll er sich lautstark über die vielen Altnazis in der BRD-Wirtschaft und Politik beschwert haben.

Abends traf sich John mit dem »Salonbolschewisten«

Wolfgang Wohlgemuth, einem Arzt, den er vor 1945 kennengelernt hatte. Wohlgemuth war damals Assistent des berühmten Professors Sauerbruch und hatte Otto John und seinen Bruder auch schon persönlich behandelt. Wohlgemuth, nach 1945 mit großer gutlaufender Gynäkologie-Praxis in Westberlin, arbeitete damals angeblich für den sowjetischen Geheimdienst KGB. Der britische Geheimdienst hatte John gebeten, den Kontakt zu Wohlgemuth abzubrechen, John hatte daraufhin zugesagt, vorsichtig zu sein. Dennoch besuchte er Wohlgemuth in seiner Praxis, dieser servierte ihm einen Kaffee. Möglicherweise, so John, habe ihn Wohlgemuth zuvor hypnotisiert und ihm dabei den Besuch in der Praxis suggeriert. Laut eigener Aussage wurde John anschließend von Wohlgemuth im Auto nach Ostberlin verschleppt. John gab an, er habe im Auto das Bewusstsein verloren und sei erst 24 Stunden später im KGB-Hauptquartier in Ostberlin (Karlshorst) wieder aufgewacht. Letztlich lassen die heute bekannten Informationen fünf verschiedene Versionen der Interpretation zu. Entweder wurde John tatsächlich im Auftrag des KGB entführt, dann wäre John unschuldiges (wenn auch unvorsichtiges) Opfer. Oder John wurde teils entführt, teils verführt, wie es damals in der Presse hieß. Ihm sei vorgegaukelt worden, er könne wichtige Unterlagen vom KGB bekommen, müsse diese aber in Karlshorst persönlich in Empfang nehmen. Dritte Möglichkeit: John wollte auf eigene Faust Ost-West-Verhandlungen starten, wie zwei Jahre zuvor Bundesjustizminister Schäffer (CSU), der sich 1952 mit dem sowjetischen Botschafter Puschkin zu einem Privatgespräch in Ostberlin traf – allerdings mit Einverständnis Adenauers. Der KGB gab an, John habe um belastende Dokumente gegen Globke, Oberländer und Gehlen gebeten. Bei der Besprechung habe John in erheblichem Maße – freiwillig – Alkohol konsumiert und sich dann in einer Kurzschlussreaktion zum Übertritt in die DDR entschlossen. Die vierte Variante wäre, dass John schon vorher geplant hatte, angesichts seiner zunehmenden Schwierigkeiten mit der Bundesregierung, Gehlen und den Westalliierten die Seite zu wechseln und in DDR-Dienste zu treten. Fünfte und letzte Variante: John war von Anfang an ein sowjetischer Doppelagent. Dagegen sprechen allerdings viele Indizien, wie sein überstürzter Aufbruch von seinem Hotel auf dem Weg zu Wohlgemuth (was natürlich alles inszeniert gewesen sein kann). John hatte auch keinerlei Unterlagen, Akten, Dokumente mitgenommen, die er bei einem Übertritt in die DDR ja gut hätte gebrauchen können. Heute steht fest, dass er keinem Angestellten des BfV oder eines anderen BRD-Geheimdienstes geschadet hat, stattdessen lediglich Klatsch und Tratsch weitergab.

Für einige Tage blieb John wie vom Erdboden verschluckt, was in der BRD für große Aufregung sorgte, war doch der oberste Boss ihres Inlandsgeheimdienstes abhandengekommen. Man ging bis auf weiteres von einer Entführung durch östliche Dienste, KGB oder Stasi oder beide, aus. Eine Belohnung von atemberaubenden 500.000 DM wurde für sachdienliche Hinweise ausgesetzt. Dann tauchte John wieder auf, allerdings in Ostberlin, und nun als Gast des DDR-Staatsrundfunks. Er gab dabei eine halbstündige Erklärung ab, die er auf einer Pressekonferenz am 11. August 1954 nochmals wiederholte. Er verurteilte Adenauers Politik der Remilitarisierung und die Einstellung alter Nazis in höchsten BRD-Behörden und forderte neue Verhandlungen über die Wiedervereinigung von BRD und DDR auf der Basis gleichberechtigter Partnerschaft. Er habe sich nach reiflicher Überlegung entschlossen, in die DDR zu gehen und dort zu bleiben, weil er hier die besten Möglichkeiten sehe, für eine Wiedervereinigung und gegen die Bedrohung durch einen neuen Krieg tätig zu sein. John wird am 24. August nach Moskau geflogen, wo ihn bis Mitte Dezember 1954 KGB-Offiziere verhören, was sich allerdings als nicht sehr ergiebig herausstellt. Kopien der Verhörprotokolle werden damals dem DDR-Ministerium für Staatssicherheit zur Verfügung gestellt. Nach seiner Rückkehr in die DDR bekommt er zwei komfortable Wohnungen (eine in Ostberlin, eine auf dem Land) und ein Büro zur Verfügung gestellt, sowie einen Dienstwagen mit Chauffeur. John begann nun bei vielen Vorträgen und Veröffentlichungen in Städten und Gemeinden der DDR die erwähnten Vorwürfe gegen die BRD zu wiederholen.

Ein Jahr später, am 12. Dezember 1955, wechselte John mit Hilfe des dänischen Geheimdienstes und des MI6 erneut die Seite und tauchte nun wieder in Westberlin auf, wo er am 22. Dezember aufgrund eines seit seiner »Flucht« in die DDR vorliegenden Haftbefehls festgenommen wurde. Umgehend auf BRD-Gebiet gebracht, klagt man ihn wegen Landesverrats an, der 3. Strafsenat des Bundesgerichtshofes in Karlsruhe verurteilt ihn am 22. Dezember 1956 zu vier Jahren Zuchthaus. John war zeitlebens der Ansicht, das sei eine Vergeltung für seine Beteiligung am 20. Juli 1944 gewesen. Einer der Hauptbelastungszeugen im Verfahren flüchtete 1962 in die DDR, nachdem gegen ihn selbst ein Ermittlungsverfahren wegen Meineides eingeleitet worden war. Im Sommer 1958 wurde John von BRD-Bundespräsident Heuss begnadigt und vorzeitig aus der Haft entlassen. Er zog mit seiner Ehefrau Lucie nach Innsbruck-Igls, wo er eine herrschaftliche Zwanzig-Zimmer-Villa (Wohnfläche über fünfhundert Quadratmeter) unterhalb der Burgruine Hohenburg bezog, die ihm sein Freund Louis-Ferdinand v. Preußen besorgt hatte. Ab dem Zeitpunkt seiner Freilassung begann John den Kampf um seine Rehabilitierung. Er behauptete, nach Verabreichung eines Betäubungsmittels unter Beteiligung des Arztes Wolfgang Wohlgemuth in die DDR verschleppt worden zu sein. Seine DDR-Auftritte seien zur Täuschung der DDR-Behörden gedacht gewesen. Das habe funktioniert, da ihm letztlich die Flucht gelungen sei. Er ließ nichts unversucht, um ein Revisionsverfahren zu seiner Verurteilung in Gang zu bekommen. Unterstützung bekam er von Politikern jedweder Couleur wie Herbert Wehner, Willy Brandt und Franz Josef Strauß. Sein früherer Chef beim *Soldatensender Calais*, Sefton Delmer, widmete John 1962 zwei Kapitel seiner Memoiren *Die Deutschen und ich*, in denen John als Märtyrer geschildert wird. Der Fall von »Tarnvater John«, wie er in der Presse scherzhaft genannt wurde (in Anspielung auf seinen »Namensvetter«, des wegen seines Rassismus mittlerweile verfemten »Turnvaters Jahn«), löste in der BRD eine schwere innenpolitische Krise aus. Im Gefolge des Skandals wurde erstmals in der Nachkriegszeit in der BRD-Öffentlichkeit die Frage diskutiert, inwiefern zwischen ehemaligen NS-Institutionen und neuen BRD-Institutionen eine personelle Kontinuität bestehe. John führte seinen Kampf weiter, aber letztlich ohne Erfolg. Erst BRD-Bundespräsident v. Weizsäcker gewährte ihm 1986 »gnadenhalber« eine Sonderrente, »um einen Schlussstrich zu ziehen«.

Mittlerweile neigt die Mehrheit der Historiker zur Meinung, dass John sich am 20. Juli 1954 freiwillig zu Gesprächen nach Ostberlin begeben habe. Das Urteil des BRD-Bundesgerichtshofes von 1956 ist nach wie vor rechtsgültig, ein Revisionsverfahren wurde trotz der zusätzlichen, mittlerweile zugänglich gewordenen Akten nicht eingeleitet beziehungsweise nicht anberaumt. Aufgrund der neuen Erkenntnisse in Verbindung mit der Neubeurteilung früherer Beweise ist allerdings davon auszugehen, dass John bei einer Wiederaufnahme des Verfahrens auf Antrag der Staatsanwaltschaft vom BGH freigesprochen würde. Zweifelsohne war Johns Seitenwechsel von hohem propagandistischem Wert für die Sowjetunion. John berichtete freimütig über geheime Absprachen zum EVG-Vertrag, mit dem die Wiederbewaffnung der BRD und die Eingliederung der BRD-Armee in ein westeuropäisches und atlantisches Verteidigungsbündnis der Weg geebnet werden sollte. Ebenso wenig hielt er mit Kritik an der OG und ihrem Chef Gehlen hinter dem Berg, speziell ihren geheimen Machenschaften in Frankreich. Zudem konnte der KGB die von ihrem Topagenten Felfe übermittelte Liste westlicher Agenten im Ostblock »abarbeiten«, sprich: diese eliminieren beziehungsweise neutralisieren, ohne Felfe in Verdacht zu bringen, da man nun den Verdacht des Verrats auf John lenken konnte. Auch die Rückkehr von John in die BRD umgeben Geheimnisse. Am Tag seines neuerlichen Grenzübertritts, diesmal in der Gegenrichtung, also am 12. Dezember 1955 teilte Bundesinnenminister Schröder dem Ausschußvorsitzenden Gerd Bucerius (John-Untersuchungsausschuss) vertraulich schon vorab mit, dass man gerade dabei sei, John zurückzuholen. Also war offenbar die Bundesregierung im Vorfeld über das Rückholmanöver informiert worden. Weitere Fluchthelfer waren der britische Chefspion in Westberlin, Oberst Abbot, und der mit dem CIA verbandelte, rechtsextreme Leiter des Berliner Landesamts für Verfassungsschutz, Heinz Wiechmann, der später über einen Bordell-Skandal stürzte.

Während der Verhandlung gegen John wurde dem Gericht ein psychiatrisches Gutachten vorgelegt, dem zufolge John eine unausgereifte, kindliche Persönlichkeit habe, die an Geltungsbedürfnis, Selbstüberschätzung, Oberflächlichkeit, fortgesetzter Schauspielerei, mangelnder Gefühls- und

Geistestiefe sowie Alkoholsucht und unterdrückter Homosexualität leide. John wurde also nach allen Regeln der Kunst desavouiert, nicht zuletzt aus staatspolitischen Erwägungen. Denn der Seitenwechsel eines urteilsfähigen, intelligenten, rational handelnden Johns hätte deutlich mehr Erklärungsprobleme ergeben. Nur wenn man John als halbverrückten Perversen hinstellte, konnte man sich darauf hinausreden, dass es sich bei seinem Seitenwechsel um eine irrationale Aktion gehandelt habe. Ein pensionierter KGB-Oberst namens Karpow bot im November 1968 der BRD-Presse Informationen über Johns Verhalten bei den Sowjets an. Garniert waren sie mit »pikanten« Fotos. Drei Jahre später veröffentlichte sie der Publizist Hans Frederik, ehemals CSU-Wahlhelfer, in seinem Buch *Das Ende einer Legende.* Der KGB habe es diesen Unterlagen zufolge gar nicht nötig gehabt, John zu entführen, weil ohnehin eine KGB-Agentin in seinem Vorzimmer saß. John-Nachfolger Nollau behauptete, man habe nach dem Ableben von Johns Sekretärin 1969 hohe Summen auf Bankkonten entdeckt, über die sie dem Amt keine Auskunft gegeben hatte. Auch dieser Fall harrt noch einer wissenschaftlichen Aufarbeitung.

8. Dr. Heinz Felfe

In acht Diensten

Sein Name ist nun schon öfter gefallen in den vorherigen Kapiteln: Heinz Felfe, der KGB-Meisterspion in den Rängen des BND, der angeblich in acht verschiedenen Nachrichtendiensten tätig war: dem SD, der Abwehr, dem MI6, dem BfV, der OG, dem BND, dem KGB und dem MfS. Mit seinem Namen ist die wohl schlimmste Spionage-Schlappe des BRD-Oberspions Gehlen und seiner OG beziehungsweise dem BND verbunden. Wie konnte es dazu kommen? Was für ein Mensch war dieser Felfe? Geboren 1918 in Dresden, wuchs Felfe als Sohn eines Kriminalpolizisten auf, der lange Jahre im Sittendezernat der Elbmetropole tätig war. Mit 13 Jahren trat er 1931 dem *Nationalsozialistischen Schülerbund* (NSS) bei, der wenig später mit der *Hitlerjugend* (HJ) vereinigt wurde. Nach der Schule durchlief er eine Ausbildung zum Feinmechaniker. Mit 18 Jahren wurde Felfe 1936 Mitglied der Motor-SS. Drei Jahre später begann er im neu gegründeten SS-*Reichssicherheitshauptamt* (welches die bisher staatliche Sicherheitspolizei und den parteieigenen NS-Sicherheitsdienst vereinigte) in väterlichen Spuren eine Ausbildung als Kriminalpolizist und arbeitete als Personenschützer für prominente NS-Politiker. Wie er die nächsten vier Jahre überstand, ohne zur Wehrmacht eingezogen zu werden und den obligatorischen Wehrdienst abzuleisten, ist bis heute unbekannt. Vermutlich war er schon vorher mit den NS-Geheimdiensten verbandelt. 1943, mittlerweile 25 Jahre alt, wechselte er auch offiziell zum *Sicherheitsdienst* (SD), dem NS-Geheimdienst, und wurde dort Leiter des *Schweizreferats* (wo er auch mit dem späteren Chef des

BRD-»Bundeskriminalamts«, Paul Dickopf, zu tun hatte, der sich dort als Doppelagent herumtrieb). 1944 wurde er mit 26 Jahren zum SS-Obersturmführer (Oberleutnant) befördert und in die Niederlande geschickt, wo er Untergrundgruppierungen gegen die vorrückenden alliierten Truppen organisieren sollte. Im Amt VI (SD Ausland) des RSHA lernte Felfe zwei seiner wichtigsten Nachkriegskontakte kennen, die Kriminalpolizisten und Geheimdienstler Hans Clemens und Erwin Triebel, von denen noch zu sprechen sein wird.

Bei Kriegsende geriet er in den Niederlanden in britische Kriegsgefangenschaft. Nach 18 Monaten Gefangenschaft wurde er ab Oktober 1946 als V-Mann beziehungsweise Spitzel für den britischen Auslandsgeheimdienst MI6 (Außenstelle Münster) tätig. Seine Aufgabe war es, kommunistischen Umtrieben an den Universitäten Köln und Bonn hinterherzuspüren und deren Protagonisten zu identifizieren und zu denunzieren. Offenbar geriet er jedoch nach einiger Zeit in den Verdacht, ein kommunistischer Doppelagent zu sein, jedenfalls stellte der MI6 die Zusammenarbeit 1949 ein. Felfe blieb in Bonn und wechselte ins *Bundesministerium für innerdeutsche Beziehungen* (das Anti-DDR-Ministerium der BRD) und diente dort als Befrager für übergelaufene Volkspolizisten. Angeblich erst im Frühjahr 1950 ließ er sich unter dem Decknamen »Paul« vom KGB anwerben – die CIA vermutete später, dass er schon ab 1948 für Moskau tätig war. Angeworben wurde er zusammen mit seinem ehemaligen SS-Kollegen Hans Clemens, ebenso aus Dresden gebürtig wie Felfe, unter der Leitung der Dresdner Außenstelle des KGB (der Außenstelle, wo in den 1980er Jahren auch ein Wladimir Putin Dienst tat). Anderthalb Jahre später dann der große Erfolg: der ehemalige Chef der Geheimen Feldpolizei der Wehrmacht (GFP), Kriegsverbrecher und nunmehrige OG-Direktor Willi Krichbaum engagiert ihn unter dem

Decknamen »Friesen« für die *Organisation Gehlen* (OG). Krichbaum nimmt Felfe mit nach Karlsruhe, wo Krichbaum eine der großen Außenstellen der OG im Südwesten, die sogenannte *Generalvertretung L*, übernommen hat, deren Personal sich ausschließlich aus ehemaligen SS-Angehörigen zusammensetzt. Von hier aus gelingt Felfe schon bald der nächste Karrieresprung: er wechselt im Oktober 1953 auf eine leitende Position in der Gegenspionageabteilung der OG, also ins Zentrum der Abteilung, die für den KGB mit am interessantesten war. Im Februar 1958 wurde er verbeamtet und erhielt nun den Titel eines Regierungsrats (Besoldungsgruppe A13). Ein knappes Jahr später übernahm Felfe, zuständig für die Gegenspionage Richtung Sowjetunion, die Führung der *Operation Index*, die Überwachung der 1955 in Bonn eingerichteten Sowjetbotschaft. Teil des Operationsteams war sein alter SS-Kumpel Hans Clemens, der mit dem Team in einer Tarnadresse in Köln saß.

Felfe als führender Mitarbeiter der Gegenspionage feierte – vom KGB mit ausreichend Spielmaterial beliefert – einen Erfolg nach dem anderen. Binnen kurzer Zeit wurde er zum Lieblingsmitarbeiter Gehlens, weil er ihm immer nur Erfolgsmeldungen und sagenhafte Insider-Informationen aus der DDR und dem KGB brachte, bis hin zu einem detaillierten Lageplan der DDR-Zentrale des KGB im Ostberliner Stadtteil Karlshorst. Außerdem gibt der von Gehlen *Fiffi* genannte Felfe vor, einen eigenen Agentenring in Moskau zu führen, und enthüllt die Identität von (entbehrlichen) KGB-Agenten in der BRD. *Fiffi* wurde er übrigens auch – seltsame Koinzidenz – von seinem KBG-Agentenführer genannt. Als Leiter der Gegenspionage wurde ihm auch die Führung der *Operation Panoptikum* übertragen, also der Suche nach einem vermuteten Maulwurf im BND, sprich: der Suche nach sich selbst. 1956 war er Teil einer BND-Reisegruppe, die von der CIA in den USA mit den neuesten Errungenschaften im Spionagegeschäft vertraut gemacht und äußerst großzügig bewirtet wurde. Als Leiter der Spionageabwehr war es Felfe möglich, jahrelang die Bemühungen des BND in diesem Bereich ins Leere laufen zu lassen, ähnlich wie es Kim Philby für den MI6 gelang.

Felfe wurde am 6. November 1961 festgenommen, unter dem Vorwurf des Landesverrats. Ein sowjetischer Überläufer des KGB hatte den entscheidenden Tipp gegeben. KGB-Major Golizyn wies im Oktober 1961 die CIA auf einen Maulwurf an herausgehobener Position im BND hin, ebenso wie der MfS-Überläufer Männel. CIA und BND hatten Felfe ab Mitte der 1950er Jahre wegen seines aufwendigen Lebensstils unter Verdacht. Außerdem war er zu erfolgreich, seine Informationsbeschaffungsquote lag deutlich über dem statistischen Mittel. Gehlens ebenfalls beim BND arbeitender Schwager warnte vor Felfe. Dieser hatte aber angesichts seiner »Erfolge« auch weiterhin – gegen alle Gepflogenheiten – die Rückendeckung Gehlens. Erst als bei der Überwachung von Felfes Telefon ein verräterischer Anruf seines Kontaktmanns und BND-Kollegen Clemens aufgezeichnet werden konnte, wurde schließlich die Polizei und die Bundesanwaltschaft verständigt, und am 6. November 1961 wurden Felfe, Clemens und Tiebel festgenommen. In Felfes Wohnung wurden Hunderte Mikrofilme mit knapp sechzehntausend Fotos sowie zwanzig Tonbänder gefunden. Selbst noch aus der Untersuchungshaft schrieb er Briefe an seine Mutter, in die er mit Geheimtinte Zusätze zur Information für den KGB einfügte, den er auf diese Weise über die laufenden Verhöre unterrichtete. Der Ruf des BND, zuvor schon durch den von ihm vorab nicht erkannten Bau der Berliner Mauer angeschlagen, wurde durch Felfe nachhaltig beschädigt.

Das Vertrauen Adenauers in Gehlen wurde durch die Affäre nachhaltig erschüttert. Die CIA identifizierte insgesamt vier KGB-Operationen, deren Namen *Balthasar, Lena, Lilli Marleen* und *Busch* waren, mit deren Hilfe der KGB Felfes Glaubwürdigkeit stärkte und den westlichen Diensten besonders gutes Spielmaterial unterschob.

Felfe wurde sechs Monate lang von zwei Beamten der Sicherungsgruppe des »Bundeskriminalamts« der BRD und anschließend von einer Gruppe von CIA-Agenten aus dem deutschen Hauptquartier der CIA in Frankfurt am Main vernommen. Laut einer abschließend erstellten Schadensübersicht (*Damage Report*) der CIA hatte Felfe mehr als fünfzehntausend Geheimdokumente an den KGB übermittelt und an die hundert in der Sowjetunion tätige CIA-Agenten enttarnt. Dabei gelang es ihm auch, die CIA-Aktivitäten gegen die KBG-Zentrale in Karlshorst aufzuklären und einen dortigen CIA-Maulwurf zu identifizieren. Beim BND enttarnte er nicht nur die Führungsspitze, sondern auch viele Auslandsagenten. Nach der Vernehmung durch BKA und CIA wurde Felfe nach Karlsruhe zum BRD-»Bundesgerichtshof« gebracht, wo ihn Vernehmungsrichter Dr. Fritz v. Engelbrechten noch einmal langwierigen Vernehmungen unterzog. Dabei kam auch die Operation *Frundsberg* zur Sprache, innerhalb derer Felfe im Auftrag des BND die Verwanzung und Abhörung der sowjetischen Handelsmission in Rolandseck durchgeführt hatte. Obwohl Abhörmaßnahmen zu diesem Zeitpunkt in der BRD offiziell illegal waren und damit der BND strafrechtlich hätte verfolgt werden müssen, ignorierte der Ermittlungsrichter diesen Umstand einfach und verfolgte ihn nicht weiter. Als man entsprechend einer eigentlich gar nicht mehr gültigen Vorschrift des Strafgesetzbuchs Felfes Vermögenswerte beschlagnahmte und seine Dienstbezüge zurückforderte, drohte Felfe im Gegenzug an, vor dem Bundesverwaltungsgericht in Westberlin dagegen zu klagen und dabei auch die Tatsache zur Sprache zu bringen, dass er für Gehlen die Sekretärin Globkes, die Gehlen in vielerlei Hinsicht zu Diensten gewesen war, finanziell entschädigt und für ihren Lebensgefährten eine hochdotierte Scheinbeschäftigung organisiert habe und dass er im Auftrag Gehlens in Bad Godesberg einen Massagesalon, sprich: ein Bordell, einrichten sollte (offenbar einen neuen *Salon Kitty*). Daraufhin verzichtete das Gericht nach Rücksprache mit dem BND auf die finanziellen Forderungen und Beschlagnahmungen gegen die Bereitschaft von Felfe, derlei nicht vor Gericht zur Sprache zu bringen beziehungsweise nicht vor dem Bundesverwaltungsgericht gegen die illegale Vollstreckung der Schuldtitel zu klagen. Im Untersuchungsgefängnis Karlsruhe-Durlach war zeitweise auch *Spiegel*-Herausgeber Rudolf Augstein Zellennachbar von Felfe. Augstein fiel dadurch auf, dass er das Anstaltsessen verschmähte und sich stattdessen von einem nahegelegenen Luxusrestaurant dreimal täglich erlesene Speisen bringen ließ.

Der Prozess gegen Felfe begann am 8. Juli 1963, wurde meist unter Ausschluss der Öffentlichkeit geführt und dauerte knapp zwei Wochen. Am 22. Juli 1963 wurde Felfe vom Bundesgerichtshof zu vierzehn Jahren Haft verurteilt, Clemens erhielt zehn Jahre und Triebel drei Jahre. Kurz vor seiner Haftentlassung bekam Felfe angeblich – laut seinen *Memoiren* – Mitte Januar 1969 in der Haftanstalt Besuch von einem Herrn, der ihm ein Millionenhonorar für seine Memoiren anbot, unter der Bedingung, sein künftiges Leben weder in der BRD noch im sowjetischen Machtbereich zu gestalten, sondern ins neutrale Ausland (Österreich oder Schweiz) zu ziehen. Offenbar wollte ihn der BND – denn dieser hatte mutmaßlich den Unterhändler entsandt – kurz vor der Haftentlassung dazu bringen, öffentlichkeitswirksam mit der Sowjetunion zu brechen und Felfe ins westliche Lager zu ziehen. Der Versuch scheiterte bekanntlich.

Am 14. Februar 1969, nach insgesamt sieben Jahren Haft, davon sechs im Hochsicherheitsgefängnis der bayerischen Stadt Straubing, wurde Felfe bei einem Agentenaustausch in Herleshausen in die DDR abgeschoben. Um ihn freizubekommen, überließ die DDR den USA beziehungsweise der BRD nicht weniger als 21, aber weniger bedeutende Spione als Felfe. Dieser wurde zunächst beim KGB in Moskau vernommen und dann in die DDR zurückgebracht. Dort promovierte er 1972 in Rechtswissenschaften mit einer Dissertation zum Thema »Über die Kontinuität der Politik des deutschen Imperialismus« und trat wenig später eine Professur für Kriminalistik an der Humboldt-Universität an. Anderthalb Jahrzehnte später veröffentlichte er seine Memoiren unter dem Titel *Im Dienst des Gegners*. Noch in seinem 90. Lebensjahr, kurz vor seinem Tod, lange nach dem Untergang der DDR, erhielt er im März 2008 von der KGB-Nachfolgeorganisation FSB eine Grußbotschaft zum 90. Geburtstag.

9. Die Cambridge Five

Kommunistische Apostel

Es war jetzt schon mehrfach von ihnen die Rede – den sogenannten *Cambridge Five,* den vermutlich erfolgreichsten KGB-Spionen aller Zeiten. Und das will etwas heißen, haben wir doch in diesem Buch bereits bisher schon so namhafte Vertreter dieser Spitzenkategorie betrachtet wie Richard Sorge und Heinz Felfe, weitere werden noch kommen (»Sonja« et cetera). Doch die *Cambridge Five,* also die fünf aus Cambridge, werden für immer eine Sonderstellung behalten. Denn zumindest von den bis heute bekannt gewordenen Spionagefällen ist es vor- und nachher nie mehr einem Geheimdienst gelungen, eine so große Zahl an Spitzenagenten bei einem gegnerischen Dienst in so kurzer Zeit zu etablieren.

Wer waren diese fünf nun also? Ihre wirklichen Namen sind Kim Philby, Donald Maclean, Guy Burgess, Anthony Blunt und John Cairncross. Alle fünf wurden in den 1930er Jahren des Zwanzigsten Jahrhunderts am *Trinity College* der britischen Universität Cambridge angeworben. Blunt, Burgess und Cairncross waren dort sogar Mitglieder der elitären Studentenvereinigung *Cambridge Apostles.* Diese fünf Spitzenkräfte versorgten über zwei Jahrzehnte lang die Sowjetunion mit Informationen aus dem Innersten der britischen Geheimdienste. Alle fünf errangen - natürlich auch mit etwas Glück – Spitzenpositionen im britischen Geheimdienst. Einige von ihnen wechselten sogar in der zweiten Hälfte der 1940er Jahre offiziell in die USA, um dort beim Aufbau des neuen Auslandsgeheimdienstes CIA mitzuhelfen – und diesen so von Anfang an zu unterwandern.

Burgess und Maclean tauchten 1951 in die Sowjetunion ab, Philby 1963. Dort arbeitete er bis zu seinem Tod 1988 als Ausbilder für den KGB. Blunt wurde 1964 enttarnt, da er jedoch mittlerweile als Leiter der königlichen Gemäldegalerie fungierte und man einen Skandal vermeiden wollte, erhielt er politische Immunität. Seine Verwicklung in die KGB-Aktivitäten wurde für Jahrzehnte geheim gehalten. Erst 1979 ging die damalige Premierministerin Thatcher mit der Geschichte an die Öffentlichkeit und ließ Blunt die mittlerweile verliehene Ritterwürde entziehen. Heute ist bekannt, dass es neben der *Cambridge-Connection* offenbar auch in der zweiten bekannten britischen Universität, Oxford, eine *Oxford-Connection* gab. Bisher kennt man von den dortigen Beteiligten aber nur die Decknamen der Chefrekrutierer, »Bunny« und »Scott«. Die genaue Zahl der Agenten der Oxford-Connection ist bis heute unbekannt.

Bezeichnend für die *Cambridge-Connection* ist, dass keiner der Fünf jemals für seine Spionagetätigkeit bestraft wurde – sei es, dass sie sich durch Flucht der Verurteilung entzogen, sei es, dass keine gerichtsfesten Beweise vorgelegt werden konnten, sei es, dass man das Ganze wie im Fall Blunt auch vonseiten der britischen Regierung unter den Teppich kehren wollte. Die ganze Geschichte dieses Spionagerings ist erst seit wenigen Jahren relativ vollständig bekannt. Erste Bruchstücke dieser Historie kamen anlässlich der Flucht von Donald Maclean (Deckname: »Homer«) und Guy Burgess (Deckname: »Hicks«) 1951 ans Tageslicht, als sich diese beiden britischen Spitzendiplomaten überraschend in die Sowjetunion absetzten. Dadurch verdichteten sich auch die Verdachtsmomente gegen Kim Philby (Deckname: »Parzifal«), der allerdings erst 1963 enttarnt wurde, aber kurz zuvor in die Sowjetunion fliehen konnte. Anthony Blunt (Decknamen: »Tony«, »Johnson«)

und John Cairncross (Deckname: »Liszt«), die beiden verbleibenden Kundschafter dieser Gruppe, legten gegenüber den britischen Behörden Geständnisse ab, was von diesen aber viele Jahre geheim gehalten wurde, bis 1979 für Blunt und bis 1990 für Cairncross. Im KGB wurden die *Cambridge Five* gemäß ihrer Bedeutung die »Großartigen Fünf« genannt.

Bis heute unklar sind die genauen Daten der jeweiligen Rekrutierung. Blunt beharrte darauf, dass sie alle erst nach ihrem Universitätsabschluss wirklich als Agenten rekrutiert worden seien. Blunt, der einige Jahre älter war als Burgess, Maclean und Philby, war der Talentscout der Gruppe, er stellte den Kontakt zum KGB her. Allen fünf gemeinsam war, dass sie davon überzeugt waren, dass der Marxismus-Leninismus sowjetischer Prägung das beste politische System ihrer Zeit sei und insbesondere das beste System zur Abwehr des in vielen europäischen Ländern aufkommenden Faschismus. Nach ihrem erfolgreichen Berufsstart in der britischen Gesellschaft und Politik lieferten die Fünf so umfangreiche Informationen nach Moskau, dass dort zeitweise der Verdacht aufkam, es handle sich um Spielmaterial der britischen Geheimdienste. Ebenso bedeutend wie die von ihnen übermittelten Informationsmassen waren die negativen Folgen für die britischen Geheimdienste und die britische Politik, die mit ihrer Enttarnung beziehungsweise Flucht verbunden war, insbesondere das nun vorherrschende Misstrauen seitens der US-Dienste gegenüber ihren britischen Kollegen. Die US-Dienste gingen zeitweise von einer kompletten Unterwanderung der britischen Dienste durch den Ostblock aus.

Bei Donald Maclean (»Homer«) fing alles damit an, dass er während des Studiums an der Universität Cambridge Anfang der 1930er Jahre einen Kommilitonen namens Guy

Burgess (»Hicks«) kennenlernte. Beide waren unzufrieden mit der kapitalistischen Demokratie als Regierungsform. Nach ihrer Rekrutierung startete Maclean seine Karriere im britischen Außenministerium und begann schon 1934, dort in Erfahrung gebrachte geheime Informationen an den KGB zu übermitteln. 1938 wechselte er an die britische Botschaft in Paris und machte dort durch modische Exzesse von sich reden (die Sekretärinnen nannten ihn *fancy pants* – seiner exaltierten Hosenwahl wegen). Burgess wiederum begann als Journalist beim britischen Staatsrundfunk BBC und übermittelte dort zugängliche Informationen nach Moskau. 1938 bewarb er sich auf ein Stellenangebot des britischen Auslandsgeheimdienstes MI6 und begann nun von dort geheime Informationen an den KGB weiterzuleiten. 1941 wechselte er ebenfalls ins britische Außenministerium und setzte dort seine Doppelagententätigkeit bis 1944 fort. Maclean und Burgess stellten sich bald als ziemliche Alkoholiker heraus, welche die Belastung der Doppelexistenz nur durch regelmäßige Alkoholexzesse ertrugen. Dennoch schaffte es Burgess, hunderte geheimer Dokumente dem KGB zugänglich zu machen.

Philby wiederum trat nach dem Studium eine Stelle an der britischen Botschaft in Washington, D.C. (USA), an. Dort bekam er Informationen zu Gesicht, denen zufolge die britischen und die US-Geheimdienste nach einem Maulwurf im System suchten, dessen Deckname »Homer« (Maclean) war. Er übermittelte diese Information sofort nach Moskau. Herausgekommen war der Deckname durch das sogenannte *Venona-Projekt*, die systematische Aufzeichnung des gesamten verschlüsselten Funk- und Telegraphieverkehrs der sowjetischen Botschaft in den USA, dessen Code nur nach und nach von den angloamerikanischen Diensten entschlüsselt werden konnte. Philby bat Burgess, ihren ehemaligen

Studienkollegen Maclean im britischen Außenministerium zu warnen. Burgess wurde wenig später ohnehin wegen »rufschädlichem« Verhalten nach Großbritannien zurückbeordert und konnte dabei Maclean warnen. Burgess und Maclean entschlossen sich nach Rücksprache mit ihrem KGB-Agentenführer, im Frühsommer 1951 abzutauchen. Sie verschwanden buchstäblich spurlos von der Bildfläche. Ihr Aufenthaltsort blieb einige Jahre geheim. Für die britischen und US-Geheimdienste war jedoch klar, dass beide offenbar Richtung Sowjetunion verschwunden waren. Dort traten sie fünf Jahre später gemeinsam bei einer internationalen Pressekonferenz auf, wo sie ihren Übertritt in die Sowjetunion öffentlich machten.

Es war klar, dass die beiden vor ihrer Flucht einen Tipp bekommen hatten. Und der Hauptverdächtige hierfür war Philby, aufgrund seiner engen Freundschaft mit Burgess und seiner herausgehobenen Position in der britischen US-Botschaft samt Zugang zu Geheimmaterial. Hätte sich die Situation nicht derartig zugespitzt und wäre die Flucht der beiden nicht nötig gewesen, hätte Philby in den Rängen des MI6 noch sehr weit kommen können, da sein Ruf bis zu diesem Zeitpunkt tadellos und er sogar für die Chefposition im Gespräch war – das wäre natürlich die aberwitzigste Variante dieser Geschichte gewesen, wenn ein KGB-Kundschafter Chef des britischen Geheimdienstes geworden wäre. Harold »Kim« Philby begann seine Tätigkeit als sowjetischer Doppelagent ebenfalls im Jahr 1934. Er blieb die nächsten vierundfünfzig Jahre in den Diensten des KGB. Während dieser Zeit übermittelte er knapp tausend streng geheime Dokumente nach Moskau. Trotz intensiver Bemühungen der britischen und der US-Geheimdienste gelang es ihnen nicht, genügend gerichtsfestes Beweismaterial gegen ihn zusammenzubekommen. Dennoch wurde er gezwungen, von seiner herausgehobenen Position im MI6 zurückzutreten. 1955 wurde er ganz offiziell als »dritter Mann« des Cambridge-Spionagezirkels (neben Burgess und Maclean) genannt, doch der britische Außenminister MacMillan erklärte, es handle sich um Missverständnisse und Philby genieße weiterhin das umfassende Vertrauen der britischen Regierung. Philby verließ dennoch den MI6 und begann Ende der 1950er Jahre als Korrespondent für britische Zeitungen im Nahen Osten zu arbeiten. Als er sich dort etabliert hatte, nahm auch der MI6 wieder Kontakt zu ihm auf, um ihn als regionalen Agenten für diese Zone zu beschäftigen.

1961 brachte der KGB-Überläufer Golizin (Ex-KGB-Resident in Finnland) Informationen nach London mit, denen zufolge es sich bei Philby um den seit langem gesuchten dritten KGB-Agenten in britischen Diensten handle. Der MI6 ließ sich zwei Jahre Zeit, diese Informationen zu überprüfen, und schickte dann einen hochrangigen Mitarbeiter nach Beirut, um Philby einem strengen Verhör zu unterziehen. Philby gab sich nicht überrascht über die Ankunft des Emissärs, was auf die Existenz eines weiteren Maulwurfs im MI6 hindeutete. Im Gespräch gab er dann seine Tätigkeit für den KGB bereitwillig zu. Wenige Stunden nach diesem freimütigen Geständnis zog es Philby jedoch vor, seinerseits in die Sowjetunion zu fliehen, um einer drohenden Verhaftung beziehungsweise der Auslieferung nach Großbritannien zuvorzukommen. Anthony Blunt wiederum, der vierte der Fünf, hatte Kunstgeschichte studiert und anschließend Karriere in der königlichen Kunstsammlung gemacht, während er gleichzeitig für den britischen Inlandsgeheimdienst MI5 arbeitete beziehungsweise als Doppelagent für den KGB. Er hatte Zugang zur Abteilung für Gegenspionage des MI5 und konnte so gefährdete KGB-Quellen immer wieder rechtzeitig vor einer drohenden Enttarnung warnen. 1964 bekam MI5 einen Tipp von amerikanischer Seite, dass Blunt dreißig Jahre zuvor einen US-Studenten in Cambridge für den KGB anzuwerben versuchte habe. Blunt wurde hierzu vom MI5 befragt. Gegen die Zusicherung von Straffreiheit versprach er, sein gesamtes Agentenwissen preiszugeben. Der MI5 akzeptierte das, da Blunt zu diesem Zeitpunkt ohnehin keinen Zugang zu Geheiminformationen mehr hatte. Später beklagten sich die MI5-Verhörspezialisten, dass Blunt nur sehr zögerlich wesentliche Informationen preisgegeben habe, entgegen seiner Versicherung, reinen Tisch zu machen. Der Skandal kochte fünfzehn Jahre später wieder hoch, als ein britischer Enthüllungsjournalist Blunt der Spionage für den KGB beschuldigte. Die Affäre zog immer weitere Kreise, und schließlich musste Premierministerin Thatcher zugeben, dass Blunt ein KGB Agent gewesen war und dass man ihm für sein Geständnis Straffreiheit zugesichert habe.

Schon seit der Ankunft von Golizin im Westen 1961 waren die Gegenspionage-Experten von MI5 und CIA davon ausgegangen, dass es sich bei den Cambridge-Spionen insgesamt um fünf Täter handle: Maclean, Burgess, Philby, als dritter Mann, und zwei weitere bis dato unbekannte Täter. Da Golizin aber noch weitere, etwas absurde Beschuldigungen absonderte – so nannte er den britischen Premier Harold Wilson (Labour) als KGB-Agent, was dieser nachweislich nicht war – ging man seinen Hinweisen nicht konsequent nach. Mit der Flucht beziehungsweise Enttarnung von Maclean, Burgess, Philby und Blunt fehlte aber noch immer einer zur Vervollständigung der insgesamt fünf Cambridge-Spione. John Cairncross war ein britischer Literaturwissenschaftler, der 1936 als KGB-Agent rekrutiert worden war. 1938 erhielt er eine Stelle im Finanzministerium, wechselte aber 1940 ins Regierungskabinett, wo er als Staatssekretär tätig wurde. 1944 trat er in den MI6 ein, wo er Ende der 1940er Jahre Informationen über die gerade gegründete NATO nach Moskau weiterleitete. Nach der Ankunft von Golizin im Westen herrschte lange Jahre Rätselraten, wer der von Golizin genannte fünfte Mann der Cambridge-Spione sein könne. Cairncross hatte zwar schon 1951 zugegeben, für einen ausländischen Dienst tätig gewesen zu sein, und wurde schließlich 1990 öffentlich beschuldigt, der fünfte Mann zu sein. Auch Blunt hatte ihn schon 1964 als Mitglied seines Spionagerings genannt. Mittlerweile nehmen Historiker*innen sogar an, dass es noch mehr als fünf Mitglieder des Spionagerings gab. Mindestens drei weitere Spione haben in den letzten Jahren gestanden, Mitglied gewesen zu sein, andere waren in Geständnissen genannt worden. Zu diesen gehörte auch Baron Rothschild, ein Studienkollege von Burgess. Blunt wiederum hatte auch Leo Long als Mitspion genannt. Long gehörte der Inlandsgeheimdienst-Abteilung MI14 bis 1945 an und war später Teil der britischen Kontrollkommission für Deutschland bis 1952. Guy Liddell wiederum war ein MI5-Mitarbeiter, der sogar einmal fast Direktor dieses Geheimdienstes geworden wäre. Da jedoch schon damals Gerüchte im Umlauf waren, denen zufolge er ein Doppelagent sei, wurde von seiner Verpflichtung Abstand genommen. Er zog sich 1953 aus dem MI5 zurück, als man den Grad seiner Verbindung zu Philby überprüfte. Offenbar war er aber eher etwas naiv als der tatsächliche fünfte Mann.

Agentenführer der *Cambridge Five* war zunächst ein Mann namens Arnold Deutsch. Geboren 1904 als Österreicher, werden als Herkunftsländer abwechselnd Österreich, Tschechoslowakei und Ungarn angegeben. 1924 trat er dem Jugendverband der Österreichischen KP bei. Mitte der 1920er Jahre promovierte Deutsch im Fach Chemie an der Universität Wien. Dort lernte er auch 1926 Edith

Suschitzky kennen, die für seine weitere Karriere wichtig wurde. 1931 ging er nach Moskau und trat der KPdSU bei. Dort wurde er vom Militärgeheimdienst GRU angeworben. Als Kurier reiste er nach Griechenland, Rumänien, Syrien und Palästina. 1933 zog er nach Paris um, von wo aus er unter dem Decknamen »Otto« Missionen in Belgien, den Niederlanden, Österreich und Deutschland durchführte. 1933 wurde er während eines Berlin-Aufenthalts festgenommen, kam allerdings mit Hilfe von Willi Lehmann, einem KGB-Agenten in den Diensten der Gestapo, wieder frei. Im Jahr 1934 wurde Deutsch unter dem Decknamen »Stephan« nach London geschickt, wo er ein Studium an der philosophischen Fakultät der Universität London begann, der Stadt, in der er Verwandtschaft hatte. Während dieser Zeit wohnte er mit seiner Frau in dem damals sehr angesagten, avantgardistischen *Isokon*-Gebäude (Apartment 7) in London-Hampstead. Deutsch entwickelte damals eine sehr erfolgreiche Rekrutierungsstrategie, die er auch bei den *Cambridge Five* anwendete. Für ihn waren kommunistische Studenten die erste Wahl bei der Anwerbung von Perspektivagenten, da sie nach ihrem Studienabschluss gezielt auf bestimmte Laufbahnen angesetzt werden konnten. Äußerlich gaben sich diese Studenten nach ihrer Rekrutierung geläutert, vom Kommunismus angewidert oder gar als Rechtsextreme aus, um ihre Tarnung zu perfektionieren und besser in die höheren Laufbahnen in Regierung und Geheimdiensten Großbritanniens eindringen zu können.

Nach einem Hinweis von Edith Suschitzky rekrutierte Deutsch am 01. Juli 1934 Kim Philby, der damals mit seiner frischangetrauten Ehefrau Litzi (geb. Friedmann) von Wien nach London zurückgekommen war. Auch Philby sollte sich ab sofort auf Anweisung von Deutsch als Nazi-Sympathisant gebärden. Er sollte also mit anderen Worten die üblichen Parteineigungen der Oberklasse annehmen. Die Arbeiterklasse brauche jetzt dringend Kundschafter, die in der Lage seien, ins Zentrum des Feindes vorzudringen. Philby erhielt eine Minox-Spezialkamera und einen neuen Decknamen (»Söhnchen«) sowie eine Grundausbildung im Nachrichtenwesen. Wie man ein Telefon überprüft, ob es abgehört wird, wie man einen Beschatter abhängt, wie man Nachrichten hinterlässt oder Treffen vereinbart per Code. Ebenfalls 1934 rekrutierte Deutsch Maclean und Burgess. Deutsch selbst führte mittlerweile den Decknamen »Otto« und blieb der Agentenführer der *Cambridge Five* bis 1937. In London führte Deutsch einen weiteren Agentenring in der Woolwich-Kaserne, wo er die Pläne eines neuen, streng geheimen Marine-Geschützes in seinen Besitz bringen konnte. Deutsch wurde 1937, auf dem Höhepunkt der Moskauer Schauprozesse in die sowjetische Kapitale zurückbeordert. Die NKWD-Überläufer Reiss und Kriwitzki hatten Deutsch gegenüber westeuropäischen und den US-Geheimdiensten enttarnt. Deutsch geriet nicht in die Mühle der Denunziationen und konnte als Experte für Dokumentenfälschungen und Handschriften weiterarbeiten. Sein weiteres Schicksal ist unbekannt. Es werden verschiedene Versionen erzählt. Einmal soll er per Fallschirm über Österreich abgesprungen und von der Gestapo ermordet worden sein, ein anderes Mal wurde das Schiff, mit dem er nach New York reisen sollte, von einem deutschen U-Boot versenkt.

Der letzte Agentenführer der *Cambridge Five* war der 1922 geborene KGB-Offizier Juri Modin. Er amtierte in Großbritannien von 1948 bis 1951. Modin sorgte auch für die Evakuierung von Maclean und Burgess 1951. Modin publizierte seine Autobiographie 1994. Darin bezeichnet er Baron Rothschild als wichtiges Mitglied der *Cambridge Five*. Auf der Gegenseite war es der 1904 geborene William

Skardon, der als *Special Branch officer* der Verhörspezialist des MI5 wurde und die Gruppe der *Watchers* leitete, also der Beschattungsteams. Er gehörte auch zum Kreis der MI5-Angehörigen, die Klaus Fuchs nach dessen Enttarnung verhörten. Da er diesem in kurzer Zeit ein umfassendes Geständnis entlockt hatte (Fuchs war ohnehin gewillt, einen Schlussstrich zu ziehen), galt Skardon nun fälschlicherweise als erfolgreicher Verhörspezialist. Dabei scheiterte er in der Folge nicht nur an Kim Philby (den er zehnmal erfolglos verhörte), Anthony Blunt, den er bis 1964 elfmal verhörte, John Cairncross, den er 1952 vergeblich verhörte und am Ende als zuverlässigen Mitarbeiter des MI5 beurteilte, und im Fall Jim Hill, dem Verbindungsoffizier des australischen Außenministeriums, der seit 1949 Zugang zu Geheimmaterial hatte, obwohl er während des Venona-Projekts als mutmaßlicher Sowjetagent enttarnt wurde, von Skardon aber 1959 eine vollständige Entlastung erhielt.

10. Hans Wax

James Bond – Made in GDR

James Bond, der Geheimagent des britischen Nachrichtendienstes MI6 mit der Lizenz zum Töten – nicht der namensgebende Ornithologe –, erblickte 1953 das Licht der Welt, als Ian Flemings Roman *Casino Royale* publiziert wurde, dessen Hauptfigur er war. Der große Erfolg dieses Erstlings, der schon 1954 ein erstes Mal fürs britische Fernsehen verfilmt wurde, und zwölf weitere Romane sowie neun Kurzgeschichten rund um JB, die Fleming bis zu seinem Tod 1964 veröffentlichte, sowie die bis heute im Turnus von zwei bis fünf Jahren in die Kinos kommenden Filme etablierten einen Mythos: den überlegenen westlichen Superhelden, der alle Ostblock-Schurken, gleich welcher Couleur, mit Leichtigkeit ausmanövriert und notfalls auch tötet. Die Versuche der sozialistischen Staaten, literarisch beziehungsweise kinematographisch einen Gegenmythos zu schaffen, waren zwar zahlreich, aber bei weitem nicht so erfolgreich. Dafür gelang ihnen im echten Leben, mindestens zwei Kundschafter auszubilden, die es mit dem Kino-*James Bond* locker aufnehmen konnten: den beiden Beteiligten der MfS-*Operation Schlag,* Horst Hesse und Hans Wax.

Der 1922 geborene Horst Hesse wuchs in Magdeburg auf und machte dort in einer Niederlassung der Essener Kruppwerke eine Ausbildung zum Feinmechaniker (wie Felfe). Ab 1942 war er Soldat der Wehrmacht und wurde zweimal schwer verwundet – einmal als Mitglied des *Afrikakorps* bei Tunis und einmal in den Niederlanden kurz vor Kriegsende. Er kam dort in britische Kriegsgefangenschaft, wurde aber wegen seiner schweren Beinverletzung vorzeitig entlassen.

Im Oktober 1945 erreichte er das heimatliche Magdeburg, wo er viele Monate damit zubrachte, die Verletzung auszuheilen. Dort begann er anschließend eine Berufslaufbahn bei der *Volkspolizei* und kam bald bei den Grenzsicherungseinheiten zum Einsatz. Die westlichen Geheimdienste waren an den Soldaten dieser Einheiten ganz besonders interessiert. Daher war es kein Wunder, dass wenige Monate später ein, mittlerweile im Westen wohnender, ehemaliger Nachbar aus Magdeburg bei ihm klingelte. Der Besucher erwies sich als Anwerber für die *Military Intelligence Division* (MID), den damaligen US-Armeegeheimdienst (heute: *United States Army Intelligence,* USAI). Hesse hörte sich alles in Ruhe an, informierte allerdings nach der Verabschiedung des Besuchers umgehend das *Ministerium für Staatssicherheit* (MfS) beziehungsweise die Magdeburger MfS-Bezirksverwaltung über diesen Anwerbungsversuch. Dort wurde entschieden, ihn als Doppelagent einzusetzen (Deckname: »Jürgen«). Die MID führte ihn künftig unter dem Decknamen »Lux«. Hesse lieferte ab diesem Zeitpunkt präpariertes Spielmaterial über angebliche Nachschublager der Roten Armee bei Magdeburg an die MID. Und damit nicht genug. Bei gemeinsamen Trinkgelagen konnte er seinen US-Agentenführer mehrfach übertölpeln und wiederholt geheime Unterlagen aus dessen Wohnung mitnehmen.

Die MID entschied sich nun, Hesse auf der Westseite der Grenze einzusetzen und auf die Dienste des bisherigen Agentenführers zu verzichten. Mit Einverständnis des MfS inszenierte Hesse seine »Republikflucht« und begann im Westen seine neue Tätigkeit. In einem Bremer Flüchtlingslager für Migranten aus Osteuropa tat er als Vernehmer Dienst. Im Juni 1955 wurde er nach Würzburg versetzt, in die Zentrale des US-Geheimdienstes, und tat dort unter den Tarnnamen »Horst Berger« Dienst. Seine Aufgabe war es, die illegal überwachte Post aus der DDR zu öffnen und auszuwerten. Hesse zeigte sich anstellig, fleißig und jederzeit bereit, Überstunden zu machen, falls nötig, so dass er bald befördert wurde. Schon nach wenigen Monaten war er Leiter der Abteilung Agentenwerbung in Würzburg. Zu diesem Zeitpunkt hatte er so viele umfassende Kenntnisse über die Interna der MID in Würzburg erlangt, dass er gemeinsam mit seinen Vorgesetzten im MfS einen sensationellen Coup zur Ausführung bringen konnte. Am 19. Mai 1956, dem Samstag vor Pfingsten, verteilte der 34-jährige Hesse Cognac und Zigaretten an die in der Zentrale arbeitenden Kolleg*innen und wünschte ihnen schon mal ein schönes verlängertes Wochenende. Hesse hatte sich bereiterklärt, die Stallwache während der Ferientage zu übernehmen. Mit einer ebenfalls im Gebäude verbliebenen Sekretärin veranstaltete er ein kurzes Wetttrinken, das diese »verlor«, woraufhin sie die nächsten Stunden selig auf einem Sofa schlummerte. Somit war alles bereit für den großen Coup. Denn Hesse führte nun die MfS-Operation *Schlag* aus. Und schaffte es, zwei komplette Panzerschränke aus der MID-Zentrale in Würzburg zu entwenden. In den Safes befanden sich die vollständigen Unterlagen der Zentrale, die Agentendatei, die internen Personalunterlagen, Tausende von Blanko-Ausweispapieren, Angriffspläne und das Netz der in der DDR rekrutierten Geheimfunker für den Kriegsfall.

Genau um Mitternacht tauchte sein 29-jähriger Komplize Hans Wax, ein »schwerer Junge« aus Berlin in MfS-Diensten, mit einem Fahrzeug vor der MID-Dienststelle auf, in das sie die Panzerschränke luden. Am Grenzübergang Helmstedt-Marienborn halfen ein paar weitere Cognacflaschen, Zigarren und Freikarten für den Nürburgring, um bei den West-Grenzern freie Fahrt zu bekommen. Einige Stunden später kamen sie in Ostberlin an und wurden von den sie erwartenden MfS-Kollegen als Helden gefeiert. Durch diese Aktion konnten in den folgenden Monaten über fünfhundert US-Spione und -Quellen in der DDR enttarnt werden, von denen hundertvierzig festgenommen wurden. Die US-Army schäumte vor Wut. Ein US-Militärgericht verurteilte Hesse in Abwesenheit zur Todesstrafe. Diese ebenso kaltblütige wie beherzte Aktion wurde einige Jahre später von der DEFA unter dem Titel *For Eyes Only* (nach der US-Abkürzung für Geheimunterlagen) verfilmt und in der DDR ein echter Kassenschlager. In drei Monaten sahen über eine Million DDR-Zuschauer den Film. Nach 1990 versuchten BRD-Staatsanwälte, Hesse für die alte Geschichte vor Gericht zu stellen, doch ein Verfahren wurde mangels Beweise und angesichts der eingetretenen Verjährung nicht eröffnet. Hesse starb mit 84 Jahren 2006 in Schwedt/Oder.

Noch interessanter ist die Vita des zweiten Mannes – Hans Wax. Der 1927 geborene Saarländer aus Beaumarais, einem Vorort von Saarlouis, war fünf Jahre jünger als Hesse. Zum Zeitpunkt der Operation gegen die MID war MfS-Agent Wax offiziell in Westberlin als Autohändler in der Kant-Garage tätig. Im Gegensatz zu Hesse blieb Wax zeitlebens im Verborgenen, seine Rolle in der *Operation Schlag* wurde erst Jahrzehnte später bekannt. Wax war drei Jahrzehnte lang, von 1954 bis zu seinem Tod 1984 *Geheimer Mitarbeiter* (GM) des MfS. Und als solcher war er der Mann für Himmelfahrtskommandos, also für die »dollen Dinger«. So jagte er antikommunistische Propagandasender in die Luft, kidnappte gegnerische Geheimdienstleute oder geflohene Stasi-Mitarbeiter, präparierte West-Autos für den Einsatz durch das MfS und legte notfalls selber Hand an. Vermutlich hat er auch Verräter aus den Reihen der Staatssicherheit liquidiert. Es war die heiße Phase des Kalten Krieges, es wurde mit grobem Werkzeug gearbeitet und ohne Handschuhe geboxt. Die CIA und die anderen Westblock-Geheimdienste hatten ganze Heerscharen von Tarn-, Tochter- und Terrororganisationen am Start, von der *Organisation Gehlen* (OG) über den *Untersuchungsausschuss Freiheitlicher Juristen* bis hin zur *Kampfgruppe gegen Unmenschlichkeit,* die entgegen ihrem klangvollen Namen mit unmenschlichen Sabotageakten in der DDR von sich reden machte.

Wax war einer der Spitzenagenten aufseiten der DDR in diesem erbitterten Ringen. Als Tüftler und Draufgänger war er *James Bond* und »M« (der Waffentüftler aus den Kinofilmen) in einer Person, im Sold des MfS. Seine Biographie gleicht einem veritablen Nachkriegskrimi. Hinter der Fassade seiner auf italienische Flitzer der Marke *Alfa Romeo* spezialisierten Autowerkstatt in der Westberliner Kant-Garage bereitete er die waghalsigsten Einsätze vor. Erst seit kurzem lassen Berichte von Zeitzeugen und Aktenfunde in der BStU (MfS-Archiv vulgo *Behörde des Bundesbeauftragten für die Unterlagen des Staatssicherheitsdienstes der ehemaligen Deutschen Demokratischen Republik*) es zu, die bislang geheime Karriere des Untergrundkriegers Wax zumindest in groben Zügen zu rekonstruieren. Der 14-jährige Wax beginnt 1941 eine Ausbildung bei der Motor-HJ. Kurz vor Kriegsende wird er 1945 noch Soldat in der Wehrmacht. Unverletzt kommt er am 09. Mai 1945 in US-Gefangenschaft, aus der er bald wieder entlassen wird. Statt ins heimische Saarland zieht es ihn nach Berlin, wo er Mitglied einer kriminellen Schieberbande wird. 1948 wegen Diebstahls und Schwarzmarktgeschäften zu vier Jahren Haft verurteilt, entlässt man ihn nach drei Jahren wegen guter Führung vorzeitig. 1954 beginnt ein neuer Lebensabschnitt für Wax. Dieser stößt beim Versuch, einen gestohlenen Lastwagen in Ostberlin zu verhökern, auf

Paul Nitsch, gelernter Fleischer, der in Ostberlin auf dem DDR-Zentralschlachthof an der Leninallee (heute: Landsberger Allee) arbeitet. Der Mittdreißiger Nitsch kennt sich im Berliner Schwarzmarktmilieu aus. Er verkehrt in den schummrigen Trainingsschuppen der Boxer-Klubs, kennt die zwielichtigen Sparvereine, in düsteren Kneipen ansässige Tarnorganisationen der Berliner Berufsverbrecher seit den 1920er Jahren. Aber Nitsch hat noch ganz andere Verbindungen. Er ist zugleich Agent des MfS, Deckname: »Fred Thornau«. Angestellt ist er in der *Hauptabteilung II* (HA II), zuständig für Spionageabwehr und Innere Sicherheit. Er rekrutiert Männer, die zu allem bereit sind.

Mit Wax landet »Thornau« 1954 einen Volltreffer. Er bezeichnet ihn rückblickend als »Hartverpackten«, der keine Furcht kannte. Bei der HA II ist Wax gut aufgehoben. Sie ist in einer früheren Luftwaffen-Kaserne im Ostberliner Stadtteil Johannisthal untergebracht. Das Gelände ist umfassend gesichert, und das mit gutem Grund. Tag und Nacht schleichen CIA-Agenten um die Anlage herum und versuchen herauszubekommen, was dort gerade ausbaldowert wird. Zum Personal der HA II gehören Kriegsveteranen und Spanienkämpfer. Chef der Truppe ist Oberst Josef Kiefel. Unter weißblauen Fahnen geboren, in Gotzing in Oberbayern, wird der Kiefel-Sepp, ausgebildete Schlosser, Bergmann, Straßenbauarbeiter und Maschinist, Ende der 1920er Jahre Mitglied von KPD und Roter Hilfe, emigriert 1931 in die Sowjetunion, wo er die Ausbildung zum Meister im Pelzkombinat Kasan absolviert, 1942 folgt die Einberufung zur Roten Armee und Einsätze innerhalb der Partisanengruppe *Andreas Hofer* hinter den deutschen Linien, wo er mehrfach verwundet wird. Im Juli 1946 in die Sowjetische Besatzungszone entlassen, wird er 1947 Leiter des Dezernats K5 (Politische Polizei) im Landeskriminalamt Sachsen-Anhalt. Im August 1950 erhält er eine Berufung ins künftige *Ministerium für Staatssicherheit,* als Leiter der *Abteilung Informationsbeschaffung,* und übernimmt 1952 die Abteilung II, *Westarbeit.* Wie wichtig er für die DDR ist, haben auch OG und CIA schon früh erkannt. Sie nutzen die gezielt geschürten Unruhen rund um den 17. Juni 1953, um Kiefel von einem gedungenen Schlägertrupp auf offener Straße attackieren zu lassen. Kiefel überlebt schwer verletzt, wird jedoch nie mehr richtig gesund. Er leitet die HA II trotzdem noch bis 1960, dann übernimmt er die Leitung der neu gebildeten Abteilung XXI, deren Aufgaben die »Bekämpfung westlicher Agentenzentralen« und allgemein die »Innere Sicherheit« sind, und kann sich damit aus der vordersten Linie des Kampfes zurückziehen.

Kiefels Chef-Anwerber »Thornau« findet genug Aspiranten, doch nur wenige überstehen die strengen Sicherheitsüberprüfungen. So wie der junge Gemüsehändler mit dem Laden um die Ecke vom Schlachthof. Der 25-Jährige hört auf den Spitznamen »Teddy«, fährt einen Lkw Marke »Opel Blitz« und verfügt über reichlich Benzinmarken. Wax und »Teddy« übernehmen bald regelmäßig Geheimaufträge im Westen. Zur Gruppe gehört auch der Westberliner Karosserieschlosser Walter Jacobs, 23, Deckname: »Blitz«. Wax ist Teamchef, Deckname: »Donner«. Die Gruppe mit »Donner«, »Blitz« und »Teddy« gehört bald zu den erfolgreichsten Einsatzkommandos des MfS. Fast zehn Jahre lang führen sie von München bis Bremen, von Fulda bis Hannover Observationen und Aktionen aus, zu denen auch Entführungen gehören, Opfer sind gegnerische Agenten und MfS-Abtrünnige. In den 1950er Jahren gelingt es dem MfS, große Erfolge im Kampf gegen die versammelten Westblock-Geheimdienste zu erzielen. Während der Operation *Feuerwerk* werden beispielsweise im Oktober 1953 eine Filiale der OG in Westberlin zerschlagen und hundertneun OG-»Quellen« in der DDR festgenommen. Im August 1954 führt die Operation *Pfeil* zur Festnahme von knapp vierhundert Personen, die verdächtigt werden, für US-Geheimdienste und die OG zu arbeiten. Allein 1955 werden unter anderem bei den Operationen *Frühling, Gärtner* und *Anweisung* durch die HA II weitere vierhundert Personen unter dem Verdacht geheimdienstlicher Tätigkeit festgenommen.

»Donner«, »Blitz« und »Teddy« erhalten im November 1955 den Auftrag, Werner Rieker, 34, in die DDR zu entführen. Rieker arbeitet in Westberlin für die *Organisation Gehlen* (OG) und führt ein großes Spionagenetzwerk in der DDR und in der VR Polen. Ein Späher mit dem Decknamen »Herbert« hat die Lebensumstände Riekers erkundet, dessen Wohnung in der Westberliner Wielandstraße, den Schäferhund, die Pistole in der Aktentasche, nächtliche Alkoholgelage in der Schöneberger *Eva*-Bar oder dem Lokal *Raabe*. »Herbert« hat sich Monate vorher von Rieker als Quelle anheuern lassen, um ihn besser ausspähen zu können. Am 17. November 1955 fliegen Rieker und »Herbert« nach Hannover, sie wollen in einem »Notaufnahmelager« für Ostflüchtlinge bei Kassel Agenten werben. »Donner«, »Blitz« und »Teddy« rammen auf der BRD-Autobahn bei Alsfeld Riekers Wagen. Schüsse fallen, Rieker wird in den Kofferraum von Wax' Mercedes gepackt und in die DDR verschleppt. Zunächst erfahren weder die OG noch Riekers Ehefrau von der Entführung. Anfang 1956 wird Rieker in Ostberlin zu fünfzehn Jahren Haft verurteilt, neun davon sitzt er im Gefängnis Bautzen II ab, dann kauft ihn die Bundesregierung frei. »Herbert« wird nach der Wende vom Berliner Landgericht 1994 zu zwei Jahren Haftstrafe auf Bewährung verurteilt.

Für damalige Verhältnisse waren »Donner« und seine

Mannen Meister der *maskirowka.* Stets kehrten sie nach den MfS-Einsätzen an ihre regulären Arbeitsplätze zurück und arbeiteten einfach weiter. Entführungen gibt es auf beiden Seiten, man schenkt sich nichts. Wax rüstet nun einen Mercedes 220 zum Kidnapper-Auto um, mit schusssicheren Reifen, zentral verriegelbaren Innentüren und schalldichtem Kofferraum. Im Dezember 1955 wird ein *Operativplan* in München ausgeführt und Eugen Dürksen, Mitarbeiter der OG mit Tätigkeitsschwerpunkt gegen die Sowjetunion, in die DDR gebracht. Im Juni 1958 sprengt Wax im Alleingang Funkturm und Sendegebäude des NTS-Senders *Freies Rußland* in Sprendlingen südlich von Offenbach. Die NTS ist eine von OG und CIA finanzierte russische Emigrantenorganisation, aus deren Reihen immer wieder Saboteure rekrutiert werden, die mit dem Fallschirm über der UdSSR abspringen, aber meist kurz nach der Landung unschädlich gemacht werden können. Der Ost-*James Bond* wird wie die gesamte HA II ab 1958 durch den stellvertretenden MfS-Minister Bruno Beater geführt und erhält einen der höchsten Orden der DDR, die *Verdienstmedaille der Nationalen Volksarmee* in Gold. Bastler Wax entwickelt derweil mit mit dem späteren Designerstar Lutz (später Luigi) Colani Kunststoffkarossen für Rennwagen. 1958 bis 1960 unterbreitet er dem MfS auch Angebote zur Leistungsoptimierung von Otto-Motoren und Vorschläge zur Entwicklung eines Rennwagens durch die IFA-Automobilwerk Eisenach (*Wartburg*). Für das MfS entwickelt Wax auch auf Eigeninitiative Operativ-Projekte. So schlägt er vor, einen in Wilhelmshaven ankernden US-Flugzeugträger per Haftminen zu versenken. Doch das ist selbst dem MfS zu riskant. Nur mit dem Steuern bezahlen hat es Wax nicht so. Im Sommer 1961 stehen beim Westberliner Finanzamt über 250.000 DM an Steuerschulden zur Bezahlung an, auch die Rechnungen für Öl- und Benzin hat er nicht immer bezahlt, so dass er mit weiteren 150.000 DM im Dispo steht. Das MfS beschließt, Wax abzuziehen. Mit einem Lancia auf dem Anhänger fährt Wax kurz vor dem Mauerbau im Juli 1961 durchs Brandenburger Tor Richtung Osten. Seine Ehefrau Margot, die er 1955 geheiratet hat, lässt er im Westen zurück.

Im Ostberliner Vorort Biesdorf baut er sich eine neue Werkstatt auf, dezent vom MfS unterstützt. Volvos, Mercedes, BMW und sogar Jaguars werden dort umgearbeitet, als Autos für Sondereinsätze von MfS-Agenten im Westen. Offiziell heißt die Firma *KfZ-Technik Biesdorf* (KTB). Neben der Autowerkstatt lässt Wax eine kleine Fabrikhalle errichten, in der er kleine motorbetriebene Sportboote für die Wassersportenthusiasten der DDR aus Polyester fertigt, die sich großer Beliebtheit erfreuen. 1969 beschäftigt er über hundert Angestellte. Wax, der sich selber gern als »Bolschewik« bezeichnet, wohnt in einer Villa daneben. Jeden Morgen springt er in den kleinen Swimmingpool, den er im Garten hat anlegen lassen. Ab und zu verschwindet er für kurze Zeit, ohne dass jemand aus seiner Umgebung weiß, wohin. Wieder sind es geheime Stasi-Aufträge im Westen, für die er gebraucht wird. Wax ist um Anregungen für die Formgebung seiner immer schnittigen, eleganten Boote nicht verlegen, da rollt schon mal mitten in der Nacht ein mit nagelneuen Booten beladener Lastwagen aus Westdeutschland auf den Hof. Kurzerhand werden Abdrücke von den Bootsrümpfen genommen. Und schon ist der Lkw Richtung Westberlin unterwegs, seinem eigentlichen Zielort. Zuweilen holt Wax mit einem Mitarbeiter Westautos ab, die jemand für ihn auf der anderen Seite der Grenze abgestellt hat. Ohne Nummernschilder wird das Fahrzeug problemlos quer durch Berlin gefahren. Anfang 1970 wird die KTB in einen volkseigenen Betrieb umgewandelt. Auch nach ihrer Verstaatlichung bleibt Wax dort technischer Leiter.

Wax gibt sich durch den Verlust seiner bisherigen Firma unbeeindruckt, er lässt sich dadurch motivieren und baut ab 1971 einen Entwicklungsbetrieb zur Polyesterverarbeitung in Berlin-Grünau auf, später als staatliches *Institut für hydrodynamische Untersuchungen* fortgeführt. Dort produziert er Duschwannen aus Polyester, Radarschirme für die NVA und beheizbare Autorückspiegel. Krönung des Ganzen: er fertigt auch die offiziellen DDR-Embleme (Ährenkranz mit Hammer und Zirkel), die an jedem DDR-Grenzübergang und vielen staatlichen Gebäuden angebracht werden. Kein anderer DDR-Betrieb ist damals in der Lage, die Kunststoff-Formen mit einem so kräftigen, »sozialistischen« Rot einzufärben wie Wax. Aber damit nicht genug. Zusätzlich stellt er jetzt »Spoiler«, also Luftabweiser für die Führerhäuser von Lkw her. Damit lassen sich erhebliche Benzineinsparungen generieren. 1972 schmuggelt Wax zusammen mit seinem Kumpel »Blitz« einen West-Computer in die DDR, den er für dreieinhalb Millionen Dollar dem MfS anbietet. Auf der Festplatte sollen Daten des israelischen Geheimdienstes Mossad gespeichert sein. Was sie aber nicht sind. Ob Wax selbst hereingelegt wurde von westlichen Diensten, um den Topmann des MfS zu neutralisieren, ist bis heute nicht abschließend geklärt. Da die Akten der westlichen Geheimdienste für diese Zeitspanne noch der Geheimhaltung unterliegen, dürfte das erst – wenn überhaupt – in einigen Jahrzehnten möglich sein. Dass ihr Topmann einer Intrige westlicher Geheimdienste zum Opfer gefallen sein könnte, wird von dem zuständigen DDR-Gericht nicht berücksichtigt. Vom Militärgericht in Ostberlin ergeht das Urteil wegen Betrugs zum Nachteil sozialistischen Eigentums und Geheimnisverrat auf zwei Jahre Haft, die Wax in der Justizvollzugsanstalt »Burg« Waldheim nördlich von Karl-Marx-Stadt (Chemnitz) verbringt. Ende Januar 1975 ist er wieder frei.

Nach seinem Ausstieg aus der Firma in Grünau zieht Wax vom Süden Berlins ins idyllische Tornow bei Teupitz um. Wieder mit direkter Wasserlage, in die Seestraße 13. Dort errichtet Wax auf einem dreitausend Quadratmeter großen Grundstück am Tornower See, das seiner damaligen Lebensgefährtin gehört, zwei Produktionshallen für die Firma *Kunststoff-Technik Tornow* (KTT). Einige Jahre später, am 1. Januar 1978, erhält er – trotz Lage im Naturschutzgebiet – dann auch eine offizielle Gewerbegenehmigung, allerdings nur für die Reparatur von Bootsmotoren und Plastebooten, wieder mit Hilfe des MfS, dessen Mitarbeiter er bis zu seinem Tod 1984 bleibt. Das vorhandene geräumige Wohnhaus nutzt Wax als Büro und als Unterkunft für seine Familie. 1977 hatte er das zweite Mal geheiratet, nachdem er 1975 von seiner ersten Frau, die in Westberlin blieb, geschieden worden war. Wax entfaltet wieder eine rege Entwicklungstätigkeit und fertigt vielfältige Plasteprodukte. Dazu gehören auch weiterhin die schon in Grünau produzierten Spoiler für Lkw, Motor-Boote, DDR-Embleme für die Staatsgrenze, Radverkleidungen für Agrarflugzeuge, Armschalen für Krankenhäuser, Blumenkästen mit Fahnenstangenhaltern sowie Duschkabinen. Die schnellen und leichten *Wax-Sportboote* werden von Presse und Kunden gelobt. Doch die Plaste-Verarbeitung mitten im Naturschutzgebiet sorgt für Ärger. Immer wieder gibt es Anzeigen wegen Abgasbelastung und Lärmbelästigung. Doch vorerst kann Wax weitermachen, da das MfS weiterhin seine schützende Hand über ihn hält. Wax investiert seine Einnahmen fast ausnahmslos in Produkt-Neuentwicklungen und »vergisst« darüber das Steuerzahlen. Dann macht der DDR-Staat Ernst. Der Betrieb in Teupitz wird mit Wirkung zum 30. Juni 1983 dichtgemacht.

Während die Teupitzer Anwohner durchatmen, dass die Lärm- und Geruchsemissionen endlich ein Ende haben, denkt Wax schon an die nächste Etappe, eine neue Firma, irgendwo anders. Er plant den Umzug von Firma und Familie nach Mecklenburg. Doch seine Gesundheit macht nicht mehr mit. Ein Bronchialkarzinom macht ihm zunehmend zu schaffen. Seine letzten Wochen verbringt er im Krankenhaus auf der Intensivstation, bevor er am 11. November 1984 mit nur 57 Jahren stirbt. Ob es die vielen Zigaretten waren, oder der dauernde Aufenthalt in den giftigen Plastikdämpfen – müßig, darüber zu spekulieren. Sein Lebensstil war nun einmal exzessiv. Nach seinem Tod verlässt seine Frau Teupitz, hier hält sie nichts mehr. Das MfS übernimmt das Grundstück samt den Baulichkeiten, setzt einen Verwalter ein, es soll ein Schulungs- und Ferienheim der Mischa Wolf'schen HVA errichtet werden. Doch bis Herbst 1989 ist das Gelände Baustelle, Mitarbeiter des MfS haben hier nie Urlaub gemacht. Am 12. Dezember 1989 berichtet die *Märkische Volksstimme,* dass der Magistrat von Teupitz die Übernahme des Objektes plane. Es soll künftig als kommunales Altersheim dienen, dazu soll ein ein Arztsprechzimmer und eine Poststelle eingerichtet werden. Am 12. März 1990 unterzeichnen Vertreter des Landratsamt Königs Wusterhausen, des AfNS und der Teupitzer Bürgermeister die Übergabe des volkseigenen Objekts aus der Rechtsträgerschaft des MfS/AfNS in die Rechtsträgerschaft der Stadt Tornow. Doch die Treuhand durchkreuzt die hochfliegenden Pläne. Das Grundstück wird nicht kommunalisiert, sondern in bester Treuhand-Manier privatisiert. Es wird 1992 an einen Nürnberger Arzt verkauft, der hier ein privates Heim für die Heilung Suchtkranker einrichtet. 1999 wird das Heim vom *Deutscher Orden* übernommen, der es bis heute weiterbetreibt. Wax wird 1984 in Berlin-Adlershof beerdigt. Sein im Januar 2007 dort noch vorhandenes Grab samt Grabstein (»Du warst uns Alles«) wurde im Frühsommer 2007 eingeebnet, da die Liegezeit abgelaufen war und niemand eine Verlängerung beantragt beziehungsweise bezahlt hatte. Heute gibt es keine Spuren mehr von ihm, weder in der Kantstraße noch in Biesdorf, Grünau oder Teupitz. Verweht, vergangen, vorbei.

11. George Blake

Der ewige Spion

George Blake nimmt in vieler Hinsicht eine Sonderstellung unter den großen Spionage-Persönlichkeiten des 20. Jahrhunderts ein. Mittlerweile ist eine der wesentlichen davon, dass er der letzte lebende Zeitzeuge der »großen Epoche« der von Menschen betriebenen Spionage-Auseinandersetzungen ist – im mittlerweile gesegneten Alter von 98 Jahren kommentiert er immer noch aus seinem Heim in Moskau die Weltlage und die aktuellen Geschehnisse. Geboren 1922 in Rotterdam unter dem Namen Georg Behar, wuchs er als Kind einer protestantischen Mutter und eines sephardisch-jüdischen Vaters britischer Herkunft auf. Sein Vater Albert Behar hatte im Ersten Weltkrieg in den britischen Streitkräften gedient und einen der höchsten britischen Orden verliehen bekommen, die *Meritorious Service Medal* (MSM). Seine jüdische Abkunft verschwieg der Vater bis zu seinem Tod 1936. Schon ein Jahr vorher war der 13-jährige Georg angesichts der zunehmenden Spannungen in Europa im Zuge der deutschen Aufrüstung und der seit 1933 in Deutschland mit Terror und aggressiver Außenpolitik regierenden NSDAP zu einer reichen Tante nach Ägypten geschickt worden, wo er seine Schulbildung an der *English School* in Kairo fortsetzte. Anschließend wechselte er ans Downing College in Cambridge, wo er Russische Sprache und Kultur studierte. Während seiner Zeit in Kairo hatte er viel Zeit mit seinem Cousin Henri Curiel verbracht, der später zu den Führungskadern der Kommunistischen Partei Ägyptens gehörte. Rückblickend sagte Blake, die Begegnung mit Curiel, der damals schon Marxist gewesen sei, habe seine generellen Überzeugungen entscheidend geprägt. Pünktlich zum Ausbruch des Zweiten Weltkriegs war Blake zurück in den Niederlanden. 1940 besetzten deutsche Truppen das Land. Blake wurde zunächst interniert, aber bald wieder freigelassen, weil er erst 17 Jahre alt war. Er schloss sich dem niederländischen Widerstand als Kurier an. 1942 schlug er sich über Belgien, Frankreich, Spanien und Gibraltar bis nach Großbritannien durch, wo er im Januar 1943 ankam und zunächst in London blieb. Hier traf er seine Mutter und seine Schwestern, die im Sommer 1939 dorthin ausgewandert waren. 1943 beschloss seine Mutter, den gemeinsamen Familiennamen zu anglifizieren und erhielt zusammen mit allen Kindern die Erlaubnis, künftig den Namen Blake zu führen.

George Blake, wie er sich jetzt nannte, trat noch 1943 der Royal Navy bei, wurde aber schon ein Jahr später vom *Secret Intelligence Service,* auch als *Military Intelligence 6* (MI6) bekannt, rekrutiert, für den Dienst an den unsichtbaren Fronten. Er arbeitete bis zum Ende des Zweiten Weltkriegs für die niederländische Sektion des MI6. Die damals eingegangene Verlobung mit einer MI6-Sekretärin scheiterte, da deren Familie die jüdische Herkunft Blakes ein Dorn im Auge war. 1946 wurde Blake nach Hamburg versetzt, wo er an der Befragung deutscher U-Boot-Kapitäne teilnahm. 1947 absolvierte er im Auftrag des MI6, im Hinblick auf seine künftige Verwendung gegen die Sowjetunion, einen Russisch-Sprachkurs am Downing College in Cambridge. Sein nächster Dienstort war allerdings Seoul (Südkorea), wo er offiziell als Vizekonsul, tatsächlich aber als MI6-Resident arbeitete und ein britisches Agentennetz führte. Ziel war es, soviele Informationen wie möglich über Nordkorea, die Volksrepublik China und den Fernen Osten der Sowjetunion zusammenzutragen. Am 25. Juni

1950 brach der von den Westmächten gezielt provozierte Koreakrieg aus, der zunächst jedoch anders verlief, als von Washington & Co. gedacht. Die Truppen Nordkoreas, unterstützt von Freiwilligen aus der Volksrepublik China, überrannten den Süden und nahmen sogar dessen Hauptstadt Seoul ein. Da Großbritannien, genauso wie andere Commonwealth-Länder (Australien et cetera) an der Seite der USA gegen Nordkorea in den Krieg eingetreten waren, wurden die in Seoul festgenommenen Briten, darunter Blake, zu Kriegsgefangenen erklärt und in die nordkoreanische Hauptstadt Pjöngjang gebracht. Die erbarmungslose Kriegsführung der südkoreanischen und der US-Army, inklusive vieler Massaker und der Verwendung illegaler biologischer und chemischer Kampfstoffe, machten aus dem latenten Kommunisten Blake nun den überzeugten Kommunisten Blake. Insgesamt drei Jahre blieb er in nordkoreanischer Gefangenschaft. Dort meldete er sich als Freiwilliger für eine Mitarbeit im sowjetischen Geheimdienst KGB als Doppelagent.

1953 erlangte Blake im Rahmen eines Gefangenenaustauschs die Freiheit wieder und konnte als Held und bemitleidetes Opfer kommunistischer Strafgefangenschaft nach Großbritannien zurückkehren. 1954 heiratete er die MI6-Sekretärin Gillian Allan und ging 1955 mit ihr an seinen nächsten Einsatzort: Westberlin. Seine Aufgabe war es dort, sowjetische Offiziere als Quellen beziehungsweise Doppelagenten anzuwerben. Gleichzeitig gab er alle relevanten Informationen, an die er gelangen konnte, an seine sowjetischen Agentenführer weiter. Dazu gehörten umfangreiche Details zur vielleicht wichtigsten angloamerikanischen Spionageoperation in Berlin während der 1950er Jahre, der *Operation Gold*. Im Rahmen dieser Operation wurde in einem gemeinschaftlichen Unternehmen von CIA und MI6 von Westberlin aus unter der Sektorengrenze zu Ostberlin ein Tunnel vorgetrieben, der weit in DDR-Gebiet hineinreichte und die CIA in die Lage versetzte, einen unterirdischen DDR-Kommunikationsknotenpunkt anzuzapfen, über welchen die Haupttelefonleitungen der sowjetischen Streitkräfte in der DDR sowie des KGB-Hauptquartiers in der DDR (Berlin-Karlshorst) liefen. Diese Operation war die Nachfolge-Aktion zur *Operation Silver,* bei der die Sowjetbotschaft im damals noch unter den vier Siegermächten geteilten Wien auf diese Weise angezapft worden war. Die *Operation Gold,* die vom KGB von Anfang an überwacht worden war, wurde von KGB und MfS ein Jahr später in einer spektakulären Aktion öffentlich gemacht, als Nachweis, wie weit die westlichen Dienste zur Informationsgewinnung bereit waren zu gehen. Dennoch galt die *Operation Gold* im Westen und der Westblockpresse lange Jahre als »Riesenerfolg« der westlichen Geheimdienste, bis herauskam, dass Blake den KGB von Anfang an über die Information unterrichtet hatte und so nur gezinktes Spielmaterial über die angezapfte Leitung in den Westen gelangte.

Während seiner neunjährigen Tätigkeit als Doppelagent und sowjetischer Kundschafter soll Blake mehr als vierzig MI6-Agenten im Ostblock an den KGB verraten haben und auf diese Weise fast die gesamte operative Tätigkeit des MI6 in Osteuropa lahmgelegt haben. 1959 gelang es ihm sogar noch, den über mehrere Jahre sorgfältig herangeführten und platzierten Westblock-Maulwurf im sowjetischen Militärgeheimdienst, Oberst Popow, zu enttarnen, der ein Jahr später hingerichtet wurde. 1961 geriet Blake in Verdacht, ein KGB-Maulwurf innerhalb des MI6 zu sein. In Gang gebracht hatte die Ermittlungen gegen Blake der polnische Überläufer Michał Goleniewski, der vom CIA insgeheim von Polen in die USA geschmuggelt worden war. Blake wurde festgenommen, als er von seinem damaligen Einsatzort Beirut (Libanon), wo er sich am *Middle East Center for Arab Studies* der britischen Streitkräfte fortbilden sollte, zu einem Kurzbesuch in London eintraf. Das MECAS war bis zu seiner Schließung 1978 eine Agentenschmiede des MI6 für den arabischen Raum. In seinem Verhör erklärte Blake, er sei keineswegs von den Nordkoreanern gefoltert oder einer Gehirnwäsche unterzogen worden. Vielmehr habe er freiwillig die Seiten gewechselt, woraufhin er ein umfassendes Geständnis ablegte. Normalerweise – entsprechend Gesetzeslage – wäre die maximale Haftstrafe hierfür vierzehn Jahre gewesen. Es wurde jedoch – zu seinem Nachteil – ein juristischer Kunstgriff angewandt, indem seine Spionageaktivitäten für fünf verschiedene Zeiträume (vor dem Krieg, nach dem Krieg et cetera) als fünf verschiedene Vergehen betrachtet wurden, so dass er im Mai 1961 vor dem altehrwürdigen Old Bailey Gericht in London zu einer unverhältnismäßig hohen Strafe von zweiundvierzig Jahren verurteilt wurde. Angeblich entsprach das der Zahl Westagenten, die aufgrund seiner an die Sowjetunion gelieferten Informationen getötet wurden. Es war die zweitlängste jemals von einem britischen Gericht verhängte Freiheitsstrafe.

Doch Blake dachte gar nicht daran, klein beizugeben. Er wartete geduldig, bis die Gelegenheit kam. Fünf Jahre hatte er schon im als ausbruchssicher geltenden Hochsicherheitsgefängnis Wormwood Scrubs verbracht, zahllosen Angeboten der Sowjetunion auf einen Austausch Blakes hatte Großbritannien eine schnöde Absage erteilt, wegen der besonderen Schwere des Verrats. Blake hatte die ganze Zeit Pläne geschmiedet, um aus dem Zuchthaus zu fliehen. Was ihm mit Hilfe von drei Gehilfen, die er sich während des Gefängnisaufenthalts gewogen gemacht hatte, gelang. Zwei von ihnen (Michael Randle und Pat Pottle) waren »linke« Aktivisten gegen die britische Atombewaffnung, die in Wormwood Scrubs Haftstrafen absaßen und die Verurteilung Blakes zu zweiundvierzig Jahren Haft, ohne die Möglichkeit vorzeitiger Entlassung, als völlig überzogenes Strafmaß ansahen. Der Dritte (Sean Bourke) war ein IRA-Aktivist, der ebenfalls in Wormwood Scrubs eine Haftstrafe verbüßte. Den drei Helfern gelang es, Sprechfunkgeräte ins Gefängnis zu schmuggeln. Unbemerkt von seinen Wärtern verständigte sich Blake so mit seinen Gehilfen. Er passte am 22. Oktober 1966, einem verregneten Samstag, die Gelegenheit ab, als der größte Teil seiner Mithäftlinge an einer Filmvorführung teilnahm, kletterte unbemerkt aus einem Fenster zum Gefängnishof und wartete auf der Innenseite der Außenmauer, bis weitere Helfer ihm von der Außenseite eine selbstgebastelte Strickleiter über die sieben Meter hohe Außenmauer zuwarfen. Blake kletterte über die Mauer, sprang die letzten Meter von oben herab, wobei er sich an Gesicht und Handgelenk verletzte. Der Helfer fuhr den bewusstlosen Blake mit einem Auto zu einem Arzt, der Blake versorgte. Ein weiterer Helfer schmuggelte ihn dann in einem Campingbus versteckt nachts mit der Fähre nach Belgien. Von dort ging es weiter bis an die innerdeutsche Grenze, wo Blake an einem geheimen Übergangspunkt in die DDR gelangte. Dort nahm ihn sein sowjetischer Führungsoffizier in Empfang. Blake wurde weiter in die Sowjetunion gebracht. Dort ließ er sich von seiner britischen Frau, mit der er drei Kinder hatte, scheiden und begann ein neues Leben.

1990 publizierte der 68-jährige Blake seine Autobiographie unter dem Titel *No Other Choice* (*Keine andere Wahl*). Von seinem britischen Verleger hatte er 60.000 Pfund Sterling Vorschuss bekommen. Allerdings intervenierte die britische Regierung und beschlagnahmte die Summe, bevor sie in die Sowjetunion transferiert werden konnte. 1991 wurden seine Fluchthelfer Pottle und Randle vor Gericht gestellt wegen ihrer Hilfe bei seiner Flucht, letztendlich aber freigesprochen. Blake lebt bis heute in Moskau, bezieht eine russische Rente, und er blieb ein bekennender Kommunist. 2007 erhielt er aus der Hand des russischen Präsidenten Wladimir Putin den *Orden der Freundschaft*. In Großbritannien nach wie vor per Haftbefehl gesucht, droht ihm dort bei einer Rückkehr verhaftet zu werden und seine Reststrafe absitzen zu müssen. Er bestreitet einen gegenüber Großbritannien begangenen Verrat, denn um zu betrügen, müsse man sich zu einem bestimmten Land zugehörig fühlen; er habe sich jedoch niemals zugehörig gefühlt zu Großbritannien und sei ergo auch kein Verräter.

12. Dr. Gabriele Gast

Männer taugen nichts

Unter den vielen Erfolgen, die Mischa Wolfs HVA, die *Hauptverwaltung Aufklärung* des MfS, für sich verbuchen konnte, war sie der größte: Gabriele Gast. Möglicherweise sagt Ihnen dieser Name nichts. Dann ist es Zeit, dies zu ändern. Geboren 1943 in Remscheid, wächst Gast in einem konservativen Elternhaus auf. Sie studiert an der TH Aachen mit dem Ziel, Berufsschullehrerin zu werden. Als Nebenfach belegt sie das Fach Politikwissenschaften, das dort vom konservativen Publizisten Klaus Mehnert (vor 1945 NS-Parteipropagandist) unterrichtet wird. Gleichzeitig wird sie Mitglied der CDU, des CDU-Studentenverbands *Ring christlich-demokratischer Studenten* (RCDS) und der CDU-Frauenvereinigung. Während des Studiums verlagern sich ihre Interessen, sie gibt den Plan, Lehrerin zu werden, auf, da sie von einem Assistenten Mehnerts das Angebot erhält, als wissenschaftliche Hilfskraft am Lehrstuhl für Politikwissenschaften zu arbeiten, mit der Aussicht, dort zu promovieren. Auch ein Thema hat sie schon parat, den Vergleich der Rolle der Frauen in der DDR und der BRD. Mehnert ist von dem Thema sehr angetan, passt es doch perfekt zu seiner Agenda. Mehnert, der für den BND als Rekrutierer tätig ist, setzt seine Student*innen gezielt auf DDR-Themen an, die sie bei einer späteren Verwendung im BND gebrauchen beziehungsweise über die sie die nötigen vertieften Basiskenntnisse über die DDR erwerben können.

1968 reist Gast im Rahmen der Forschungsarbeiten für ihre Doktorarbeit erstmals in die DDR und besucht Verwandte in Karl-Marx-Stadt (heute: Chemnitz). Da die HVA auch Mehnert und seine BND-Doktoranden unter Beobachtung hält, wird sie dort schon erwartet. Die 25-Jährige hatte bisher nicht viele Beziehungen gehabt, die letzte war gerade zerbrochen. Daher wird jetzt – wie bei West- und Ostblock-Geheimdiensten in solchen Umständen üblich – ein MfS-Offizier mit dem Decknamen »Karl-Heinz Schneider« als passender *Romeo* auf sie angesetzt. Die beiden werden für sechs Jahre ein Liebespaar, »Karlicek«, wie sie ihren Liebhaber nennt, kann sie im zweiten Schritt erfolgreich für eine Spionagetätigkeit zugunsten der DDR anwerben. Fortan arbeitet sie unter dem Decknamen »Gisela« als Kundschafterin für die HVA. Nach sechs Jahren beendet Gast die Beziehung, »Karlicek« zieht sich von dieser Auftragsverbindung zurück. Gast bleibt dennoch weiterhin HVA-Agentin. 1972 promoviert sie an der TH Aachen mit der Dissertation zum Thema »Die Frau in der Sozialistischen Einheitspartei Deutschlands – ein Beitrag zur Untersuchung der politischen Rolle der Frau in der DDR«. Über die Vermittlung Mehnerts tritt Gast am 1. November 1973 ihren Dienst beim BND im Münchner Vorort Pullach an. Ihr Deckname: »Dr. Gabriele Leinfelder«. Sie arbeitet als Analystin für den Bereich Sowjetunion und findet das vom BND im Münchner Vorort Pullach genutzte, 1938 für »Reichsleiter« Martin Bormann (Sekretär Hitlers) errichtete Areal in seiner Weitläufigkeit verwirrend. Für die HVA ist es ein Sechser im Lotto, dass sie nicht irgendwo im BND, sondern im besonders abgeschirmten und für die HVA besonders interessanten Sowjetunion-Referat eingesetzt wird. Die »Perle aus Pullach«, wie sie in der HVA auch genannt wurde, liefert jetzt *Top-Secret*-Unterlagen des BND an die DDR. Währenddessen durchläuft sie planmäßig die weitere Karriereleiter und wird im Laufe der folgenden Jahre bis zur Regierungsdirektorin (Gehaltsstufe A15) befördert. Der BND als Geheimdienst verblüfft sie durch die überbordende Bürokratie, die wiederum zu vielerlei Missbrauch Gelegenheit bietet. Die Sicherheitsbestimmungen beim BND findet sie rückblickend eher oberflächlich, so gelang es ihr ungehindert fast zwei Jahrzehnte lang, geheime Dokumente aus dem Behördenareal zu schmuggeln, ohne je wirklich kontrolliert zu werden.

Sie trifft ihre im Laufe der Jahrzehnte wechselnden Führungsoffiziere meist in Bad Tölz im Schwimmbad, wo sie die von ihr gesammelten und zur Übergabe vorbereiteten Unterlagen in einem Spind deponiert. Während des Aufenthalts im Bad tauscht sie mit einem MfS-Abgesandten die Spindschlüssel, dieser holt die Unterlagen, gibt ihr den Spindschlüssel wieder zurück. Bei einem verdeckten Aufenthalt in der DDR beantragt sie 1980 die SED-Mitgliedschaft und wird 1986 Mitglied der Partei. HVA-Chef Wolf ist von ihren Leistungen als »Kundschafterin« so angetan, dass er sich zweimal persönlich mit ihr trifft, einmal in der DDR und einmal in Jugoslawien. Während der Wende und der Abwicklung der HVA durch die eingeleiteten Schutzmechanismen eigentlich auf der sicheren Seite, holt eine Nachlässigkeit in der HVA-Innenverwaltung sie 1990 ein. Karl-Christoph Großmann, bis zu seiner Entlassung 1987 Oberst in der HVA, hat – obwohl er selbst gar nichts mit der BND-Aufklärung zu tun hatte – über einen Kollegen beim Tratschen von der Spitzenquelle im BND gehört und im Laufe der Jahre viele Einzelheiten erfahren, die er 1990 gegenüber dem BND zu Geld machen will. Für seine Hinweise auf den Maulwurf erhält er eine sechsstellige Summe. Da die SPD 1990 kurz vor der »Wiedervereinigung« ein von der Regierungskoalition aus CDU/CSU und FDP eingebrachtes Amnestiegesetz für DDR-Spione im Ausland (auch in der BRD) zu Fall bringt, ist Gasts Handeln aus westdeutscher Sicht nach wie vor strafbar. Noch im selben Jahr wird sie am Grenzübergang Mittenwald, auf dem Weg zu einem Treffen mit »Karlicek«, verhaftet und 1991 zu sechs Jahren und neun Monaten Freiheitsstrafe sowie zum Verlust der bürgerlichen Ehrenrechte verurteilt. Gast sitzt ihre Strafe bis 1994 in den Justizvollzugsanstalten München und Aichach ab, davon fünfzehn Monate in verschärfter Einzelhaft. 1994 wird sie auf Bewährung vorzeitig entlassen. Nach Ablauf der Bewährungszeit 1998 wird der Rest der Strafe erlassen.

Nach ihrer Entlassung nimmt Gabriele Gast Kontakt zu jenen MfS-Vertretern auf, die ihre Lebensgeschichte in den letzten Jahrzehnten bestimmt hatten, wie Markus Wolf, aber auch zu »Karlicek« Schneider, ihrem Anwerber, und zu Großmann, ihrem Verräter. Diese Begegnungen fließen ein in ihre 1999 unter dem Titel *Kundschafterin des Friedens* publizierte Autobiographie. Markus Wolf hatte mit diesem Titel die ausländischen Inoffiziellen Mitarbeiter (IM) der HVA bezeichnet. Gast verdient später ihren Lebensunterhalt als Mitarbeiterin in einem Ingenieurbüro. Sie ist bis heute stellvertretende Vorsitzende des 1995 gegründeten Vereins »Initiativgruppe Kundschafter des Friedens fordern Recht«. Über ihre Behandlung durch das MfS vor und nach 1990 ist sie enttäuscht. In vielen Gesprächen mit Wolf auch nach der Wende kam nicht mehr heraus, als dass sie eine Agentin unter vielen war. Ihre Hoffnung, eine besondere Agentin, ein besonders geschätzter Mensch gewesen zu sein, wurde enttäuscht. Gast hat auch eine eigene Sicht auf die von Wolf so gern verbreitete Legende, dass er 1986 aus Opposition zur SED-Politik als HVA-Chef gekündigt habe. Gast, die Wolf rückblickend für einen wendigen Karrieristen hält, schreibt, Wolf sei zum Sicherheitsrisiko geworden, als er

Anfang der 1980er Jahre seine zweite Frau Christa zugunsten einer Liebschaft verließ. Christa wurde daraufhin von einem BND-Romeo kontaktiert. Dies, so Gast, habe Wolfs plötzliche Entlassung bewirkt. Auch über »Karlicek« äußert sie sich enttäuscht. Aus den Ermittlungsakten erfährt sie, dass sie zwanzig Jahre lang seinen Geburtstag an einem fingierten Datum feierten, dass selbst die Verlobung von der HVA inszeniert war. Er habe seither keinen Brief, keine Ansichtskarte geschickt, weder zu Weihnachten noch zu ihrem Geburtstag. Ein solches Verhalten, das Abtauchen vor persönlicher Verantwortung, sei für Männer generell nichts Ungewöhnliches, schreibt Gast, denn ein Geheimdienstler bleibe, wenn es zum Schwur komme, nun mal ein ganz normaler Mann mit den üblichen Defiziten. Auch die von ihr an »Karlicek« aus dem Gefängnis heraus gerichtete Bitte, sich um das von ihr betreute behinderte Pflegekind, damals 15, zu kümmern, bleibt unbeantwortet. Der Junge kommt in ein Heim. Nach der Haftentlassung fährt Gast nach Plauen, um »Karlicek« selbst zu befragen, wie es wirklich war, wie er ihre Beziehung empfunden hat, und erfährt – wie zu erwarten –, dass alles nur Täuschung und Lüge war.

13. Dr. Günter Guillaume

Ein »Held« wider Willen

Der sichtbar folgenschwerste Einsatz eines »Kundschafters« im gegnerischen Land, in diesem Fall der BRD, ist mit dem Namen von Günter Guillaume verbunden. Seine Enttarnung führte zum Sturz der Brandt-Regierung, zum Rücktritt des damaligen SPD-Bundeskanzlers und gibt bis heute der mit diesem Vorgang verbundenen »Affäre« ihren Namen. Doch im Einzelnen: Guillaume erblickte 1927 in Berlin das Licht der Welt. Der Sohn eines Musikers wurde im letzten Jahr des Zweiten Weltkriegs Flakhelfer, eine damals lebensgefährliche Tätigkeit, wurden doch sowohl die Flakgeschütze als auch die Flakscheinwerfer von den gegnerischen Luftwaffen besonders gern attackiert. Nach Kriegsende machte er im heimatlichen Berlin zunächst eine Ausbildung zum Fotografen. Mit jugendlichen 23 Jahren wurde er 1950 Lektor im DDR-Verlag *Volk und Wissen* (Ostberlin). Ein dort ebenfalls tätiger BND-Agent warnte die BRD-Behörden vor Guillaume, der offenbar als Einflussagent in der BRD zum Einsatz kommen solle – offenbar war seine Tätigkeit im Verlag nur eine durchschaubare Tarnung für den in Verlagsdingen gänzlich unbeleckten Guillaume. Seitdem war er im BND-Archiv als potentieller DDR-Agent verzeichnet. 1952 trat Guillaume noch in Ostberlin der SED bei. Zwei Jahre später wurde er (seine Frau vier Jahre später) als Inoffizieller Mitarbeiter (IM) des *Ministeriums für Staatssicherheit* (MfS) registriert. Beim MfS erhielt Guillaume eine geheimdienstliche Ausbildung zur künftigen Verwendung als Offizier im besonderen Einsatz (OibE). Seine Schwiegermutter, eine gebürtige niederländische Staatsbürgerin, zog derweil in den Westteil, in die BRD, um und nahm ihren Wohnsitz in Frankfurt am Main. Dorthin folgten ihr 1956 Guillaume und seine schwangere Frau, die wenig später den gemeinsamen Sohn zur Welt brachte. Vom MfS erhielt Guillaume eine Starthilfe von 10.000 DM, um sich eine wirtschaftliche Tarnung aufzubauen. Mit dem Geld übernahm er einen Kaffee- und Tabakladen in bester Innenstadtlage in Frankfurt, den er als *Boom am Dom* weiterführte.

1957 trat Guillaume der SPD bei, seine Frau wurde Sekretärin im Parteibüro des SPD-Bezirks Hessen-Süd. Guillaume engagierte sich sehr in der Parteiarbeit, gab sich dabei als eher am rechten Flügel der SPD angesiedelt aus (aus Sicherheitsgründen). Seine vielen freiwilligen, ehrenamtlichen Tätigkeiten bei SPD-Veranstaltungen und Ähnlichem trugen bald Früchte. Der umtriebige, engagierte und fleißige Guillaume wurde sieben Jahre später, 1964, festangestellter Parteifunktionär der SPD, als Geschäftsführer des SPD-Unterbezirks Frankfurt am Main. 1968 avancierte er zum Geschäftsführer der SPD-Fraktion in der Frankfurter Stadtverordnetenversammlung. Im gleichen Jahr errang er im Wahlkampf auch selbst einen Sitz in der Stadtverordnetenversammlung. 1969 kommt die nächste Herausforderung, die nächste Stufe auf der Karriereleiter: Der anstellige und uneigennützige Guillaume übernahm die Organisation des Bundestagswahlkampfs für SPD-Verkehrsminister Georg »Schorsch« Leber in Frankfurt. Und das so erfolgreich, dass Leber eine bisher nie dagewesene Zahl von Erststimmen einsammeln konnte.

Und diese Leistung wurde von Leber belohnt. Er holte Guillaume nach der Wahl als Referent in die Abteilung Wirtschafts-, Finanz- und Sozialpolitik des Bundeskanzleramts. Auch dort reüssierte Guillaume weiter und wurde

1972 aufgrund seines unermüdlichen Arbeitseinsatzes und Organisationstalents zum Persönlichen Referenten von Bundeskanzler Willy Brandt berufen. Damit hatte der IM des MfS die Erwartungen seiner Agentenführer nicht nur erfüllt, sondern bei weitem übertroffen – er war ins Zentrum der Macht aufgestiegen. Nun hatte nicht nur persönlichen Zugang zu allen wichtigen Protagonisten der Bundespolitik, sondern erhielt auch Zugang zu Geheimakten, die über den Tisch des Bundeskanzlers gingen, und nahm an den meisten der vertraulichen Gesprächsrunden teil, die im Kanzleramt stattfanden. Zudem bekam Guillaume vertiefte Einblicke in die bemerkenswerte Privatsphäre Brandts, dessen Frauengeschichten bereits damals legendär waren und aus Sicht der BRD-Sicherheitsbehörden ein erhebliches Erpressungspotential boten. Doch schon ein Jahr später zogen sich düstere Wolken über Guillaume zusammen. Die BRD-Sicherheitsdienste (BND und BfV) konnten im Frühjahr 1973 erste Indizien für eine Agententätigkeit des Ehepaars Guillaume zusammentragen. Doch bis zu ihrer Festnahme verging noch fast ein Jahr. Ausgangspunkt der Ermittlungen gegen beide war eine von Markus Wolf eingeführte »Tradition« der HVA, seit den 1950er Jahren ihren »Kundschaftern« im verdeckten Westeinsatz verschlüsselte Geburtstagsgrüße per Funknachricht zu schicken. Der Code dieser Mitteilungen war Anfang der 1970er Jahre von der BND-Dechiffrierabteilung geknackt worden. Daher wurden nun alle diese Funksprüche samt den enthaltenen Geburtstagsdaten mit den Lebensdaten leitender BRD-Protagonisten in Politik, Verwaltung und Wirtschaft abgeglichen. Somit stand nach kurzer Zeit fest, dass auch dem Ehepaar Guillaume solche Geburtstagsgrüße »aus Pankow« zugegangen waren. Juristisch war das für sich allein nicht verwertbar, aber der Ausgangspunkt für weitere Ermittlungen war gegeben.

Diese Ermittlungen führten nach und nach zu weiteren Hinweisen, die aber immer noch nicht ausreichend waren für einen Haftbefehl. Daher wurde Guillaume im Amt belassen. Brandt war zwar von dem Verdacht gegen seinen engsten Mitarbeiter informiert worden. Zuständig für die Ermittlungen war ein Minister von Brandts Koalitionspartner FDP, in Person des damaligen Innenministers Genscher (FDP). Erst am 24. April 1974 wurde Guillaume unter Spionageverdacht festgenommen. Und nun beging er einen Kardinalfehler, der sich für die BRD-Sicherheitsdienste als Glücksfall erwies. Denn als er seine Haustür öffnete und die Polizeibeamten vom Staatsschutz vor der Tür stehen sah, sagte Guillaume: »Ich bin Offizier der Nationalen Volksarmee der DDR und Mitarbeiter des Ministeriums für Staatssicherheit. Ich bitte, meine Offiziersehre zu respektieren«. Hätte er diesen verhängnisvollen Satz nicht gesagt, wären die weitere Ermittlungen gegen ihn möglicherweise anders verlaufen, denn nach wie vor hatten die BRD-Ermittler nur hauchdünne Hinweise auf eine mögliche Agententätigkeit des Ehepaars Guillaume. Es bleibt also bis heute völlig unverständlich, wie einem Profi-»Kundschafter« so ein Fehler unterlaufen konnte. Denn es gehört zu den wichtigsten Unterrichtsgegenständen der Agentenausbildung in Ost und West, im Falle von Verhaftungen sofort vom Recht der Aussageverweigerung Gebrauch zu machen und damit den gegnerischen Ermittlern die Beweislast aufzuerlegen. Am 1. Mai 1974 erhielt Genschers Referent Kinkel ein Dossier vom Bundeskriminalamt. Darin schrieb BKA-Chef Herold, die gesammelten Aussagen der von der Polizei gestellten Sicherheitsbeamten Brandts zu dessen Privatleben, insbesondere dessen Sexualleben, seien von hohem Erpressungspotential. Darin ist von Brandts exzessivem Alkoholkonsum ebenso die Rede wie davon, dass Guillaume seinem Chef Brandt auf Reisen regelmäßig Frauen zugeführt haben soll, entweder aus dem Fankreis Brandts oder alternativ aus dem Prostituiertenmilieu. Der Chef des Bundesamtes für Verfassungsschutz ersuchte daraufhin SPD-Fraktionschef Wehner, Brandt zum Rücktritt aufzufordern, da die Sicherheitsbedenken hinsichtlich Brandts überwögen. Wehner ging ohnehin davon aus, dass mit einem angeschlagenen Brandt im anstehenden Bundestagswahlkampf 1976 kein Staat zu machen sei.

Die Enttarnung Guillaumes und der anschließende Rücktritt Brandts fielen in eine Phase der Entspannung zwischen beiden deutschen Staaten. Gerade war der Grundlagenvertrag zwischen DDR- und BRD unterzeichnet worden, samt Eröffnung von Ständigen Vertretungen beider Staaten im jeweils anderen Staat (anstelle von Botschaften, da man sich nicht auf den staatlichen Status der DDR einigen konnte, die aus BRD-Sicht nach wie vor kein »vollwertiger« Staat war). Daher gibt es viele Beobachter, die davon ausgehen, dass der Skandal gezielt von rechtskonservativen Kreisen in der BRD losgetreten wurde, um die aufkommende Entspannung zwischen beiden deutschen Staaten zu unterminieren. Was auch gelang, da die DDR durch die Guillaume-Affäre erheblich an Ansehen in der BRD verlor, da man es für Vertrauensbruch hielt, gerade in so einer Entspannungsphase einen Agenten in der Staatsspitze der BRD zu etablieren. Der Sturz Brandts lag naheliegenderweise überhaupt nicht im Interesse der DDR, die (zunächst) von Brandts Ost-Politik profitierte. Laut Markus Wolf sei der Sturz Brandts zu keinem Zeitpunkt beabsichtigt gewesen und von der Stasi als eine äußerst unglückliche Panne betrachtet worden. Die durch Guillaumes Enttarnung ausgelöste sogenannte Guillaume-Affäre wuchs sich zu einer schweren innenpolitischen Krise der BRD aus, die letztlich zum Rücktritt Willy Brandts als Bundeskanzler am 7. Mai 1974 führte. Einen Monat später beschloss der BRD-Bundestag auf Antrag der CDU/CSU-Opposition die Einsetzung eines parlamentarischen Untersuchungsausschusses zur Aufklärung der Affäre, da schwere Überwachungsfehler der BRD-Sicherheitsbehörden zutage getreten waren. Nachfolger Brandts als Bundeskanzler wurde SPD-Verteidigungsminister Helmut Schmidt. Brandt blieb noch anderthalb Jahrzehnte SPD-Vorsitzender. Günter Guillaume wurde 1975 wegen Landesverrats zu dreizehn, seine Frau zu acht Jahren Freiheitsstrafe verurteilt. Seit der Wende wird von den Westblockmedien der durch Guillaume angerichtete »Schaden« als zu vernachlässigen bezeichnet, ihm unterstellt, eigentlich überhaupt keine wichtigen Informationen in den Osten übermittelt zu haben. So seien in den HVA-Datenbanken unter dem Decknamen »Hansen« zwischen Juli 1969 und April 1974 nur 24 Berichte und Dokumente verzeichnet, also gerade mal fünf Berichte pro Jahr. Die Hälfte dieser Informationen drehte sich um SPD-Parteiinterna, andere um Gewerkschaftsfragen. Nur ein Viertel befasste sich mit der eigentlichen Politik der Regierung Brandt, ihren innen- und außenpolitischen Zielsetzungen und Projekten, der Zusammenarbeit mit den USA et cetera.

Nach sechs Jahren Haft kehrte das Ehepaar Guillaume 1981 im Rahmen eines Agentenaustauschs in die DDR zurück. Beide Eheleute erhielten den *Karl-Marx-Orden*, einen hochdotierten DDR-Orden (Prämie: 20.000 DDR-Mark). Günter Guillaume wurde zum Obersten im MfS befördert, seine Frau Christel zum Oberstleutnant. Fortan trat Günter Guillaume bei MfS-Agentenschulungen häufig als Gast und Zeitzeuge auf. 1985 verlieh die Juristische Hochschule des *Ministeriums für Staatssicherheit* in Potsdam Guillaume in Anerkennung seiner besonderen Verdienste um die »Sicherung des Friedens« und die »Stärkung der DDR« den Titel »Doktor der Rechtswissenschaft« (ehrenhalber). Aufgrund einer außerehelichen Beziehung, die Günter Guillaume mit der ebenfalls für das MfS arbeitenden Krankenschwester Elke Bröhl begonnen hatte, ließ sich Christel Guillaume am 16. Dezember 1981 von ihrem Mann scheiden. 1986 heiratete Günter Guillaume die knapp zwei Jahrzehnte jüngere Geliebte, deren Familiennamen er annahm. 1988 veröffentlichte er seine Memoiren unter dem Titel *Die Aussage*. Er starb 1995 an Nierenkrebs und wurde auf dem Parkfriedhof Marzahn begraben. Günter Guillaumes erste Frau, die nach der Scheidung wieder ihren Geburtsnamen angenommen hatte, starb 2004 an einem Herzleiden. Was oder wer Brandt letztlich zum Rücktritt bewog, ist bis heute ungeklärt. Weiterführende Informationen dazu werden im sogenannten Unkeler Bestand aus Brandts Nachlass vermutet. Dieser ist allerdings von Brandt noch vor seinem Tod für die nächsten Jahrzehnte gesperrt worden.

14. Werner Stiller

Der gescheiterte Egomane

Zu den eher tragischen Gestalten der internationalen Spionagegeschichte des 20. und 21. Jahrhunderts gehört ein Mann namens Werner Stiller, der in den 1980er Jahren seine fünfzehn Minuten Weltruhm (*according to Andy Warhol*) genießen durfte. Dabei begann alles ganz verheißungsvoll.

Geboren 1947 im idyllischen Dörfchen Weßmar (bei Schkopau in Sachsen-Anhalt), wächst Stiller auf dem Land auf, geht dann aber zum Studium nach Leipzig. Dort schreibt er sich 1966 – also mit 19 Jahren – für das Fach Physik ein und beendet das Studium vier Jahre später mit einem Diplom. 1970 verpflichtet er sich als Inoffizieller Mitarbeiter (IM) des MfS, Deckname: »Stahlmann«. Zwei Jahre später geht er nach Ostberlin, wechselt zur ruhmreichen HVA von Markus Wolf, Abteilung XIII, Referat 1, Sektor Wissenschaft und Technik (SWT). Damit ist er von Stund an neben vielen anderen Kolleg*innen zuständig für die Spionage im Bereich der BRD-Nukleartechnik – von der die DDR lernen kann, wie man's macht und wie man's nicht macht. Er bezieht eine der begehrten, nagelneuen Plattenbauwohnungen am östlichen Rand der Hauptstadt der DDR, er heiratet eine attraktive Ungarin, die in Berlin studiert, und wird bald Vater einer Tochter. Eigentlich läuft es gut für Stiller, man ist mit seiner Arbeit zufrieden, er erhält Gratifikationen und sonstige Belohnungen. Stiller, das Landei mit dem geringen Selbstbewusstsein, hat große Ziele. Er möchte es in Ostberlin, in der Hauptstadt der DDR ganz nach oben schaffen, am liebsten möchte er als MfS-Kundschafter ins *Nichtsozialistische Wirtschaftsgebiet*

(NSW), sprich: nach Westeuropa. Doch sein brennender Ehrgeiz, sein unerschütterlicher Glaube, für Spitzenpositionen geschaffen zu sein, und seine Unfähigkeit, mit Rückschlägen umzugehen, bringen ihn zunehmend in Schwierigkeiten. Für Stiller selbst gilt prototypisch das von angloamerikanischen Geheimdiensten als übliche Motivationsmischung angegebene Akronym *Mice* (Mäuse): *Money* (Geld), *Ideology* (Ideologie), *Coercion* (Zwang) und *Ego* (Narzissmus). Um seine Aufstiegschancen zu verbessern, wirft er sich in die Parteiarbeit und lässt sich zum SED-Parteisekretär seiner Abteilung wählen. Am Ende führte er fast 50 Informelle Mitarbeiter (IM), die bei den großen BRD-Technologiekonzernen wie Siemens, Hoechst oder Degussa tätig sind, an Hochschulen lehren, als Produktionsleiter bei Preussag oder als Sekretärin im Bundesfinanzministerium tätig sind

Doch all das nutzt nichts. Die in Stiller steckende Destruktivität ist stärker. Als sein Zimmernachbar 1978 zum Referatsleiter befördert wird, ist der gekränkte Stiller, der selbst auf diesen Posten spekuliert hatte, außer sich. In seiner unbezähmbaren Wut geht er so weit, das denkbar Schlimmste zu unternehmen: er kontaktiert niemand anders als »die Speerspitze des Klassenfeindes«, den BRD-*Bundesnachrichtendienst* (BND). Während er dort zunächst auf taube Ohren stößt, weil man ihn für einen Provokateur hält, gibt Stiller nicht auf. Er ist derart tief gekränkt, dass ein Weg zurück nicht mehr möglich ist. Er geht gezielt und mit Hintergedanken eine intime Beziehung ein zu einer ihm bekannten, zehn Jahre älteren Kellnerin in einem Hotel im grenznahen Urlaubsort Oberhof (Thüringer Wald), die einen Bruder im Westen hat. Über diesen Kanal kontaktiert er den BND erneut und stellt Proben seines Schaffens, sprich: gesammelte Informationen über die BRD-Nukleartechnik, zur Begutachtung bereit, deren Qualität schließlich die misstrauischen BND-Anbahner überzeugt. Ein weiterer Kanal besteht über seinen ebenfalls in der BRD wohnenden Stiefvater. Stiller ist nun im Geschäft und liefert gegen lukrative Westgeld-Zahlungen auf ein Konto in einem neutralen Drittland brisante Interna aus der HVA nach Pullach (Vorort von München, damals Sitz der BND-Zentrale, heute in Berlin). Vom BND erhält er den sprechenden Decknamen »Machete«. Offenbar sah man Ähnlichkeiten zur sprichwörtlichen Axt im Walde.

Die Anbahnung war auch nach der Beseitigung der ersten Hindernisse mit Schwierigkeiten begleitet, aber mehr vonseiten des BND als des bis dahin ahnungslosen MfS. Stiller schreibt rückblickend, das System des BND für tote Briefkästen, mit deren Hilfe der BRD-Geheimdienst mit ihm kommunizieren wollte, habe kaum funktioniert, und zwar mangels Praktikabilität. Die »Briefkästen« seien entweder in Zügen angebracht worden, die in der DDR überhaupt nicht hielten, oder aber so exponierten Stellen, dass es unmöglich war, sie zu benutzen, ohne massiv aufzufallen. Für Stiller stand fest, der BND sei in seiner Gesamtheit »unprofessionell« und »stümperhaft«. Zudem habe der BND das Insider-Wissen Stillers, insbesondere vor dessen Flucht, nicht einmal ansatzweise genutzt. Es hätte die Möglichkeit bestanden, die gesamte HVA zu verwanzen. Da Stiller einen *passepartout*-Hausausweis hatte, der ihm auch den Zugang zu anderen HVA-Abteilungen ermöglichte, wäre er nicht kontrolliert worden. Dazu habe sich der BND aber nicht durchringen können. Die Agentenführer des BND seien zu sehr Beamte gewesen und zu wenig Spione. Insgesamt hätten sie von Geheimdienstarbeit keine Ahnung gehabt, ihre einzige Sorge sei das ungefährdete Erreichen der Pensionsgrenze gewesen. Nach Dutzenden von üppig entlohnten Geheimmaterial-Lieferungen hält Oberleutnant Stiller die Stunde für den ultimativen Seitenwechsel für gekommen. Zumal seine ungarische Frau der außerehelichen Beziehung auf die Spur gekommen ist und von ihm verlangt, diese entweder zu beenden oder sich scheiden zu lassen. Zuletzt hatte sie sogar damit gedroht, die Affäre seiner MfS-Dienststelle zu melden. Damit wären Stillers Fluchtmöglichkeiten drastisch eingeschränkt worden. Daher flüchtet er nun nach längerer Vorbereitung am 18. Januar 1979 gegen 21 Uhr mit einem Reisekoffer, einem weiteren Koffer voller Geheimunterlagen und gefälschten Reisepapieren über den MfS-Dienstübergang von Ost nach West im Bahnhof Friedrichstraße zu Berlin ins gelobte Land, die kapitalistische Deutschland-Variante, in die BRD. Bei sich hat er zudem seine Dienstpistole Marke FEG AP9 (ungarische Standard-Dienstpistole des MfS, Kaliber neun Millimeter, Magazin mit sieben Patronen) und rund zehntausend DM (West), die er aus der Kasse seiner MfS-Abteilung gestohlen hat.

Auf der anderen Seite der Grenze wird er verabredungsgemäß von einer BND-Sicherungsgruppe in Empfang genommen und umgehend mit einer unauffälligen Privatmaschine von Berlin-Tegel aus nach München gebracht. In der DDR lässt Stiller, den menschliche Bedenken kalt lassen, seine Frau und zwei kleine Kinder zurück. Dafür lässt er aber vom BND mit Hilfe der Warschauer BRD-Botschaft seine Freundin, die Kellnerin aus Oberhof, und ihren 18-jährigen Sohn ausschleusen und via Finnland zu ihm nach München bringen. Seine Ex-Frau, ohnehin wegen seiner Seitensprünge auf ihn sauer, kooperiert mit den DDR-Ermittlungsbehörden, die sich schnell davon überzeugen, dass Stiller nicht nur sein bisheriges Vaterland, sondern auch seine bisherige Familie, die von seinem

Doppelleben als Westagent nichts wusste, aufs Kreuz legte. In München beziehungsweise in Pullach angekommen, breitet Stiller das von ihm durch die Grenze geschmuggelte Material (darunter Hunderte von MfS-Mikrofiches mit Tausenden von Aktenseiten) vor den entzückten Auswertern aus. Neben dem BND wird er intensiv vom *Bundeskriminalamt* (Staatsschutz) und vom *Bundesamt für Verfassungsschutz* (BfV) verhört, die natürlich ebenfalls an sämtlichen im BRD-Gebiet weilenden DDR-Kundschaftern interessiert sind. In einer vom BND redigierten Autobiographie schrieb er fälschlicherweise später, er sei schon Jahre vor seinem Seitenwechsel vom BND angeworben worden. Mit diesen und anderen Desinformationslügenmärchen sollte das MfS zur Suche nach weiteren Maulwürfen animiert und damit lahmgelegt werden, was teilweise auch gelang. Zu den durch Stillers Verrat enttarnten MfS-Spionen in der BRD, in Frankreich, in Österreich und den USA zählen Alfred Bahr, Gerhard Arnold, Rolf Dobbertin, Reiner Fülle, Karl-Heinz Glocke, Karl Hauffe, Armin Raufeisen sowie Günther Sänger. Mehr als vierzig anderen MfS-Quellen oder Verbindungen gelang es, sich in letzter Minute durch Flucht in die DDR den BKA-Verhaftungskommandos zu entziehen (etwa Friedrich Tomberg und Hans-Sieghard Petras). Doch er schwärzte auch Unschuldige an: François Lachenal, Rolf Kreibich und Rolf Rosenbrock wurden auf der Grundlage seiner Aussagen zu Unrecht der Spionage beschuldigt. Stiller lebt zu diesem Zeitpunkt in München mit der Kellnerin aus Oberhof und deren Sohn als Familie zusammen, rund um die Uhr von Leibwächtern beschützt. Die Beziehung hat schon einen ersten Knacks bekommen, als Stiller seine Freundin nach der langwierigen Ausreise aus Polen und den überstandenen Schwierigkeiten eher oberflächlich begrüßt. Seine Freundin merkt, dass seine

Gefühle für sie wohl weniger intensiv sind als umgekehrt. Sie war offenbar nur Mittel zum Zweck für ihn. Mit den Leibwächtern macht Stiller auch öfter Ausflüge ohne die Freundin, beispielsweise zum Windsurfen an den nur vier Stunden entfernten Gardasee. Dort lernt er im Herbst 1980 eine neue Frau kennen und trennt sich von der Kellnerin. Da er seiner neuen Freundin zum Entsetzen des BND seine wahre Identität verrät, beschließt der westdeutsche Geheimdienst, dass Stiller die BRD aus Sicherheitsgründen sofort verlassen muss.

Stiller, der von Anfang an auch ein Angebot der CIA sowie des französischen Auslandsgeheimdienstes DGSE zur Zusammenarbeit erhalten hatte, entscheidet sich für die CIA-Offerte, in die USA umzuziehen und dort ein neues Leben zu beginnen. Unter dem neuen Namen »Peter Fischer«, mit neuer Biografie (»geboren in Budapest« et cetera) und dem BND-Agentenlohn von fast einer halben Million DM in der Tasche, beginnt 1980 ein neuer Lebensabschnitt für ihn. Alimentiert durch ein üppiges Stipendium des ebenso an Erkenntnissen über den wichtigsten östlichen Geheimdienst nach dem KGB interessierten CIA studiert er nun Wirtschaftswissenschaften im Mutterland des Kapitalismus. Allerdings mit ausreichend Sicherheitsabstand zu den von zahllosen Touristen (und östlichen Kundschaftern) bevölkerten Metropolen wie New York und San Francisco. Sein Studentendasein spielt sich in der Provinz, in St. Louis (Bundesstaat Missouri) ab. Nach drei Jahren hat er einen einfachen Studienabschluss in der Tasche und wechselt nun, ebenfalls auf CIA-Ticket, zum Investmentbanking-Giganten *Goldman Sachs* nach New York, von wo aus er bald an den Finanzplatz London wechselt. Dort läuft es einige Jahre gut für ihn. Er genießt den westlichen Luxus in vollen Zügen, lebt in einem Loft in

London, surft auf dem Gardasee und leistet sich eine Villa an der Côte d'Azur. Auch seine ehemalige Freundin, die er in München zurückgelassen hatte, wird – getrennt von ihm – aus Sicherheitsgründen von der CIA mit ihrem Sohn in die USA gebracht, wo sie mit neuer Identität ein neues Leben in Denver/Colorado beginnt, wo sie bis heute lebt.

Stillers extreme Biographie ist natürlich für die Westblockpresse ein gefundenes Fressen: der abtrünnige Stasi-Spitzel jetzt als Börsenzocker-Star. Er wird in den Hochglanz-Gazetten gefeiert, genießt den Ruhm. Das MfS kann ihm jetzt, nach dem Ende der DDR, nicht mehr gefährlich werden. 1990 wechselt er zur US-Bank *Lehman Brothers* (dem während der Finanzkrise 2008 spektakulär pleite gegangenen Bankhaus) in deren Frankfurter Filiale und arbeitet als Broker an der Deutschen Aktienbörse in Frankfurt am Main. Doch seine berufliche Erfolgsstrecke neigt sich dem Ende zu, Stiller muss immer öfter den Job wechseln, zu immer schlechteren Konditionen. Ende der 1990er Jahre verlagert Stiller, der in der wiedervereinigten BRD keinen seinen eigenen Maßstäben adäquaten Job mehr findet und auch sein durch die Spionage erworbenes Kapital verzockt hat, seinen Lebensmittelpunkt ins materiell deutlich günstigere Budapest, wo er eine Plattenbauwohnung am Rande der Stadt bezieht – und somit quasi wieder zu seinen Wurzeln zurückkehrt. In seinen letzten Jahren ist er deutlich vom Alkoholmissbrauch gezeichnet. Vereinsamt und verarmt stirbt er in der ungarischen Hauptstadt 2016 im Alter von 69 Jahren.

15. Dr. Hansjoachim Tiedge

Auf Abwegen

In der Reihe der westlichen Überläufer Richtung Osten nimmt er eine Sonderstellung ein: Hansjoachim »Hajo« Tiedge war nach dem »Riesenerfolg« des BND 1979 mit dem Übertritt Werner Stillers in den Westen zur Abwechslung wieder ein MfS-»Erfolg«, der nächste hochrangige West-Geheimdienstler, der das Heil in der Flucht Richtung DDR suchte. Gleichzeitig war Tiedge einer der letzten in dieser illustren Reihe, in der Spätphase der sozialistischen Staatengemeinschaft, die schon im Dämmerlicht des Untergangs lag. Geboren 1937 in Berlin, wuchs er nach dem Zweiten Weltkrieg in Hessen auf, sein Vater arbeitete bei der Bundesbank. Tiedge studierte Jura in Frankfurt am Main und begann 1966, nach der Beendigung seiner Referendarzeit beim Oberlandesgericht Frankfurt am Main, im Alter von 29 Jahren, beim *Bundesamt für Verfassungsschutz* (BfV) in Köln (Deckname: »Tappert«). Er heiratete und wurde Vater von drei Töchtern. Obwohl er schon bald als chaotisch-schlampiger Mitarbeiter bekannt war, konnte er doch einige Erfolge für das BfV einheimsen, speziell in der Abwehr der DDR-Spionage in der BRD. 1979 wurde er sogar Leiter der Abteilung Abwehr (Gegenspionage). Doch nur sechs Jahre später der Skandal: Tiedge setzte sich am 19. August 1985 am Hauptbahnhof Köln in den Interzonenzug nach Westberlin, stieg am Grenzübergang Marienborn aus und stellte sich den DDR-Grenzbeamten mit dem Hinweis, er beantrage Asyl in der DDR.

Was hat Tiedge dazu getrieben, wie kam es zu diesem spektakulären Seitenwechsel? Jurist Tiedge hatte vor seinem Dienstbeginn beim BfV 1966 keinerlei Kontaktpunkte zum Spionagegeschäft und musste das Handwerk erst einmal mühsam von der Pike auf lernen. Mehr als die Schreibtischarbeit interessierte ihn, »draußen«, im echten Leben, Spione zu jagen oder Quellen zu kontaktieren. Er begann im Referat Satellitendienste, stieg dann aber schnell zum Referenten für die Sowjetunion beziehungsweise deren Geheimdienste auf. Nächste Stufe auf der Karriereleiter war die Leitung des Referats *Politische Spionage der DDR*. Er liebte es, James Bond zu spielen, einen KGB-Offizier in der Sauna zu überwachen, auch am Wochenende mit Vollgas loszubrausen, wenn eine sensible Operation seine Anwesenheit erforderte. Logisch, dass dieser arbeitswütige Tausendsassa weiter aufstieg, zuletzt zum Gruppenleiter *IV B – Abwehr Spionage DDR*. Dass er bei der Ernennungsfeier Sandalen und weiße Strümpfe trug, wurde ihm als liebenswerte Schrulle nachgesehen. Schon bald zeigte sich jedoch, dass Tiedge ein eher unsicherer Kantonist war. Besonders der im Rheinland so heftig und intensiv gefeierte Karneval wurde ihm alljährlich zum Verhängnis. Als Präsident der Karnevalsgesellschaft *Die Große von 1832 e. V.* lässt er in einem Jahr sogar Top-Secret-Akten im Hotelzimmer liegen. Tiedge ist ein Chaot vor dem Herrn. Aber weil er rund um die Uhr für die Arbeit da ist, verzeiht man ihm das. Er steigt weiter auf, wird zum Regierungsdirektor ernannt, Gehaltsstufe A15, 10.000 DM pro Monat bezieht er als Gehalt. Alles geht also einigermaßen gut. Jahrelang. Mehr als anderthalb Jahrzehnte lang. Bis zum 4. Juli 1982. Seine damals 44 Jahre alte Ehefrau Ute – so die Schilderung ihres Ehemanns – war an diesem Tag im Tiedge-Bungalow am Kölner Kollwitzweg (im östlichen Vorort Merheim) dabei, das Badezimmer zu putzen. Dabei sei sie ausgeglitten und mit dem Kopf gegen das Waschbecken geschlagen. Sie wird bewusstlos ins Krankenhaus gebracht, wo sie einige Tage später stirbt. Die Ärzte hatten ihre Gehirnblutung nicht stoppen können.

Der Tod seiner Frau bringt Tiedge endgültig auf Talfahrt. Sein ohnehin schon pathologischer Alkoholkonsum steigert sich ins Absurde. In seiner Stammkneipe, dem knapp zwei Kilometer von seinem Bungalow entfernten *Merheimer Hof*, lässt er sich jetzt Abend für Abend volllaufen. Er häuft Schulden an, selbst die Steuer für seinen Hund muss gepfändet werden. Seit einer Alkoholfahrt 1984 ist auch sein Führerschein weg, den Dienstwagen muss er abgeben. Ein befreundeter Kollege nimmt ihn stattdessen morgens im Auto mit und setzt ihn jeden Abend nach der Arbeit am Merheimer Hof ab. Spätnachts lässt sich Tiedge von einem Taxi heimkutschieren. So geht es Tag für Tag. Seinen Kollegen ist bewusst, dass Tiedge immer mehr zum Sicherheitsrisiko mutiert. Nach einer internen Sicherheitsprüfung droht man ihm mit dem Entzug der Berechtigung zum Umgang mit Geheimakten. Das kommt der letzten Warnung vor der Degradierung oder dem Rausschmiss gleich. Doch dem frischgebackenen BfV-Präsidenten Heribert Hellenbroich tut Tiedge leid. Die Behörde pflegt ein fast schon familiäres Miteinander. Hellenbroich engagiert sich auch privat für Tiedge, überredet dessen reiche Tante, den auf Abwege geratenen Neffen mit über 100.000 DM zu entschulden. Doch als diese Tante im August 1985 stirbt, kommt der nächste Schlag. Tiedge, der mit weiterem Geldsegen gerechnet hatte, um sich komplett zu sanieren, geht leer aus. Keinen Pfennig bekommt er. Das ist dann der Tropfen, der das Fass zum Überlaufen bringt. Der körperlich angeschlagene, depressive Tiedge mit seinen astronomisch hohen Schulden ist am Ende. Jetzt bleibt ihm als Geheimdienstler – vor dem Offenbarungseid und der

Entlassung, also dem Absturz ins Nichts – nur noch eine Alternative. Am 18. August 1985 räumt er während der Arbeitszeit seinen Panzerschrank leer, samt den Tarnpapieren: Sie lauten auf seinen Decknamen und seine Deckadresse: »Heinz Tappert, Neuss, Zufuhrstraße 4«. Der Sekretärin sagt er, er brauche Urlaub, eine Woche oder zwei. Er fährt samt seiner vollgepackten Aktentasche zum Friedhof, zum Grab seiner Frau und bricht mit einem Heulkrampf zusammen. Trauer, Depressionen, Selbstmitleid – eine brisante Mischung für einen Geheimdienstler. Sein nächster Gang führt ihn zu seiner Stammkneipe. Tiedge ist völlig blank, er hat buchstäblich keinen Pfennig mehr. Er setzt sich zu ein paar Saufkumpanen, leiht sich vom Wirt noch einmal 200 DM und spielt den restlichen Nachmittag und Abend Skat. Denn er hat noch einen Termin. Als es Zeit ist, steht er auf und fährt mit der S-Bahn zum Kölner Hauptbahnhof. Dort steigt er in einen Zug. Doch nicht in irgendeinen Zug. Es ist der Nachtzug nach Westberlin, ein Interzonenzug, der quer durch die DDR fährt, um am nächsten Mittag an seinem Bestimmungsziel, dem Bahnhof Zoo, anzukommen.

Als der Zug am nächsten Morgen den Grenzübergang Marienborn erreicht, steigen zunächst BRD-Grenzpolizisten ein und machen eine erste Kontrolle. Da in Köln noch niemand von Tiedges Abwesenheit erfahren hat und er seine gültigen Tarnpapiere bei sich hat, die er nun vorzeigt, geht alles glatt. Bei der anschließenden Kontrolle durch die DDR-Grenzorgane, bevor der Zug also die Weiterfahrt auf DDR-Gebiet fortsetzt, passiert etwas, das sonst nie passiert. Jemand steigt an diesem frühen Morgen des 19. August 1985 aus dem Interzonenzug. Es ist Tiedge. Er geht auf den ihm am nächsten stehenden DDR-Grenzsoldaten zu und sagt, dass er Asyl in der DDR beantragen möchte. Der Chef der BRD-Spionageabwehr und intimer Kenner aller gegen die DDR gerichteten BRD-Geheimdienstaktivitäten ist dabei, die Seite zu wechseln. Unterdessen fährt der Interzonenzug fahrplanmäßig ab, der Seitenwechsel ist vollzogen. Tiedges Flucht in die DDR ist der Super-GAU, die größtmögliche Katastrophe für die BRD-Geheimdienst-Szenerie. Und darüber hinaus, da Tiedge auch mit den übrigen wichtigen Westblock-Geheimdiensten – CIA, MI6, DGSE – gut vernetzt war.

Der DDR ist bewusst, was für ein unwahrscheinlicher Glücksfall eingetreten ist. Daher wird Tiedge wie ein Staatsgast behandelt, Firstclass-Service inbegriffen. Zwei Stasi-Offiziere holen ihn in Marienborn ab und chauffieren ihn in ein »Objekt« des MfS, das sogenannte *Waldhaus* in Prenden nordöstlich von Berlin, eine Stasi-Ferienanlage. Tiedge ist glücklich, kann ihn doch hier in der DDR auch der Gerichtsvollzieher im Auftrag seiner vielen Schuldner nicht mehr erreichen. Hier ist er etwas wert, hier erweist man ihm Respekt, und er ist bereit, die gute Aufnahme mit der Übergabe aller Informationen zu entlohnen, die er in seiner Aktentasche mitführt, und die noch viel umfangreicheren Informationen, die in seinem nach wie vor brillant funktionierenden Gedächtnis gespeichert sind, zur Verfügung zu stellen. Über achthundert gegen die DDR gerichtete Operationen hat er geleitet oder war zumindest über sie informiert. Zu allen kann er etwas erzählen. Die einzige Enttäuschung für ihn: DDR-Geheimdienstchef Markus Wolf lässt sich nicht blicken. Weder am 19. August noch später. Dafür lässt »Mischa« schöne Grüße ausrichten. Doch noch ist der Tag nicht vorbei. Am Abend des 19. August 1985 wird gefeiert. Zum Abendbrot gibt es Sekt, später leert Tiedge zum Erstaunen der MfS-Offiziere nicht weniger als sechzehn Flaschen Bier und eineinhalb Halbliterflaschen Wodka. Den DDR-Kundschaftern ist klar – hier ist noch einiges zu tun, um Tiedge wieder in die Spur zu bringen.

Vier Tage später, am 23. August 1985, platzt die Bombe. Während das BfV seinen angeschlagenen Gruppenleiter Tiedge im Urlaub wähnt, verkündet das DDR-Fernsehen den Seitenwechsel des BRD-Spionageabwehr-Chefs. Die BRD-Medien sind entsetzt, die Bundesregierung setzt zu einer längeren Krisensitzung an. Erstes Bauernopfer ist Tiedges ehemaliger Chef Heribert Hellenbroich, zwei Jahre lang Präsident des BfV und seit 1. August 1985, also gerade mal drei Wochen, frisch ernannter Präsident des Bundesnachrichtendienstes BND. Das BRD-Fernsehen überträgt live, wie Hellenbroich nach seiner Entlassung unter Tränen das Palais des Bundespräsidenten verlässt. Die BRD-Bundesregierung unter Kanzler Kohl ist in Aufruhr, sowohl BfV als auch BND versuchen so schnell wie möglich eine Schadensabschätzung zu erstellen, um eine Vorstellung davon zu bekommen, welche Geheimnisse Tiedge ausplaudern könnte. Öffentlich wird von einem schweren Schlag gegen die Sicherheitslage der BRD gesprochen, nachdem auch keine Chance mehr besteht, diese Katastrophe kleinzureden. Tiedge bleibt die ersten zweieinhalb Jahre nach seinem Seitenwechsel in der MfS-Ferienanlage Prenden, in einer komfortablen Unterkunft am Bauersee, samt Haushälterin *Renate* (ebenfalls eine MfS-Angestellte), die dem stark übergewichtigen, aufgeschwemmten Tiedge nur noch kalorienarme Nahrung serviert. Außerdem wird er auf Alkoholentzug gesetzt. Und diesmal schafft es Tiedge, er bekommt die Kurve und stellt sein Leben und seine Gewohnheiten komplett um. Zumal er auch gleich eine Aufgabe hat. Zwei Jahrzehnte nach dem Ende seiner Universitätslaufbahn drückt er wieder die Hörsaal-Bank – er soll mit einer Arbeit über die BRD-Geheimdienste an der Juristischen Hochschule des MfS in Potsdam-Eiche promovieren, ein Auftrag, dem er sich mit Feuereifer widmet. Seine zahllosen rheinischen Karnevalsorden werden ihm, durch den mit solchen Fällen beauftragten DDR-Rechtsanwalt Vogel vermittelt, nachgeschickt. Er dekoriert damit das Wohnzimmer seiner Unterkunft. Sein Vernehmer ist ihm sympathisch, es gibt, wenn auch reduziert, abends noch Gespräche bei Bier und Wodka. Tiedge geht es auch körperlich besser, er nimmt ab, dank der Diät-Schonkost, die er jetzt täglich erhält. Er lernt, mit Hilfe des MfS, auch seine neue Freundin namens Brigitte kennen, die er wenig später heiratet. Seine Dissertation mit dem Titel »Die Abwehrarbeit der Ämter für Verfassungsschutz in der Bundesrepublik Deutschland«, in der er zahlreiche illegale Überwachungspraktiken der BRD-Geheimdienste öffentlich macht, erhält die Note *magna cum laude,* nach den Abschlussprüfungen darf er sich 1988 Doktor der Rechtswissenschaften nennen und den entsprechenden Titel führen. Den Namen musste er wechseln – aus Sicherheitsgründen: Er ist jetzt *Dr. Helmut Fischer*. Er ist auch wieder mobil – das MfS besorgt ihm einen Golf Diesel. Er bezieht jetzt eine stilvolle Unterkunft im Berliner Villenvorort Karolinenhof (an der Dahme).

Wie umfassend der von Tiedge durch seinen Seitenwechsel und die Aussagen beim MfS angerichtete Schaden ist, wird den BRD-Geheimdienstlern erst nach und nach klar. Letztlich muss das gesamte Spionagenetzwerk in der DDR neu aufgesetzt werden. Konspirative Wohnungen sind verbrannt und müssen gewechselt werden, Autokennzeichen ausgetauscht werden. Zwar führt das MfS im BfV noch eine weitere Quelle – Klaus Kuron, seit 1981 für das MfS tätig, der erst nach der Wende enttarnt werden kann –, doch das MfS nutzt jetzt Tiedges Seitenwechsel, um die auch von Kuron gelieferten Erkenntnisse umzusetzen. Sowohl, was Verhaftungen in der DDR betrifft, als auch das Abtauchen zahlreicher von den BRD-Geheimdiensten bedrohter Quellen in der BRD. Die sogenannte Sekretärinnenaffäre rollt an. Zahllose Chefsekretärinnen von Spitzenpolitikern wie Bundeswirtschaftsminister Bangemann (FDP), in diesem Fall Johanna Olbrich (Sonja Lünemann), wechseln nun ebenfalls die Seiten, bevor die BRD-Sicherheitskräfte sie verhaften können. Das BfV schickt Tiedge eine Rechnung über knapp eine Million DM. Er soll sämtliche Kosten für Änderungsmaßnahmen nach seiner Flucht aus eigener Tasche bezahlen. Bis zu seinem Tod gelingt es nicht, die Summe einzutreiben. Als sich 1990 die »Wiedervereinigung« anbahnt, wird Tiedge aus Sicherheitsgründen ein weiterer Umzug angeboten, diesmal nach Moskau. Er muss nicht lange nachdenken. In der BRD besteht nach wie vor ein Haftbefehl gegen ihn wegen vorsätzlichem Landesverrat in einem besonders schweren Fall – Höchststrafe lebenslänglich. Zusammen mit Brigitte verlässt er am 23. August 1990 die DDR Richtung Sowjetunion. Als Fachmann für Spionageabwehr berät er schon bald in Moskau russische Firmen. Von der BRD erhält er bis zu seinem Tod 2011 im Alter von 74 Jahren die ihm zustehende Rente. Ein schlechtes Gewissen hat er bis zuletzt nicht. Laut seiner im russischen Exil geschriebenen Autobiografie mit dem Titel *Der Überläufer* gilt für ihn der zweitausend Jahre alte Grundsatz: *ubi bene, ibi patria* – »wo es mir gutgeht, ist mein Vaterland«. Als das Buch in der BRD 1998 erscheinen sollte, wurden die ersten ausgelieferten Exemplare auf Antrag des BfV beschlagnahmt, dem Verlag wurde vorgeworfen, Beihilfe zum Geheimnisverrat zu betreiben. Es kam zu einem Gerichtsverfahren, das ausging wie das Hornberger Schießen – der Verlag wurde freigesprochen, ein Geheimnisverrat konnte nicht festgestellt werden, da die als Zeugen geladenen BfV-Beamten keine Aussagegenehmigung erhielten. Die

Auslieferung des Buches konnte nach kurzer Zeit fortgesetzt werden.

In der Westblockpresse wird bald nach der Wende 1990 kolportiert, Tiedge habe gegenüber den MfS-Offizieren in der ersten Phase nach dem Seitenwechsel weinend die Schuld am Tod seiner Frau zugegeben. Er habe ihr während eines Streits mit einem Nudelholz auf den Kopf gehauen. Daraufhin sei seine Frau Ute die Treppe hinunter gestürzt. Der Badezimmerunfall sei eine Lüge gewesen. Nachbarn sagen angeblich aus, Ute Tiedge sei öfter von ihrem Mann geschlagen worden und habe bei ihnen Schutz gesucht. Ob das der Wahrheit entspricht, oder ob es sich dabei um schwarze Zersetzungspropaganda aus den Kellern der BRD-Kampfabteilung für psychologische Kriegsführung handelt, ist bis heute offen. Gleiches gilt für das von der CIA und von Tiedge gestreute Gerücht, er habe schon lange vor seinem Seitenwechsel mit dem MfS zusammengearbeitet. Laut BND handelt es sich dabei um eine »Lüge« des »Aufschneiders« und »Wichtigtuers« Tiedge. Der Vorwurf des Landesverrats verjährte 2005, eine Strafverfolgung war in der BRD gegen ihn nicht mehr möglich. Doch Tiedge kam dennoch nicht zurück, nicht einmal besuchsweise. Denn ob sein Kontakt zum KGB von der BRD-Justiz als abermalige Tathandlung angesehen worden wäre, welche die Verjährungsfrist aufgehoben hätte, ist bis zuletzt unklar.

16. Dr. Hans Georg Langemann

Der gescheiterte Stratege

Weniger spektakulär als der Fall Tiedge, doch dafür tragischer und nicht weniger folgenschwer ist der nun zu schildernde Casus Langemann. Denn dabei wurde zwar weniger öffentlich debattiert, aber umso Ungeheuerlicheres aufgedeckt – was aber nur allzu schnell wieder gedeckelt wurde, so dass die ganze Affäre nach kürzester Zeit aus der öffentlichen Wahrnehmung der BRD verschwand. Dr. jur. Hans Georg Langemann, Jahrgang 1925, wuchs in Westfalen auf und wurde 1943, nach zwei Jahren beim *Reichsarbeitsdienst*, mit 18 Jahren zur Wehrmacht eingezogen. An der Ostfront als Unteroffizier eingesetzt, erlitt er im Juli 1944 während der umfassenden sowjetischen Offensive, der erfolgreichen *Operation Bagration*, die zur größten militärischen Niederlage Deutschlands aller Zeiten führte, eine schwere Kopfverletzung. Es handelte sich um einen sogenannten Gesicht-Nacken-Durchschuss, der zu Folgesymptomen führte, aber im Grad der Verletzung lange Jahre nicht erkannt wurde. 1945 geriet er in britische Gefangenschaft, aus der er nach wenigen Monaten entlassen wurde. Anschließend arbeitete er bei der *British Army* bis 1948 als Dolmetscher. 1949 begann Langemann ein Studium der Rechtswissenschaft an der Universität Münster. Nach einigen Semestern wechselte er an die Universität Bonn, wo er Assistent des berühmten, konservativen Kriminologen Hans von Hentig wurde. Dessen Neffe Hartmut von Hentig war Lebensgefährte des Pädophilie-Täters Gerold Becker (Odenwaldschule). Hans von Hentig förderte zwar den wichtigen Zweig der Viktimologie (Opferlehre) innerhalb der Kriminologie, manövrierte sich aber gleichzeitig durch abstruse Werke wie *Die Kriminalität der lesbischen Frau* ins rechte Abseits.

1955 veröffentlichte Langemann ganz im Sinne Hentigs einen Aufsatz über *Homosexualität und Staatsgefährdung* in der BRD-Fachzeitschrift *Kriminalistik*. 1956 promovierte er mit einer Dissertation zum Thema »Der politische Mord – Wie sind Attentate motiviert?«. Sie wurde kurze Zeit später in Buchform publiziert unter dem geänderten Titel »Das Attentat – Eine kriminalwissenschaftliche Studie zum politischen Kapitalverbrechen«. Das Thema des politischen Anschlags, politisch motivierter Morde sollte sich in der Folge merkwürdigerweise wie ein roter Faden durch Langemanns Leben ziehen. Kontakte zu seinen künftigen Arbeitgebern im Geheimdienstmilieu ergaben sich offenbar schon während der Recherchen zu seiner Doktorarbeit. Ende 1957 erhielt Dr. Langemann eine Stelle als Regierungsassessor beim Bundesnachrichtendienst in München-Pullach. Sein Deckname lautete »Dr. Lückrath«. Den Kontakt zu Hentig musste er auf Weisung des BND aus Sicherheitsgründen abbrechen – Hentig war zu sehr mit dem konkurrierenden *Bundeskriminalamt* (BKA) verbandelt, und man befürchtete einen Informationsabfluss vom BND Richtung BKA via Langemann/Hentig. Nach Gehlens Pensionierung 1968 begann beim BND ein großes Stühlerücken, weil dessen Nachfolger Wessel (langjähriger Stellvertreter und Freund Gehlens) den gesamten Gehlen-Clan, der sich im BND breitgemacht hatte, in den Ruhestand abschob. So wurde auch die Stelle des BND-Residenten in Rom frei, bisher von Gehlens Bruder Johannes (Deckname: »Don Giovanni«) besetzt. Langemann wechselte nun als Nachfolger von *Don Giovanni* an die BRD-Botschaft nach Rom. Er übernahm das dortige *EVA-Agentennetz*. Das Netz hieß deswegen EVA, weil es von einem Haus im Pullacher BND-Gelände aus geleitet wurde, in dem zur Nazizeit hin und wieder Adolf Hitler und Eva Braun nächtigten, das Haus 37. EVA unterstand dem *Strategischen Dienst* des BND, der auf Westeuropa ausgerichteten Beschaffungsabteilung. Der Jahresetat des *Strategischen Dienstes* betrug 1967 die abenteuerliche Summe von 40 Millionen DM. Geleitet wurde er seit Mitte der 1950er Jahre von Wolfgang Langkau (Deckname: »Langendorff«). Sein Stellvertreter und Nachfolger war Dr. Kurt Weiß alias »Winterstein«. Langemann sollte von Rom aus für den BND rund um den Globus Verbindungen und Scheinfirmen aufbauen. Er wurde zu einer Art James-Bond-Verschnitt für Arme, reiste in exotische Länder, trug bisweilen sogar Smoking und betätigte sich mit List, Geld und Prostituierten. Langemann verfügte auch über eine BND-eigene Yacht für Vergnügungsreisen mit potentiellen Informanten, die auf einen *EVA*-Strohmann angemeldet war. Als dieser plötzlich verstarb, verkauften seine Erben die eigentlich der BRD gehörende Yacht und strichen das Geld ein. Aufgrund der Rechtslage wurde darauf verzichtet, die außerordentliche Summe einzuklagen. Zu den inoffiziellen Aufgaben Langemanns gehörte auch die dem BND eigentlich, laut juristischem Rahmenwerk (ein BND-Gesetz gibt es erst seit kurzem), untersagte *Inlandsaufklärung*. Und dies insbesondere Richtung SPD, deren Parteiführer im Weltbild Gehlens als vaterlandslose Gesellen galten.

Der *Strategische Dienst* führte noch einen zweiten Residenten in Rom mit dem Kürzel EVA 102 und dem Code-Namen *Emilio*: einen gewissen Emil Marquese de Mistura (Agenten-Nummer V-10010), Sohn eines Italieners und einer Österreicherin, die in zweiter Ehe einen albanischen Adeligen heiratete. *Emilio* stand 1968 in Rom ein Jahresetat von stolzen 430.000 DM zur Verfügung. Er führte eine ganze Reihe von BND-Agenten im Vatikan. Der beste von ihnen war EVA 901, Deckname »Bruno«. Im richtigen Leben als Professor Dr. Aristide Brunello unterwegs, lieferte er dem BND Vatikan-Interna sowie Details zur italienischen Innenpolitik und den weltweiten katholischen Missionen. *Bruno* (Agenten-Nr. 58201) wurde 1964 von de Mistura angeworben und bezog ein fürstliches Monatsgehalt von 2.500 DM, kam damit aber nicht aus. De Mistura bat daher für EVA 901 um eine Sonder-»Prämie« von drei Millionen Lire (20.000 DM). Langemann reichte die Bitte weiter an seinen Vorgesetzten Langkau und fügte erklärend hinzu, *Bruno* habe familiäre Schwierigkeiten, die dringend geregelt werden müssten. Es gehe um Erbforderungen. Langkau genehmigte die »Prämie«. Tatsächlich gab es weder Verwandte von *Bruno* noch Erbforderungen. Die Erklärung für den Finanzbedarf des Geistlichen war deutlich profaner: Er war spielsüchtig und hatte Schulden gemacht. Mit freundlicher Hilfe des BND wurde *Bruno* dennoch wenig später sogar zum Bischof ernannt. *Bruno* lieferte dem BND auch die Nachricht, dass im Februar 1968 der Besuch von Paul Verner, Mitglied des ZK der SED und DDR-Kirchenexperte, in Rom anstehe. Das war ein durchaus wichtiger Hinweis für den BND, denn aus diesem Besuch entwickelten sich über Kontakte zwischen der KPI (Kommunistische Partei Italiens) und Willy Brandt später die ersten direkten Kontakte zwischen beiden deutschen Staaten. Als die SPD nach dem Regierungswechsel 1969 dahinter kam, wer damals die SPD-Kontakte zur KPI und zur DDR verraten hatte, wurde *Bruno* kurzfristig abgeschaltet.

Sein Agentenführer de Mistura war noch länger für den BND tätig. Und hat einen bekannten Sohn: *Staffan de Mistura*, geboren 1947, der 1971 seine Laufbahn bei den Vereinten Missionen begann, seit 2014 UN-Sondergesandter für den Syrien-Konflikt war, und seit 2019 Professor an der Pariser Elite-Universität für Politische Wissenschaften ist (*École libre des sciences politiques,* meist abgekürzt *SciencePo*). Nur dass in Westblockmedien, soweit ich gesehen habe, noch nie die BND-Vergangenheit seines Vaters thematisiert wurde. Emil de Mistura teilte in einer der Meldungen von seinem nächsten Einsatzort Südvietnam den wahren Grund für den Vietnam-Krieg Frankreichs und der USA mit: Im Golf von Thailand seien überaus reiche Erdölvorkommen festgestellt worden, was der französischen Regierung seit 1950 bekannt sei. Die Öffentlichkeit sei nie darüber unterrichtet worden, da die großen internationalen Erdölgesellschaften den Kampf um die Bohrrechte aus naheliegenden Gründen nicht zu einem Thema der Weltpolitik machen wollten. Die USA hätten von diesen Erdölvorkommen ebenfalls Anfang der 1950er Jahre Kenntnis erhalten. Die gesamte Südostasienpolitik der USA sei im Zusammenhang mit ihren Bemühungen zu sehen, die Exklusivrechte für die Förderung des Erdöls US-amerikanischen Ölkonzernen zu sichern. Die Gewinne würden hälftig zwischen Thailand und den USA geteilt.

Langemann wurde zu diesem Zeitpunkt ein etwas laxer Umgang mit dem BND-Spesenkonto beziehungsweise dem Schwarzgeldkonto vorgeworfen – ihm standen zu diesem Zweck zeitweise 600.000 DM zur Verfügung. Doch schon 1969 wurden nach einer internen Überprüfung (Mercker-Bericht) sämtliche *EVA*-Agenten abgeschaltet und mussten größtenteils mit hohen Summen abgefunden werden. Die *EVA*-Agentin mit dem sprechenden Decknamen »Ferrari«, eine Ex-Geliebte von Willy Brandt, richtiger Name Susanne Sievers alias Claire Mortensen (ihr schriftstellerisches Pseudonym), erstritt sich mit Hilfe von CDU- und CSU-Gönnern im BND eine erkleckliche Abfindungssumme von nicht weniger als 300.000 DM, damals eine märchenhafte Summe. Langemanns BND-Karriere schien damit beendet. Er hoffte zu diesem Zeitpunkt via CSU-Seilschaft auf eine Stelle im Bundeskanzleramt, als Verantwortlicher für die Sicherheit der für 1972 geplanten Olympischen Spiele in München. Er wurde dann »nur« Beauftragter der bayerischen Landesregierung für die Sicherheit der Olympischen Spiele. Willy Daume, damals Präsident des Internationalen Olympischen Komitees, konnte sich später an keine Meldungen erinnern, in den BRD-Archiven findet sich von Langemanns Arbeit keine Spur. Seinen damaligen Reisedaten zufolge, die sich rekonstruieren lassen, traf sich Langemann offenbar nach wie vor mit *Eva*-Quellen, die vermutlich informell weiterarbeiteten.

In seine Amtszeit fiel als erstes der Attentate, die seine weitere dienstliche Laufbahn begleiten sollten, der berüchtigte Anschlag palästinensischer Freiheitskämpfer auf die israelische Sportlerdelegation bei den Olympischen Spielen 1972 samt dem tragischen Ende. Langemann schadete das aber nicht weiter, 1973 beförderte man ihn zum Leiter der Abteilung IF im Bayerischen Staatsministerium des Innern, wo er somit die Verantwortung für das Bayerische *Landesamt für Verfassungsschutz* übernahm. Das zweite folgenschwere Attentat in Langemanns Münchner Dienstzeit war der Anschlag auf das Münchner Oktoberfest am 26. September 1980. Bei dem Attentat wurden dreizehn Menschen getötet und über zweihundert verletzt. Langemann wurde hier zum ersten Mal in der Öffentlichkeit bekannt, da er es war, der gegenüber der Presse schon wenige Stunden nach dem Attentat den Namen des Hauptverdächtigen bekanntgab. Das widerspricht dem üblichen polizeilichen Vorgehen (aus gutem Grund), denn dadurch wurden dessen mutmaßliche

Helfer aus rechtsextremen Kreisen gewarnt und konnten sich absetzen beziehungsweise Spuren vernichten, bevor die Polizei ihrer habhaft wurde. Anderthalb Jahre später wurde Langemann im März 1982 sogar vorläufig festgenommen. Grund war, dass er unter Verdacht stand, Informationen zur BND-Operation *Eva* an die linke Zeitschrift *konkret* weitergegeben zu haben. Nach deren Veröffentlichung kam es zu einem Skandal, der als *Affäre Langemann* bekannt wurde und im Bayerischen Landtag Gegenstand von insgesamt drei Untersuchungsausschüssen war. 1984 wurde Langemann zu einer Freiheitsstrafe von neun Monaten auf Bewährung verurteilt. Ein medizinisches Gutachten bescheinigte ihm, er leide gemäß Paragraph 21 der Strafprozessordnung unter starken Stimmungsschwankungen, Depressionen, Weinkrämpfen und Gedächtnislücken, was strafmildernd anzuerkennen sei. Danach zog sich Langemann ins Privatleben zurück und starb 2004 im Alter von 79 Jahren.

Interessantester Punkt der Vita Langemanns war sicherlich der Aufbau eines CDU/CSU-Geheimdienstes nach dem SPD-Wahlsieg 1969. Denn für viele Erzkonservative sowohl in der CDU/CSU wie auch im BND war damit ein Alptraum wahr geworden. Zumal dann noch das Projekt der sogenannten Ostverträge bekannt wurde, also der vertraglichen »Aussöhnung« mit der DDR, deren Anerkennung und der Anerkennung der polnischen Westgrenze, also dem endgültigen Verzicht auf den »deutschen« Osten – für die schwarzen Konservativen eine welterschütternde Vorstellung, die um jeden Preis verhindert werden musste. Hans-Christoph v. Stauffenberg, ein Verwandter des Hitler-Attentäters, bekam bei der bayerischen Landesregierung offiziell einen Arbeitsplatz in der Pressestelle der Bayerischen Staatskanzlei. Tatsächlich organisierte er mit Langemanns Hilfe einen CDU/CSU-Informationsdienst, der Spitzenpolitiker beider Parteien mit Informationen und Dossiers versorgte. Weitere Empfänger dieser Bulletins waren rechtskonservativen Propagandisten wie Springer-Chefredakteure, *Quick*-Mitarbeiter, ZDF-Moderator Gerhard Löwenthal und weitere rechtsextreme Publizisten. Bei zwei seiner wesentlichen Anliegen versagte der neue Dienst: Es gelang nicht, die öffentliche Meinung gegen die Ostverträge zu beeinflussen, und auch das herbeigeführte Misstrauensvotum gegen SPD-Bundeskanzler Brandt scheiterte. Die SPD einerseits und, getrennt davon, das MfS andererseits sorgten mit Bestechungsgeldern in sechsstelliger Höhe dafür, dass CDU-Kanzlerkandidat Barzel in der entscheidenden Abstimmung drei Stimmen fehlten.

Strauß-Schützling Langemann, Leiter der neuen Abteilung »Staatsschutz« in der Münchner Staatskanzlei, schützte in dieser Funktion vor allem Ministerpräsident Strauß und dessen Familie vor den berechtigten Informationsinteressen der Öffentlichkeit, also vor dem Staat. Denn der Strauß-Clan machte insgeheim lukrative Geschäfte mit schillernden »Unternehmern«. Angeblich überraschte das bis heute mysteriöse Oktoberfest-Attentat 1980 auch die BRD-Geheimdienste und den Münchner Statthalter Langemann. Die These, dass mit einer *False Flag*-Operation die Wahlchancen von Hardliner Strauß verbessert werden sollten, ist noch die am ehesten passende. Mysteriös daran sind sowohl die spezielle, auf Profis hinweisende Bauweise der Bombe als auch die Tatsache, dass es keinerlei Bekennerschreiben gab, und die Tatsache, dass keinerlei Spuren der Bastelarbeiten für die Bombe in der Wohnung oder im Keller von Köhler gefunden wurden. Ebenso mysteriös ist, warum Langemann, der damals im Münchner Nobelvorort Grünwald eine Luxusvilla bewohnte und sich seines hohen Monatseinkommens als *Ministerialdirigent* (Gehaltsstufe

B6, 15.000 DM pro Monat) erfreute sowie von »Resten« der vielen Millionen »Agentengelder« lebte, auf die Idee verfiel, nun als Schriftsteller eine zweite Karriere beginnen zu müssen. Jedenfalls versuchte er seit Anfang 1980, mit Hilfe des in der Grünwalder Nachbarschaft wohnenden Medienmanagers Josef v. Ferenczy seine Memoiren in Form eines Schlüsselromans zu publizieren. Doch trotz Ferenczys Bemühungen wollten BRD-Verlage nicht anbeißen. Literarisch war das Sechshundert-Seiten-Konvolut offenbar wertlos (im Gegensatz zu den Romanen des Langemann-Vorbilds und Geheimdienst-Aussteigers John le Carré). Und auch vom Inhalt her ließ sich keine lohnende Verkaufsperspektive erkennen. Ferenczy setzte daher den ihm bekannten ehemaligen BKA-Mann, Nachrichtenhändler und Ghostwriter Frank Heigl ans Manuskript. Langemann besuchte Heigl mehrfach in dessen Villa in Südfrankreich, um das Material zu einem Sachbuch umzuschreiben. Dabei offerierte Langemann auch Dokumente über die schon längere Zeit zurückliegende BND-Operation *EVA*.

Bei einem Wahlsieg von Strauß (CSU) bei der Bundestagswahl 1980 hätte sich Langemann berechtigte Hoffnungen auf eine Position im Kanzleramt machen können, im Amt des zuständigen Geheimdienstkoordinators beispielsweise. Doch all seine Blütenträume verwelkten. Strauß wurde nicht Bundeskanzler (sondern Helmut Schmidt, SPD, ein letztes Mal), Langemann wurde nicht Geheimdienstkoordinator, und sein Romanprojekt scheiterte ebenfalls. Langemann zerstritt sich mit seinem Ghostwriter Heigl, der daraufhin das von Langemann überlassene Geheimmaterial meistbietend verkaufte. Die linke Zeitschrift *konkret* publizierte das Material unter dem Titel »Operation Eva – Ein BND-Agent enthüllt Geheimdienstskandale« und landete damit einen vielbeachteten Mediencoup. In den insgesamt fünf Fortsetzungen ging es um Langemanns BND-Erlebnisse zwischen 1960 und 1970. Langemann wurde nun wegen Geheimnisverrats angeklagt, seine Villa und weitere Immobilien durchsucht. Während seiner Zeit im Gefängnis unternahm Langemann entweder einen Selbstmordversuch, oder es gab einen Mordanschlag auf ihn, denn er überlebte eine »Tablettenvergiftung« nur knapp. Der CSU-Parteivorsitzende und oberste Strippenzieher Strauß distanzierte sich von Langemann, dessen geistige Gesundheit er in Frage stellte, und bezeichnete ihn nur noch als »Mann mit dem Kopfschuss«. Schattenmann Langemann, am Ende zu neun Monaten Haft auf Bewährung verurteilt, blieb seit seiner Haftentlassung 1984 öffentlich unsichtbar und starb 2004. Ein 1982 produzierter Beitrag über Langemann des ARD-Fernsehmagazins *Panorama* wurde nicht ausgestrahlt und verschwand später spurlos aus dem Senderarchiv des NDR.

17. Oleg Antonowitsch Gordijewski

Blamage für den KGB?

Wenden wir uns nun dem höchstrangigen (zumindest von den öffentlich bekannten) Überläufer des KGB in den Westen zu. Oberst Oleg Antonowitsch Gordijewski, geboren am 10. Oktober 1938 als Sohn eines Angestellten des sowjetischen Volkskommissariats des Inneren (NKWD), war als Kind ein begabter, mehrfach ausgezeichneter Schüler, der schon von klein auf Deutsch lernte. Er studierte am Moskauer *Staatlichen Institut für Internationale Beziehungen* (MGIMO beziehungsweise *МГИМО, Московский государственный институт международных отношений МИД России/ Moskowski Gossudarstwenni Institut Meschdunarodnich Otnoscheni MID Rossii*) und qualifizierte sich dort für das nachrichtendienstliche Auswahlverfahren. Dabei vertiefte er seine Deutschkenntnisse, wurde gleichzeitig aber auch einer nachrichtendienstlichen Grundausbildung unterzogen. Für einen Einsatz in Westeuropa vorgesehen, lernte er zusätzlich die Sprachen Dänisch, Schwedisch und Norwegisch. Nach dem Abschluss seiner NKWD-Ausbildung erhielt er als ersten Einsatzort Ostberlin zugewiesen, wo er Anfang August 1961 eintraf, kurz vor dem Mauerbau. Angeblich – so stellte er es rückblickend dar – habe ihn der Bau der Mauer abgestoßen und generell mit dem Sowjetsystem brechen lassen. Nach einem ersten Jahr in Ostberlin kehrte er zunächst nach Moskau zurück und erhielt dort eine Stelle beim KGB. Sein nächster Auslandseinsatzort war Kopenhagen, wo er offiziell zum Stab der sowjetischen Botschaft in der dänischen Hauptstadt gehörte. Während seines Aufenthalts in Dänemark ging angeblich seine Entfremdung vom KGB und dem Sowjetsystem insgesamt weiter, speziell nach der Niederschlagung des »Prager Frühlings« 1968.

Der sehr gewiefte, gerade im Hinblick auf den Einsatz gegen den Ostblock sehr erfolgreiche und eng mit der CIA verbandelte dänische Geheimdienst (DSIS) bekam dies mit (oder wurde von Gordijewski kontaktiert, hier gehen die Versionen auseinander) und unternahm Anfang der 1970er Jahre mehrere Versuche, Gordijewski zum Überlaufen zu bewegen oder als Doppelagent zu gewinnen. Zusätzlich kontaktierte der dänische Geheimdienst den britischen »Partnerdienst« MI6 und unterrichtete ihn über die Situation. Gordijewski wurde daraufhin erneut von beiden Geheimdiensten kontaktiert und schließlich 1974 vom MI6 als Doppelagent rekrutiert. Aufgrund seines relativ niedrigen Dienstrangs war seine Bedeutung für den MI6 zunächst eher gering. Das änderte sich 1982, als ausgerechnet Gordijewski die Stelle eines KGB-Residenten an der sowjetischen Botschaft in der britischen Hauptstadt, London, zugewiesen bekam. Gordijewski war hier für die Koordination aller Spionagebemühungen gegen Großbritannien zuständig sowie für die Aufklärung von britischen Gegenspionagemaßnahmen, also der britischen Jagd nach sowjetischen Agenten auf der britischen Insel und anderswo.

Zu den wichtigsten bekannt gewordenen Verratshandlungen zählt der angeblich heldenhafte Einsatz 1983 bei der Verhinderung eines beinahe versehentlich ausgelösten Atomkriegs zwischen den beiden Supermächten USA und UdSSR. Damals simulierte die NATO im Rahmen des Manövers *Able Archer 83* (»Ausgezeichneter Bogenschütze 1983«) einen begrenzten Atomschlag gegen den Ostblock. Die zuständigen sowjetischen Dienststellen waren sich dieser Überlieferung zufolge unsicher, ob die NATO unter dem Deckmantel des Manövers möglicherweise tatsächlich einen Atomschlag ausführen würde, und begannen, entsprechende Gegenmaßnahmen zu ergreifen, sprich: die eigenen Atomstreitkräfte in Gefechtsbereitschaft zu versetzen, was die Gefahr einer versehentlichen Auslösung des atomaren Schlagabtauschs erheblich vergrößerte. Nur die von Gordijewski übermittelten Informationen, dass kein NATO-Atomschlag geplant sei, verhinderte die weitere Eskalation. Allerdings behauptet dies auch MfS-Kundschafter Rainer Rupp alias »Topas« von sich, dass die von ihm aus dem Inneren der NATO übermittelten Erkenntnisse, dass kein realer Atomschlag geplant sei, sondern nur das sowjetische Abwehrsystem getestet werden sollte, den unmittelbar bevorstehenden Ausbruch eines atomaren Schlagabtauschs verhinderten. Nach 1990 äußerten Sicherheitsexperten der Bundeswehr erhebliche Zweifel an diesen Darstellungen. Denn es habe von sowjetischer Seite aus während des NATO-Manövers weder eine Erhöhung der Gefechtsbereitschaft noch die Annahme eines möglichen atomaren Erstschlags der USA gegeben. Vielmehr belegten die Akten der entsprechenden ZK-Sitzungen der KPdSU aus dieser Epoche, dass das NATO-Manöver nur am Rande erwähnt werde und ihm keine über das normale Maß hinausgehende Aufmerksamkeit gewidmet worden sei.

Die andere »Meisterleistung« und wichtigste Verratshandlung Gordijewskis sei es gewesen, den Westblock schon frühzeitig, sprich: vor 1980, auf die möglicherweise wichtige Rolle hinzuweisen, die ein bis dahin noch relativ unbekannter Sowjetfunktionär namens Michail Gorbatschow spielen könnte, so dass die westlichen Geheimdienste ihn schon längere Zeit vor seinem Amtsantritt als Generalsekretär der KPdSU auf dem Bildschirm hatten. Gorbatschow war zu diesem Zeitpunkt ZK-Sekretär für Landwirtschaft und Kandidat des Politbüros der KPdSU. Dass er einmal an der Spitze der UdSSR stehen würde, war zu diesem

Zeitpunkt zwar noch nicht abzusehen, aber die westlichen Geheimdienste konnten auf diese Weise schon ihre Informationsbeschaffung beziehungsweise ihre Kontaktversuche entsprechend ausrichten. Der Fall Gordijewski ist auch ein schönes Beispiel für die teilweise heftige Konkurrenz zwischen den eigentlich engstens verbündeten angloamerikanischen Geheimdiensten MI6 und CIA. Denn der MI6 gab die von Gordijewski gelieferten Informationen größtenteils an die CIA weiter, aber nur in einer bearbeiteten Form, die keine Rückschlüsse auf die Quelle zuließ. Und genau diese Quelle – Gordijewski – hielt der MI6 auch die meiste Zeit vor der CIA geheim. Doch die CIA nahm das nicht einfach tatenlos hin. Im Gegenteil: sie startete eine Geheimoperation mit genau dem Ziel, die famose Quelle all der Erkenntnisse zu eruieren, welche die Briten in schöner Regelmäßigkeit scheinbar generös, tatsächlich aber leicht herablassend bis schon fast mitleidig an die CIA weiterleiteten. Nach weniger als zwölf Monaten hatten die Amerikaner herausgefunden, was sie wissen wollten: im negativen Ausschlussverfahren blieb nur noch Gordijewski, der KGB-Resident in London, (naheliegenderweise) als Quelle übrig. Doch genau diese Operation führte auch dazu, dass der KGB nun langsam Wind davon bekam, dass es einen hochkarätigen Maulwurf, einen Verräter in den eigenen Reihen gab. Und das kam so: Die vom MI6 gelieferten Informationen und die Zusatzinfo, dass man als Quelle dafür Gordijewski ausgemacht habe, gelangten auch auf den Schreibtisch des CIA-Abteilungsleiters Aldrich Ames, der als Doppelagent gegen eine lukrative Entlohnung wiederum CIA-Interna an den KGB verkaufte. Ames wies nun seine KGB-Ansprechpartner auf Gordijewski hin. Daraufhin wurde dieser zu einer »Routinebesprechung« nach Moskau beordert. Obwohl der MI6 dringend von der geplanten Reise abriet, und stattdessen Gordijewski zum

Seitenwechsel, zur Flucht in den Westen aufforderte, reiste dieser am 22. Mai 1985 nach Moskau ab. Direkt bei seiner Ankunft auf einem der Moskauer Flughäfen wurde er von einem KGB-Empfangskomitee festgenommen und zu einem sicheren Haus gebracht, wo man ihn fünf Stunden lang verhörte. Anschließend wurde er wieder freigelassen, bekam allerdings mitgeteilt, dass er nie wieder im *Nichtsozialistischen Wirtschaftsgebiet* (NSW), sprich: in einem der Westblockländer, arbeiten werde. Er stand zwar weiterhin unter dem Verdacht des Geheimnisverrats, aber seine Vorgesetzten setzten das Verfahren gegen ihn vorerst aus. Stattdessen kamen nun seine Frau und seine Kinder ebenfalls aus London nach Moskau, so dass die Familie wieder beieinander war.

Obwohl Gordijewski weiterhin unter KGB-Überwachung stand, schaffte er es, dem MI6 beziehungsweise der britischen Botschaft in Moskau eine geheime Nachricht zukommen zu lassen, dass er nun bereit sei zum Seitenwechsel. Der MI6 bereitete daraufhin eine Operation zur Ausschleusung seiner Top-Quelle aus der Sowjetunion vor. Dabei konnte man auf Vorkehrungen zurückgreifen, die schon seit langer Zeit genau für solche Zwecke getroffen worden waren. Gordijewski wartete an einem vereinbarten Wochentag an einer vereinbarten Straßenecke, genau um 19.30 Uhr abends, und hielt eine Plastiktüte des britischen Kaufhauses *Safeway* in der Hand. Genau zu dieser Uhrzeit spazierte ein Mann mit einer Plastiktüte des britischen Kaufhauses *Harrods* vorbei und aß einen westlichen Schokoriegel. Das war das vereinbarte Signal, dass die Ausschleusung stattfinden werde.

Am 19. Juli 1985 ging Gordijewski wie üblich morgens joggen, hängte dabei jedoch seine KGB-Bewacher ab, und es gelang ihm, im Moskauer *Ленинградский вокзал (Leningradski Woksal),* dem Leningrader Bahnhof am zentralen Platz des Komsomol, einen Zug nach Wyborg in Karelien zu besteigen. Am dortigen Bahnhof wurde er von einem Fahrzeug der britischen Botschaft in Empfang genommen, die es wiederum schafften, seine KGB-Bewacher, die seine Spur wieder aufgenommen hatten, abzuhängen. In einem der Botschaftsfahrzeuge wurde er in einem versteckten Hohlraum über die Grenze nach Finnland geschmuggelt und von dort über Norwegen nach Großbritannien ausgeflogen. Parallel dazu wurde er von einem sowjetischen Gericht in Abwesenheit zum Tode verurteilt. Seine aus Aserbaidschan stammende Frau, ebenfalls beim KGB beschäftigt, wusste angeblich nichts von seiner Flucht. Sie und die beiden Kinder waren zum Zeitpunkt seines Seitenwechsels auf Ferien im heimatlichen Baku. Leila wurde verhaftet und sechs Jahre eingesperrt, da man ihr Komplizenschaft bei der Flucht ihres Mannes unterstellte. Erst die dringende Bitte von Premierministerin Thatcher, die persönlich bei Gorbatschow intervenierte, brachte die Wende. Leila erhielt für sich und die Kinder eine Ausreiseerlaubnis nach Großbritannien, wo sie mit ihrem Mann wiedervereinigt wurde. Allerdings hatte Gordijewski zu diesem Zeitpunkt schon eine neue Beziehung, diesmal mit einer Britin. Die Ehe mit Leila wurde wenig später geschieden.

Nachdem Gordijewski von MI6 und CIA nach allen Regeln der Kunst ausgequetscht worden war und alle ihm erinnerlich gebliebenen Informationen notiert und bearbeitet worden waren, wurde er als Waffe im Propagandakrieg mit der Sowjetunion und später mit Russland eingesetzt. Zu diesem Zwecke spannte man ihn mit einem rechtskonservativen britischen Ghostwriter mit Beziehungen zum MI6 zusammen, der die von Gordijewski gesammelten beziehungsweise vom MI6 zurechtgestutzten und um Phantasiematerial ergänzten Informationen zu mehreren vom MI6 entsprechend redigierten Büchern verarbeitete. Zur

Belohnung durfte Gordijewski auch US-Präsident Reagan einen Kurzbesuch im Weißen Haus abstatten und wurde auch sonst von der Westblockpresse entsprechend hofiert, häufig zu Fernsehdiskussionen eingeladen, erhielt den Ehrendoktor einer britischen Provinzuniversität sowie 2007 den britischen Orden CMG (*Companion of the Order of St. Michael and St. George*) et cetera. Gordijewski lebt mit seiner britischen Ehefrau in einem »sicheren Haus« in London und steht unter verstärktem Personenschutz durch MI5 und MI6, nachdem es 2017 zu den bis heute ungeklärten Anschlägen auf die Familie Skripal gekommen war. Gordijewski hatte zwischendurch 2007 noch einmal für Schlagzeilen gesorgt, als er nach einem angeblichen Giftmordanschlag des KGB ins Krankenhaus eingeliefert wurde, wo er der britischen Pressemitteilung zufolge 34 Stunden in tiefer Bewusstlosigkeit lag. Ob dies einem wie auch immer gearteten Gift oder nicht viel eher dem kräftigen Alkoholkonsum Gordijewskis zuzuschreiben ist, harrt bis heute der Aufklärung.

18. James Jesus Angleton

Sieben Arten der Mehrdeutigkeit

Wenn man sich fragt, wer auf Westblockseite – zumindest zeitweise – der mächtigste Gegenspieler des KGB war, dann wird an erster Stelle unangefochten der Name Angleton genannt. Was hat es mit diesem Mann samt seinem seltsamen Vornamen *Jesus* auf sich? Nun, dieser Herr Angleton war über zwei Jahrzehnte lang der oberste Maulwurf-Jäger der CIA. Seine Aufgabe war es, die CIA vor Verrätern zu schützen, angehende US-»Verräter« schon im Ansatz zu erkennen und diese möglichst unschädlich zu machen, bevor sie die andere Seite erreichten. War er damit erfolgreich? Diese Frage ist etwas schwieriger zu beantworten. Doch wenden wir uns zunächst einmal seinem Leben zu. Geboren wurde Angleton am 9. Dezember 1917 im ländlichen Idaho im mittleren Westen der USA. Sein Vater war Offizier der US-Army, seine Mutter war Mexikanerin. Es war eher ungewöhnlich für einen US-Offizier, eine Mexikanerin zu heiraten. Mutter Angleton suchte jedenfalls den zweiten Vornamen des gemeinsamen Kindes aus. Es sollte James nach dem Vater heißen und Jesus auf Wunsch der Mutter – Jesus ist im spanischen Sprachraum ein verbreiteter männlicher Vorname, sie wollte also keineswegs einen neuen Christus in die Welt setzen, jedenfalls nicht primär.

Nach dem Ende des Ersten Weltkriegs 1918 verließ der Vater die Armee und heuerte bei der Firma NCR an, dem damals weltgrößten Hersteller von Registrierkassen. Die Firma existiert heute noch und hat sich mittlerweile auf Geldautomaten, Kassenverbundsysteme, Barcodelesegeräte und Checkin-Terminals für Flughäfen spezialisiert. Angleton senior machte bei NCR eine steile Karriere und bekam dann das Angebot, die NCR-Niederlassung in Italien als Eigentümer beziehungsweise Franchise zu übernehmen. Daher zog er von den USA nach Mailand um. Auch dabei florierten seine Geschäfte weiter, er holte später seine Familie nach Italien nach. Sein Sohn James Jesus verbrachte ab 1933 – also ab dem 15. Lebensjahr – einige Jahre in Mailand, wo er die italienische Sprache lernte. Vater Angleton trat während des Zweiten Weltkriegs der CIA-Vorläuferorganisation OSS (*Office of Special Services*) bei. Sohn James Jesus studierte nach der Schule ab 1937 am Malvern College in England und später an der renommierten Yale University in den USA die Fächer Anglistik und Geschichte. Er betätigte sich auch als Lyriker und fungierte während seiner Zeit in Yale als Herausgeber des studentischen Literaturmagazins *Furioso*. Einige seiner Kommilitonen machten später als Literaten und Lyriker Karriere, beispielsweise E. E. Cummings und der Nazi-Sympathisant Ezra Pound. Angleton wurde besonders vom Literaturkritiker William Empson und seinem Werk *Seven Types of Ambiguity* (Sieben Arten der Mehrdeutigkeit) beeinflusst, das Angleton später auch als Spionageabwehr-Chef der CIA zur Erkenntnisgewinnung in nachrichtendienstlichem Zusammenhang einsetzte, um missverständliche Informationen oder Dokumente zu bewerten. Zu seinen akademischen Lehrern gehörte auch Norman Holmes Pearson, der während des Zweiten Weltkriegs beim OSS tätig war und dort auch Angleton einsetzte.

Angleton trat 1943 im Alter von 26 Jahren in die US-Armee ein und heiratete im Juli des Jahres Cicely Harriet d'Autremont, eine reiche Industriellenerbin. Sie bezogen ein Haus unmittelbar in der Nähe der OSS-Zentrale (Arlington Hall) in Arlington, Virginia. Die Ehe blieb kinderlos. Angleton wechselte auf Vermittlung seines Vaters und seines ehemaligen Universitätslehrers Pearson bald schon von der Army zur OSS – und entging damit der Gefahr, an die Front geschickt zu werden. Pearson sorgte dafür, dass Angleton in seiner eigenen OSS-Abteilung X-2 (Gegenspionage) unterkam, und nahm ihn auch zu seinem nächsten Einsatzort London mit. Dort wurde Angleton 1944 als Verbindungsoffizier zu den britischen Geheimdiensten eingesetzt, wo sein Gegenpart der später als Doppelagent berüchtigt gewordene Kim Philby war. Es blieb das lebenslange Trauma Angletons, damals eng und vorbehaltlos mit Philby befreundet, dessen Doppelagentenspiel nicht durchschaut zu haben. Mit dem alliierten Vorrücken auf Kerneuropa verlagerte sich Angletons Arbeitsgebiet, da er im Februar 1944 aufgrund seiner italienischen Sprachkenntnisse zur in London ansässigen Italien-Abteilung des OSS wechselte. Im November 1944 bekam er die Aufgabe, in Italien die Z-Abteilung der SCI (*Secret Counterintelligence*), einer Unterabteilung des OSS, zu leiten, die sich mit der Umsetzung der Erkenntnisse beschäftigte, die aus den entschlüsselten deutschen Enigma-Nachrichtenübertragungen hervorgingen. Im Mai 1945 wurde er Spionageabwehr-Leiter des OSS für Gesamt-Italien. Als erste Amtshandlung bewahrte er den faschistischen Adligen, Kriegsverbrecher und Top-Geheimdienstler, »Fürst« Junio Valerio Borghese nach dessen Gefangennahme durch US-Truppen vor der Hinrichtung.

Angleton blieb auch nach der deutschen Kapitulation 1945 in Italien und verlegte sich jetzt darauf, die »politische Landschaft« Italiens im amerikanischen Sinne zu beeinflussen, also genau das vorzuexerzieren, was in den letzten zehn Jahren von den USA und den ihr hörigen Westblockmedien gebetsmühlenartig Russland vorgeworfen wird. Angletons Aufgabe war es, die Wahlchancen der in Italien traditionell sehr starken kommunistischen Partei zu minimieren und jene der »christlichen«, sprich: pro-amerikanischen, Parteien unter Einsatz aller Mittel (Bestechung, Propaganda, Sabotage) zu stärken. Mit dem deutlichen Wahlsieg der Christdemokraten 1948 hatte er seine wichtigste Aufgabe in Italien erfüllt. Dass er dafür sogar mit den Verbrechern der Mafia paktierte, denen er in Süditalien für Millionen Dollar ganze Stimmenpakete der von den Mafiosi drangsalierten Landbevölkerung abkaufte, nahm er ohne schlechtes Gewissen in Kauf. Mit diesem »Erfolg« in der Tasche, erhielt Angleton nun eine Stelle in der Zentrale der neugegründeten CIA in den USA. Im Mai 1949 wurde er Mitglied der »Abteilung für Spezielle Operationen« (*Office of Special Operations*, OSO). Damit war er zuständig für die »dreckigen Jobs«, für Untergrundwühlarbeit, Sabotage, Anschläge, Morde. Anderthalb Jahre später begann er die Zusammenarbeit mit jenen Nachrichtendiensten, mit denen sie in den folgenden Jahrzehnten seines Arbeitslebens am engsten bleiben sollte: mit den israelischen Geheimdiensten *Mossad* (Auslandsgeheimdienst) und *Shin Bet* (Inlandsgeheimdienst). Er hatte zusätzlich die Leitung der Israel-Abteilung übernommen, die er Zeit seiner CIA-Arbeit nicht mehr abgeben sollte.

Kunstliebhaber Angleton schloss sich in seiner Freizeit einer Gruppe von Kollegen und anderen Gleichgesinnten an, die – bis auf die Angletons – alle im noblen Washingtoner Stadtteil Georgetown wohnten, dem sogenannten, äußerst einflussreichen Freundeskreis des *Georgetown Set*. Dazu gehörten der offiziell heterosexuelle Star-Journalist Joseph Alsop (der 1957 in Moskau Sex mit einem gutaussehenden jungen Russen hatte, dabei fotografiert wurde, eine Kompromat-Falle des KGB, aber von seinen guten Freunden bei der CIA gerettet wurde), die reiche Herausgeberin der einflussreichen Tageszeitung *Washington Post*, Katharine Graham, der Rechtsanwalt und Regierungsberater Clark Clifford, der *Washington Post*-Reporter James Truitt und seine Frau, die Künstlerin Anne Truitt, sowie von der CIA Richard M. Bissell, Jr., Cord Meyer und dessen schöne Ehefrau Mary sowie der schon erwähnte Frank Wisner und weitere führende CIA-Angestellte wie Philip Graham, David Bruce, Tom Braden, Stewart Alsop and Walt Rostow. Andere Mitglieder waren berühmte Zeitgenossen wie George Kennan, Dean Acheson, Eugene Rostow, Chip Bohlen, Desmond FitzGerald, Tracy Barnes, William Averill Harriman, John McCloy, Felix Frankfurter, John Sherman Cooper, James Reston, Allen W. Dulles und Paul Nitze sowie deren Frauen. Speziell Mary und Cord Meyer sollten Angleton sowohl privat als auch beruflich noch beschäftigen. Mary Pinchot Meyer nahm 1954 ihr Verhältnis mit dem künftigen Präsidenten John F. Kennedy wieder auf, der mit seiner Familie ebenfalls in Georgetown ein Haus bezogen hatte. Diese hatte 1945 in San Francisco begonnen, als beide an der Gründungsversammlung der Vereinten Nationen teilnahmen. Mary Pinchot Meyer war 1954 34 Jahre alt. Angeblich verliebte sich Frauenheld Kennedy ernsthaft in sie und dachte später daran, sich nach dem Ende seiner Präsidentschaft zugunsten von Mary von seiner Ehefrau Jacky scheiden zu lassen. Mary war selbst künstlerisch tätig, nahm an Seminaren des späteren Drogenpapstes Timothy Leary teil und hat angeblich auch John F. Kennedy mit der Droge LSD versorgt, während sie sich sexuell vergnügten. Ihr Mann Cord Meyer war derweil mit einer der wichtigsten (illegalen) innenpolitischen Aktionen der CIA befasst, der *Operation Mockingbird*. Dahinter verbarg sich die großflächige Bestechung der führenden US-Pressevertreter durch die CIA mit dem Ziel, dass diese nur noch der CIA genehme Artikel publizierten. Die Aktion wurde angeblich

Mitte der 1970er Jahre offiziell beendet, aber bis heute geben die führenden US-Medien Anlass zu der Vermutung, dass sie nach wie vor als Sprachrohr der CIA fungieren. In einer zweiten, damit verbundenen Operation steuerte Meyer weltweit die Finanzierung von pseudolinken, aber dennoch strikt antikommunistischen Organisationen und Publikationen im Rahmen der von Scharfmacher Melvin Lasky geleiteten CIA-Tarnorganisation »Kongress für Kulturelle Freiheit« (*Congress for Cultural Freedom*) und dessen Zeitschrift *Encounter*, zu deren BRD-Mitarbeitern Personen wie Willy Brandt und Heinrich Böll gehörten. Ähnliches galt für die Westblock-Gewerkschaftsbewegung, die von der CIA systematisch unterwandert wurde, ebenso wie die gesamte Sozialdemokratie weltweit. Daraus erklärt sich auch die frühe finanzielle Unterstützung der CIA für Willy Brandt während der 1950er Jahre.

Cord Meyer erhielt als Nächstes die Leitung der antikommunistischen Hetzradiosender *Radio Free Europe* und *Radio Liberty*, beide in München angesiedelt, übertragen und zog nach Bayern um. Mary und die beiden Kinder blieben in Washington. Angleton war besorgt, dass die Ehe eines führenden CIA-Angestellten in die Brüche ging (was erfahrungsgemäß immer zu Problemen führte) und dass die mittlerweile bekannt gewordenen Abwanderungsgelüste des über viele Insiderinformationen verfügenden Cord Meyer eine Bedrohung für die CIA darstellen könnten, aber auch, dass die LSD-umnebelten Sexualabenteuer von dessen Ex-Frau mit einem der führenden politischen Exponenten und möglichen Präsidentschaftskandidaten zu Sicherheitsproblemen führen könnten. Angleton ließ daher die Telefone von Mary Meyer rund um die Uhr abhören und ihre Post überwachen. In der Folge gab es mehrere »merkwürdige« Unglücksfälle rund um die Familie. Erst wurde 1954 in der

Nähe der Meyer'schen Villa deren geliebter Hund, ein Golden Retriever, an dem die ganze Familie und vor allem die Kinder sehr hingen, überfahren. Cord Meyer sagte damals schon laut Vertrauten, das mache ihm Angst, jetzt habe er Angst um seine Kinder. Zwei Jahre später wurde tatsächlich Meyers Sohn Michael, 9 Jahre alt, wurde von einem Unbekannten in der Nähe der elterlichen Villa überfahren und tödlich verletzt. Mary schob die Schuld für die Unglücksfälle Cord zu und reichte 1958 die Scheidung ein. Angleton begann sich jetzt auch privat um Mary und die Kinder zu kümmern. Er nahm die Söhne am Wochenende zum Fischen mit, Angletons Frau Cecily unternahm mit Mary Streifzüge durch die Kunstszene, falls Mary nicht gerade mit Kennedy vögelte. Die Affäre der beiden war noch in vollem Gange, als Kennedy am 22. November 1963 in Dallas angeblich von dem Wirrkopf oder CIA-Sündenbock Lee Harvey Oswald erschossen wurde. Für Mary Meyer stürzte die Welt zusammen, sie erholte sich nur schwer von diesem Schlag, hatte sie doch ihre Zukunft schon an der Seite Kennedys gesehen, nach dem Ablauf seiner Präsidentschaft.

Knapp ein Jahr später fiel Mary Meyer am 12. Oktober 1964 selbst einem Mordanschlag zum Opfer. Täter und Tatwaffe wurden nie gefunden. Die Art der Ausführung des Anschlags – zwei gezielte Schüsse aus nächster Nähe, einer in den Kopf, einer ins Herz beziehungsweise die Wirbelsäule – deuten auf die Arbeit von Profis hin, ebenso wie die Tatsache, dass am Tatort keinerlei noch so kleine Spur des Täters gefunden wurde. Mary Meyer hatte über viele Jahre ein Tagebuch geführt und dort penibel jeden Geschlechtsakt und die Gespräche mit Kennedy festgehalten. Kaum hat Angleton die Nachricht von ihrem Tod erhalten, drang er in die Meyer'sche Villa ein und suchte eben dieses Tagebuch. Als er es gefunden hatte, wurde er von eintreffenden Verwandten gestellt, denen er irgendeine Räuberpistole erzählte, während er samt Tagebuch das Weite sucht. Das Tagebuch ist seitdem verschwunden. Cord Meyer wurde später übrigens beschuldigt, an Kennedys Ermordung beteiligt gewesen und als einer der drei berüchtigten »Landstreicher« (*tramps*) einige Stunden nach dem Anschlag auf den amerikanischen Präsidenten sogar verhaftet und fotografiert worden zu sein, nur um anschließend sofort wieder freigelassen zu werden. Kurz vor seinem Tod 2002 gab Meyer angeblich zu, dass der Tod Kennedys und die Ermordung seiner Frau in Verbindung stünden, dass beide Taten von demselben Täterkreis begangen worden seien.

Doch zurück zu Angletons weiterer CIA-Karriere. Als 1951 die ersten beiden Vertreter der *Cambridge Five* das Weite suchten, Guy Burgess und Donald Maclean, fiel schnell der Verdacht einer Mitwisserschaft auf Philby, der vom MI6 von Washington nach London zurückbeordert und einer intensiven Befragung unterzogen wurde. Angletons Karriere setzte sich währenddessen fort, der neue CIA-Chef Allen W. Dulles ernannte 1954 den 37-Jährigen zum *Associate Deputy Director of Operations for Counterintelligence* (ADDOCI), also zum Leiter der Abteilung Gegenspionage/Spionageabwehr (*Counterintelligence*, CI). Diesen Posten behielt Angleton für den Rest seiner CIA-Karriere. Wegen seiner fürsorglichen bis übertrieben dominanten Art erhielt Angleton den Decknamen »Mother« (»Mutter«). Die Beziehung zu den israelischen Geheimdiensten war für Angleton deswegen wichtig, weil er auf diesem Wege – über die Befragung von Millionen russischer Juden, die im Verlauf dieser Jahre von der Sowjetunion zur Emigration nach Israel die Ausreiseerlaubnis erhielten und dort von den israelischen Geheimdiensten ausgequetscht wurden – detaillierte Informationen über die Sowjetunion erhielt, so wie dies dem BND mit der Befragung von aus sowjetischer Kriegsgefangenschaft heimkehrenden deutschen Soldaten bis 1955 gelungen war. Zudem erhielt die CIA über die israelischen Dienste Informationen, an die sie sonst nicht oder nicht so schnell herangekommen wäre, wie etwa die Kopie von Chruschtschows Tauwetter-Rede auf dem 20. Parteitag der KPdSU, die Angleton nur wenige Tage, nachdem sie gehalten worden war, bekam. Auch die Zusammenarbeit mit dem Ex-Kommunisten Jay Lovestone, vorher KP-Vorsitzender der USA und Gewerkschaftsführer, wurde von den israelischen Diensten angebahnt. Mit Lovestones Hilfe und CIA-Dollar-Millionen wurde dann die internationale Gewerkschaftsbewegung außerhalb des Ostblocks in eine antikommunistische Kampforganisation umgewandelt, woran sich auch die BRD-Gewerkschaften (DGB et cetera) an vorderster Front beteiligten.

Seit der Flucht der *Cambridge Five*-Agenten und der Enttarnung der KGB-Spitzenquelle Felfe im CIA-Partnerdienst BND 1961 nahm Angletons Eifer, mögliche Maulwürfe in den eigenen Reihen unschädlich zu machen, den Charakter einer Manie, fast schon einer Hysterie an. Überall sah er sich von Verrätern umgeben, jeden Fehlschlag einer CIA-Operation kreidete er vermeintlichen Verrätern an. Der KGB wiederum nutzte diese Chance, die CIA von innen heraus lahmzulegen beziehungsweise in ihrer Potenz gegenüber dem KGB respektive den sozialistischen Staaten insgesamt zu schwächen, und befeuerte Angletons Hysterie nach Kräften. Moskau schickte mehrere »Überläufer«, die von hochrangigen KGB-Maulwürfen im Herzen der CIA, in den zentralen Abteilungen raunten, Andeutungen machten, so dass Angleton nur noch rücksichtsloser durch die eigenen Reihen holzte. Die »Suche nach Sascha« (der oberste Maulwurf höre angeblich auf den Decknamen »Sascha«, wurde Angleton zugetragen) nahm fast zwei Jahrzehnte lang die gesamte Arbeitszeit Angletons in Anspruch. Zeit genug für den KGB, die dadurch entstandene Lücke in der Abwehrarbeit der CIA gezielt und erfolgreich auszunutzen. Angletons Maulwurf-Hysterie sorgte auch dafür, dass sich die CIA in zwei Lager spaltete, in Pro-Angletoner und Anti-Angletoner. Beispielhaft für die Auswirkungen dieser CIA-internen Lagerbildung war die Behandlung von zwei KGB-Überläufern, die Anfang der 1960er Jahre kurz hintereinander ihre Dienste der CIA anboten: Golizin (Ex-KGB-Resident in Finnland, 1961) und Nosenko (1963). Golizin, auch von wohlmeinenden CIA-Kräften als zweifelhafte Figur angesehen, wurde zu Angletons Kronzeuge einer weitreichenden, bis in die höchsten Spitzen der Behörde gehenden Unterwanderung der CIA durch den KGB. Zwei Jahre später bot Juri Nosenko der CIA seine Dienste an. Er arbeitete zu diesem Zeitpunkt als KGB-Offizier in Genf. Auch er verlangte, umgehend in die USA ausgeschleust zu werden, da er vom KGB bedroht werde und zur Rückkehr nach Moskau aufgefordert worden sei. Die CIA holte ihn in die USA, stellte aber seine Glaubwürdigkeit von Anfang an in Frage und hielt ihn für einen *Agent Provocateur* des KGB, zumal die Aufklärung der CIA keinen Befehl an Nosenko, nach Moskau zurückzukehren, in den abgehörten Verbindungslinien zwischen Genf und Moskau feststellen konnte. Nosenko wiederum beschuldigte Golizin, ein *Agent Provocateur* des KGB zu sein. Da Nosenko bei mehreren Lügendetektor-Tests durchfiel, standen die von ihm übermittelten Informationen von Anfang an unter dem Verdacht, Spielmaterial des KGB zu sein. Angleton gab später an, er hätte Nosenko, wäre er zuständig gewesen, von Anfang an anders behandelt. Er hätte ihn nach der Befragung freigelassen und dann engmaschig überwacht, um zu sehen, mit wem er Kontakt aufnimmt et cetera. Stattdessen musste Nosenko dreieinhalb Jahre in einer *Black Site* der

CIA im US-Bundesstaat Maryland schmoren, bei Hungerdiät und regelmäßigen LSD-Injektionen (als »Wahrheitsdroge«, um endgültige Gewissheit über seine Rolle zu erlangen). Doch blieb er auch nach dreieinhalb Jahren Einzelhaft bei seiner Story. Die CIA musste ihn schließlich freilassen, eine Entschädigung bezahlen und ihm eine neue Identität verschaffen. Er lebte bis zu seinem Tod 2007 unauffällig in einer ländlichen Gegend der USA – von Maulwurf keine Spur.

Angleton hatte mittlerweile die gesamte CIA-Belegschaft unter Verdacht, und durchforstete nun die Biographien aller CIA-Angestellten (und vieler anderer US-Regierungsangestellter). Das Tragische daran ist, dass sich nach Angletons Pensionierung die Unschuld aller von Angleton drangsalierten CIA-Mitarbeiter*innen herausstellte. Stattdessen kam nun der Verdacht auf, Angleton selbst sei ein KGB-Maulwurf in der CIA gewesen, mit dem Auftrag, diese nach Kräften lahmzulegen. FBI-Chef Hoover, Chef des US-Inlandsgeheimdienstes, stellte zeitweise die Zusammenarbeit mit der CIA ein, weil ihm Angletons Manie zu abenteuerlich erschien. Daraufhin startete Angleton, mit Einverständnis des US-Präsidenten Johnson, zusammen mit einigen Verbündeten in der CIA die Operation MHCHAOS, die weltweite Überwachung und Zersetzung der gesamten Anti-Vietnam-Krieg-Bewegung, auch in der BRD. Schließlich wurde es der neuen US-Regierung unter Präsident Nixon zu viel mit dem Unterwanderungsgespenst, das Angleton unaufhörlich verbreitete. Angleton hatte auch den liberalen kanadischen Ministerpräsidenten Pierre Trudeau zum Philokommunisten erklärt, ebenso Olof Palme (der offenbar von einer anderen CIA-Abteilung geführt wurde, was diese aber vor Angleton geheim zu halten verstand) und Willy Brandt, ebenfalls mit einer mit Angleton konkurrierenden CIA-Abteilung verbandelt. Immer mehr Personen in hohen US-Regierungspositionen kamen mittlerweile zu der Überzeugung, dass Angleton definitiv ein Fall für die Psychiatrie sei und dass er einem pathologischen Verfolgungswahn zum Opfer gefallen sei. Angletons Karriere ging Weihnachten 1974 zumindest offiziell zu Ende. Grund war die Aufdeckung von zwei illegalen CIA-Operationen im Inland der USA durch den linksliberalen Journalisten Seymour Hersh. Für beide Operationen hatte Angleton zumindest teilweise verantwortlich gezeichnet. Ihre Namen waren: HTLINGUAL – die Überwachung (Öffnung/Analyse) des gesamten Postverkehrs zwischen den USA und der UdSSR, und die erwähnte Operation MHCHAOS. Angleton wurde vom neuen CIA-Chef, dem langjährigen CIA-Saboteur William Colby (verantwortlich für die NATO-SBO *Gladio* Schweden, für die *Strategie der Spannung* in Italien, sowie für die Massenmorde in Vietnam im Zuge der *Operation Phoenix*) gefeuert. Colby selbst kam ziemlich genau zwanzig Jahre später bei einem ungeklärten »Unfall« ums Leben. Die Gegenspionage-Abteilung Angletons wurde umgehend von rund dreihundert Mitarbeitern auf achtzig Mitarbeiter reduziert. Angleton starb 1987 im Alter von 69 Jahren.

19. Olof Palme

Heuchelei und Schizophrenie

Wenn man in den 1960er und 1970er Jahren nach der unbestritten populärsten Führungsfigur innerhalb der europäischen Linken fragte, fiel unfehlbar ein Name: Olof Palme. Der zweimalige schwedische Ministerpräsident (1969 bis 1976 und dann nochmals von 1982 bis 1986) und langjährige Vorsitzende der sozialdemokratischen Partei Schwedens (von 1969 bis 1986) galt während seiner langen politischen Karriere ab den 1950er Jahren bis zu seiner Ermordung 1986 als Lichtgestalt innerhalb der abendländischen Geschichte. Er habe sich, so die unermüdlich wiederholte Saga, als geachteter Politiker für eine gerechtere Zivilgesellschaft, für die Gleichberechtigung von Frauen, gegen den Vietnam-Krieg und für internationale Verständigung abseits der Blockkonfrontation eingesetzt. Er habe aus dem etwas vermufften, vergangenheitslastigen, schwerfälligen Schweden einen modernen Sozialstaat gemacht, in dem sich die Arbeiternehmer*innen so vieler Rechte und sozialer Wohltaten erfreuen wie in keinem anderen westlichen Industriestaat. Aber stimmt diese Saga? War Olof Palme wirklich eine Lichtgestalt? Es gibt Gründe, an dieser Propaganda-Version seiner Biographie zu zweifeln. Schauen wir uns zunächst die Fakten an.

Geboren 1927 in einem Stockholmer Nobelviertel, wächst Palme als Sohn einer großbürgerlichen, konservativen Familie auf. Großvater Sven Palme ist Generaldirektor der *Thule-Versicherungsgesellschaft,* Großonkel Henrik Palme Bankvorstand, der Vater, Gunnar Palme, ebenfalls Generaldirektor der *Thule-Versicherung*. Väterlicherseits hat die

Familie Wurzeln in den Niederlanden, seine Großmutter väterlicherseits, Hanna von Born, entstammt schwedischem Adel. Seine Mutter Elisabeth von Knierim wiederum war Teil einer baltendeutschen Adelsfamilie in Lettland. Elisabeth kommt 1915 als Flüchtling nach Schweden. Dort leitet Olofs Onkel mütterlicherseits, Ottokar von Knierim, die Stockholmer Vertretung der Dresdner Bank – und gilt 1933ff als Nazi-Sympathisant. Ein weiterer Verwandter, August von Knierim, ist von 1926 bis 1945 Vorstand des Chemie- und Rüstungskonzerns IG Farben, ein klassisch-monopolkapitalistisches Firmenkartell, bekannt geworden im Zusammenhang mit der Errichtung der KZ Auschwitz sowie als Muttergesellschaft des Herstellers von *Zyklon B,* jenem fürchterlichen Gift, mittels dessen in den NS-Vernichtungslagern Millionen Menschen ermordet wurden. Im Rahmen der Nürnberger Prozesse freigesprochen, kann Knierim nach dem Zweiten Weltkrieg seine Karriere unbehelligt beim BRD-Chemiekonzern BASF (einer IG Farben-Nachfolgefirma) fortsetzen. Olof Palme senior, der Bruder von Olof Palmes Vater, kooperiert dagegen im Ersten Weltkrieg mit der kaiserlich-deutschen Armee bei der »Insurgierung« des damals russischen beziehungsweise sowjetischen Finnlands, stellt Einheiten rechtsextremer, antibolschewistischer schwedischer Freiwilliger im finnischen Bürgerkrieg auf und wird beim Sturm auf das »rote« Tampere im April 1918 erschossen. Im Gegensatz zur öffentlichen Wahrnehmung, die speziell diese biographischen Hintergründe Olof Palmes meistens ausblendet, liegen Licht und Schatten in der Palme-Dynastie also offenbar traditionsgemäß eng beieinander, und es herrscht – wie in Schweden häufig – generell ein stark antirussischer Affekt vor.

Olof Palme wächst in der familieneigenen, palastartigen Villa (Östermalmgatan 36, heute: Rumänische Botschaft) in Stockholm auf. Die Vorkriegssommer bis 1939 verbringt die Familie auf den Knierim-Gütern bei Riga (Lettland). Nach 1989 erhält Familie Palme die lettischen Güter rückübertragen und schenkt sie der Heilsarmee, die heute dort eine Schule betreibt. Palmes Vater stirbt, als er 6 Jahre alt ist. Olofs Jugend als Halbwaise verstärkt sicherlich sein Bedürfnis nach Nähe zu Vaterfiguren wie auch sein Eintreten für eine »beschützende Gesellschaftsordnung«. Als kränkliches Kind wird Palme häufig von Privatlehrern unterrichtet. Zusätzlich zu Schwedisch lernt er von seinem Kindermädchen Französisch, mit seiner Mutter spricht er Deutsch, in der Schule erhält er Englisch-Unterricht. Nach dem Abitur 1944 im Alter von 17 Jahren beginnt Palme seinen Militärdienst bei der 6. Schwadron des ebenso traditionsreichen wie elitären *Norrlands Dragonerregiment* (K4), einer Spezialeinheit, trainiert auf Operationen in der Tiefe des feindlichen Raumes bei subarktischem Klima. Palme wechselt dann zur Kadettenschule des königlichen Kavallerie-Leibregiments *Garde du Corps* und beendet den Militärdienst 1946 als Fahnenjunker. Er beginnt zum Sommersemester 1947 ein Jura-Studium an der Universität Stockholm. Im Wintersemester 1947/48 erhält er ein US-Stipendium für ein Studienjahr am Kenyon College (Ohio, USA). Die in einer Kleinstadt von knapp dreitausend Einwohnern gelegene US-Hochschule hat wissenschaftlich einen guten Ruf, zudem liegt sie fernab von den »verderblichen Einflüssen« der Großstädte. Allerdings ist das Kenyon College eine bekannte CIA-Rekrutierungsstelle, der Herausgeber der einflussreichen Literaturzeitschrift *The Kenyon Review*, John Crowe Ransom, ein CIA-Mitarbeiter. Eben an dieser Literaturzeitschrift wirkt Palme während seiner Zeit in Kenyon mit.

Ähnliche Strukturen zur großflächigen Anwerbung

von westeuropäischen Nachwuchskadern für die CIA sind etwa die vom späteren US-Außenminister Henry Kissinger Anfang der 1950er Jahre etablierten *Harvard International Summer Schools* (mit jährlich fünftausend »vielversprechenden« Talenten aus aller Herren Länder) sowie das *Fulbright-Stipendienprogramm* (ebenfalls jährlich mit fünftausend Teilnehmer*innen). Über den von der CIA wie erwähnt heimlich finanzierten und geführten *Kongress für kulturelle Freiheit* werden im europäischen Teil des Westblocks viele sozialdemokratisch (und strikt antikommunistisch) gesinnte »Linksliberale« üppig alimentiert, in der BRD beispielsweise Heinrich Böll, Siegfried Lenz, Martin Walser, Eugen Kogon und andere, in Schweden ist Olof Palme mit dabei. In von der CIA finanzierten Blättern wie der *Partisan Review,* dem *Encounter* und dem *New Leader* publiziert auch ein Willy Brandt regelmäßig. Die Honorare für veröffentlichte Artikel bestehen aus hohen Dollarbeträgen, so sichert man sich eine treue Gefolgschaft. Antikommunistische Literatur etwa von Arthur Köstler und George Orwell wird mit finanzieller und publizistischer Unterstützung der CIA in hohen Auflagen unters naive Westblockvolk gebracht, »Dissidenten« aus dem Osten auch bei mangelhafter literarischer oder sonstiger künstlerischer Qualität im Westblock hofiert und mit hochdotierten Stipendien alimentiert. Palme erwirbt am Kenyon College einen Bachelor-Abschluss in Volkswirtschaftslehre und Politologie. In den Sommerferien 1948 trampt er durch die USA und Mexiko. Später wird er sagen, diese Reise habe ihn durch die Konfrontation mit ungerechter Vermögensverteilung und Rassismus zum Sozialisten gemacht. Vieles spricht dafür, dass Palme während seines Aufenthalts in den USA von der CIA rekrutiert wurde. Zurück in Schweden tritt er 1949 der *Sozialdemokratischen Partei Schwedens* (SDP) bei,

1951 der *Sozialdemokratischen Studentenvereinigung.* Die »Sozialdemokraten«, seit 1917 stärkste Partei in Schweden, sind dort quasi Staatspartei, die seit 1931 den Ministerpräsidenten stellt. Wichtiger ist, was Palme jenseits seiner öffentlichen Auftritte macht. Wie aktenmäßig nachweisbar ist, arbeitet er seit seiner Rückkehr als Informant der US-Botschaft in Stockholm und sammelt in deren Auftrag (beziehungsweise für den CIA-Residenten in Stockholm) Hinweise über »linksradikale«, »philokommunistische« schwedische Staatsbürger*innen.

Immer wieder überschneiden sich dabei Palmes Lebensstationen und Lebenswege mit einem langjährigen Spitzenagent der CIA, William Colby, von 1973 bis 1976 sogar CIA-Chef. Auch er stirbt wie Palme keines natürlichen Todes, sondern wird – ziemlich genau zwanzig Jahre nach der Ermordung Palmes – einen Tag, bevor er im US-Senat zum CIA-Folterprogramm MK Ultra aussagen soll, 1996 unter merkwürdigen Umständen tot aufgefunden. Colby gehört Ende der 1940er Jahre zu einer CIA-Abteilung mit dem harmlosen Titel *Office of Policy Coordination* (OPC, »Büro für Politikkoordination«). Ihr unterstehen die paramilitärischen Einheiten der CIA, die für verdeckte Kriegsführung eingesetzt werden, für Mordaufträge, aber auch die Propaganda und die Beeinflussungseinheiten. Hier werden die »dreckigen« Jobs erledigt. Colby ist innerhalb der OPC für Westeuropa zuständig, und zwar genauer gesagt für Skandinavien. Für den Fall einer sowjetischen Besetzung Westeuropas beziehungsweise Skandinaviens baut Colby dort ein paramilitärisches Agentennetzwerk auf, analog zu Gehlens Werwolf-Projekt, das hinter den sowjetischen Linien Sabotage- und Propagandaaktionen durchführen soll. Dieses Netzwerk wird mit geheimen Waffen- und Nahrungsmitteldepots ausgestattet, um unabhängig agieren zu können. Es geht um den Aufbau einer NATO- beziehungsweise CIA-*Stay-Behind-Organisation* (SBO), wie sie in den 1990er Jahren im Zusammenhang mit dem italienischen *Gladio*-Skandal bekannt wurden, und wie sie in allen westeuropäischen Ländern vorhanden sind (unabhängig, ob diese der NATO angehören oder nicht). Colbys Aufgabe ist es auch, Führungskräfte für das SBO-Untergrundtruppe auszuwählen. Es liegt nahe, anzunehmen, dass jemand wie Palme, der ohnehin eine militärische Spezialausbildung absolviert hatte, sehr bald als möglicher Kandidat auf der Liste Colbys auftauchte. Möglicherweise ist Palme identisch mit jenem bis heute Unbekannten, der in den 1950er Jahren unter dem Decknamen »Lodo« für Propaganda und Psychologische Kriegsführung innerhalb dieser schwedischen SBO zuständig ist.

Daneben baut Colby – und das ist in unserem Zusammenhang noch wichtiger – in jedem dieser Länder, also auch in Schweden, parallel zur örtlichen NATO-SBO noch ein zweites geheimes Netzwerk auf, das einzig und allein dem Kommando der CIA untersteht, und von dem die örtlichen Regierungen nichts wissen, von dem aber auch die NATO nichts weiß. Dies für den Fall, dass das SBO-Netzwerk von NATO und CIA, aus welchen Gründen auch immer, verraten beziehungsweise deaktiviert werden sollte. Zum CIA-Geheimnetzwerk gehören einheimische Topagenten, die ohne Wissen ihrer Regierung für solche Pläne der CIA bereitstehen. Auch hier zählt Olof Palme zu den möglichen, »natürlichen« Zielpersonen für so eine Rekrutierungsaktion. Er könnte also seit den 1950er Jahren in einer doppelten Geheimfunktion, einmal für die NATO-SBO, einmal für die CIA selbst, unterwegs gewesen sein. Colby wird Anfang der 1950er Jahre CIA-Stationschef in Stockholm. Colby ist wie erwähnt der geistige Vater jenes »genialen« Schachzugs der

CIA, den fanatischen Antikommunismus der »sozialdemokratischen« Parteien zu nutzen, um diese als zusätzliche Verbündete im Kampf an allen Fronten gegen die Sowjetunion einzuspannen. Möglicherweise handelt es sich dabei um das entscheidende Element, das beim Vernichtungskampf gegen die Sowjetunion letztlich den Ausschlag für den Sieg des Westblocks gab.

In Schweden sind es Palme und sein ähnlich gestrickter Chef, der bisherige Ministerpräsident Tage Erlander, die sich für die neue Strategie engagieren. In der BRD wird der CIA-finanzierte Willy Brandt der geheime Frontmann, samt der von ihm geleiteten »SPD«. Brandts Chefideologe Egon Bahr verdient damals seine Brötchen beim CIA-Tarnsender RIAS in Westberlin. Gleichzeitig bereitet das BRD-Ministerium »für innerdeutsche Beziehungen« den »Tag X«, die »Wiedervereinigung«, die »Rückholung« der DDR und deren Besetzung durch die BRD, vor. Vorgesehen ist für diesen Fall von Anfang an die umgehende Zerschlagung der planwirtschaftlichen Errungenschaften. Genau dies wird dann drei Jahrzehnte später, nach der Kapitulation der Deutschen Demokratischen Republik 1989 buchstabengetreu umgesetzt. Colby baut seine Geheimstrukturen im neutralen Schweden, in den benachbarten NATO-Mitgliedstaaten Norwegen und Dänemark sowie im offiziell ebenfalls neutralen Finnland auf. Schweden agiert damals wie heute als vorgeschobene Spitze der Westblock-Militärdampfwalze gegen die Sowjetunion beziehungsweise Russland. Colby rekrutiert auch (wie dies die CIA auch in anderen westeuropäischen Ländern vollzieht) »natürliche Verbündete«, also fanatische Antikommunisten von der rechtsextremen Seite. So unter anderem schwedische Rechtsradikale des 1941 gegründeten *Sveaborg*-Geheimbunds und des *Manhem*-Verbands, der Veteranenorganisation schwedischer SS-Freiwilliger. Dazu gehört auch Nazi-Kollaborateur Otto Hallberg, der im Zweiten Weltkrieg mit anderen schwedischen Freiwilligen an deutscher Seite in der Sowjetunion wütete, so wie schwedische Rechtsradikale 2014 die »Speerspitze« der Hooligan-Horden bildeten, die in der Ostukraine, dem Donbass auf die wehrlose Zivilbevölkerung losgelassen wurden und dort seitdem das Kommando führen.

Geleitet wird die schwedische *SBO* während der nächsten Jahrzehnte von Alvar Lindencrona, im Hauptberuf seit 1947 Vorstandsvorsitzender der mit Palmes Familie eng verbundenen *Thule-Versicherung*. Deren Hauptsitz ist ein Gebäude im Zentrum Stockholms, am Sveavägen 44, Ecke Tunnelgatan. Das ist eine ganz besondere Örtlichkeit, wird doch genau hier, an dieser Straßenecke, Palme 1986 ermordet. Von diesem Gebäude aus wird auch die SBO geleitet, ihr stehen innerhalb der *Thule*-Räumlichkeiten eigene Büros zur Verfügung, die einen gesonderten Eingang auf der Gebäuderückseite, in der Luntmakargatan besitzen, damit Besucher unauffällig kommen und gehen können. Oberster Chef der SBO ist Ministerpräsident Tage Erlander, wie dieser in seinem Tagebuch verschiedentlich festhält. Palme erbt später auch diese Zuständigkeit von seinem Mentor Erlander, als er 1969 Ministerpräsident Schwedens wird. Niemand anders als die »Lichtgestalt« Olof Palme, das gilt es festzuhalten, übernimmt also ab 1969 die oberste Führung der NATO- und CIA-SBO. Als Palme Ministerpräsident wird, hat er eine steile Karriere hinter sich. 1952 wird er mit 25 Jahren zum Vorsitzenden der *Schwedischen Studentenvereinigung* gewählt. Als deren Spitzenfunktionär unternimmt er zahlreiche Reisen, beispielsweise Anfang 1953 nach Asien. Einmal in der Politszene etabliert, wird er kurze Zeit später (mit freundlicher Unterstützung der CIA?), Staatssekretär im Büro des fünfundzwanzig Jahre älteren sozialdemokratischen Ministerpräsidenten Tage Erlander. Erlander ist ebenfalls Leutnant der Reserve und Geheimdienstveteran. 1938 als Staatssekretär in die SDP-Regierung von Per Albin Hansson eingetreten, ist Erlander während des Zweiten Weltkriegs für die Einrichtung von Dutzenden geheimer Internierungscamps verantwortlich, in denen, ohne Prozess beziehungsweise ohne über die ihnen vorgeworfenen Anklagepunkte informiert zu werden, Tausende von Linken, deutschen Flüchtlingen, Anarchisten und schwedischen Kommunisten eingesperrt werden. Diese Lager bleiben auch nach 1945 weiter in Betrieb, die meisten Dokumente dazu unterliegen bis heute der Geheimhaltung. Zur Belohnung wird Erlander 1944 Minister ohne Geschäftsbereich, wenig später Bildungsminister Schwedens. Nach dem plötzlichen Tod des bisherigen Ministerpräsidenten Hansson 1946 im Alter von 60 Jahren (unter Umständen, die weiterer Recherchen bedürfen) wird Erlander Ministerpräsident.

Palme gilt ab 1953 als Protegé Erlanders. Dieser setzt den jungen Mann mit der Elite-Militärausbildung und den exzellenten Geheimdienstverbindungen zunächst als Verbindungsmann zum schwedischen Generalstab ein. 1954 rückt der 27-jährige Palme als Staatssekretär in die Staatskanzlei auf, 1961 bis 1963 fungiert er bereits als Leiter der Staatskanzlei. 1962 platziert ihn Erlander nebenbei im Vorstand des neugegründeten staatlichen *Internationalen Hilfskomitees* Schwedens (NIB, später SIDA), das eng mit der US-Propagandaorganisation *USAID* zusammenarbeitet. 1956 heiratet Palme – nach einer kurzen, rätselhaften »Mésalliance« mit einer Tschechoslowakin 1948 diesmal standesgemäß – die heimische Psychologin Lisbet Beck-Friis, wie er selbst adliger Herkunft. Ein Jahr später wird Palme erstmals ins schwedische Parlament, den *Reichstag*, gewählt. Nach zehn

Jahren »Frondienst« als Staatssekretär ernennt ihn Erlander 1963 im Alter von 36 Jahren zum Minister ohne Geschäftsbereich im Amt des Ministerpräsidenten, 1965 mit 38 Jahren zum Verkehrs- und dann 1967 mit 40 Jahren zum Bildungsminister. Palme schärft gezielt sein verlogenes, öffentliches Image als »linker Hardliner«, indem er etwa vor den Kameras der Weltpresse im Februar 1968 als amtierender Minister der schwedischen Regierung gemeinsam mit dem nordvietnamesischen Botschafter in der Sowjetunion an einem Protestmarsch gegen den Vietnam-Krieg in Stockholm teilnimmt. In seine Zeit als Vertrauensperson Erlanders fällt eine ebenso weitreichende wie geheime außen- beziehungsweise verteidigungspolitische Entscheidung der schwedischen Regierung: Diese unterzeichnet 1960 eine geheime Vereinbarung mit den USA, welche die unter anderem *Gladio* umfassende, verdeckte militärischen Kooperation der Nachkriegszeit institutionalisiert, und die der schwedischen Öffentlichkeit erst Jahrzehnte später bekannt wird. Die USA erklären sich in dieser Vereinbarung dazu bereit, Schweden in ihre »nukleare Abschirmung« zu integrieren, und stationieren dazu mit Polaris-Atomraketen bewaffnete U-Boote an Schwedens Westküste. Die dort postierten U-Boote verbessern die Erstschlagfähigkeit der USA drastisch, aufgrund der geographischen Nähe zur Sowjetunion.

Gleichzeitig unterschreibt Schweden offiziell internationale Vereinbarungen gegen die Verbreitung von Atomwaffen und verzichtet offiziell auf die Entwicklung eigener Atomwaffen – eine Demonstration politischer Scheinheiligkeit von hohen Graden. Im Gegenzug tritt die schwedische Regierung »inoffiziell« der NATO bei. Es ist schlicht unvorstellbar, dass Palme von dieser weitreichenden Geheimvereinbarung nichts mitbekommen haben sollte. Zudem betreibt er – quasi als Beleg für seine zentrale Verstrickung in diese Irrwege der schwedischen Politik – während seiner nun folgenden Regierungszeit bei allem außenpolitischen Friedensgebimmel eine knallharte Politik extremer militärischer Hochrüstung, die dazu führt, dass die schwedischen Militärausgaben in den 1970er und 1980er Jahren zu den höchsten in der Welt zählen. Man muss also im Gegenteil davon ausgehen, dass Palme zeitlebens ein »aktives« CIA-Asset war, jemand, der aktiv CIA-Direktiven für Schweden umgesetzt hat. 1969 übernimmt der 42-jährige Palme nach dem Rücktritt Tage Erlanders den Parteivorsitz der SDP, den er bis zu seiner Ermordung 1986 nicht mehr abgibt, und parallel dazu dessen Amt als Ministerpräsident. Palme setzt vordergründig die Idee von der »gerechten Gesellschaft« fort, die Erlanders »öffentliche«, »sozialdemokratische« »Reformpolitik« der 1950er und 1960er Jahre prägte. Diese »sozialen Wohltaten« sind Teil einer gezielt eingesetzten Strategie, kommunistischer Konkurrenz im eigenen Land die Argumente und die Wählerbasis zu nehmen. Eine Strategie, wie sie niemand anders als die CIA empfohlen hat. Palme setzt damit für Schweden das um, was gleichzeitig Willy Brandt in der BRD betreibt: direkt an der Block-Konfrontationsgrenze künstlich einen kapitalistischen »Musterstaat« »marktwirtschaftlich-sozialer Prägung« zu schaffen, der als propagandistisch wichtiges, attraktives, glitzerndes, schickes Gegenmodell zu den grauen Mangelstaaten des Ostblocks herhalten soll: wirtschaftlich scheinbar erfolgreich, wohlhabend-luxuriös, mit hohen Profiten für die obersten zehn Prozent der Gesellschaft, bei gleichzeitiger Vergabe von Almosen an die Arbeitnehmerschaft in Form von einer Flut von kleinen, nicht allzu teuren Wohltaten, die den schuftenden Arbeitnehmern im Ostblock ihre Benachteiligung gegenüber den »Malochern« im Westblock täglich verdeutlichen soll – als Teil der psychologischen Kriegsführung gegen den Osten und gegen die zunehmend verkümmernde kommunistische Konkurrenz im eigenen Land. Zusammengefasst im ebenso berühmten wie falschen Slogan »Im Westen fährt jeder Arbeiter Mercedes«. Nach 1989 werden die während der Blockkonfrontation verteilten Almosen an die Arbeitnehmerschaft sukzessive wieder zurückgenommen, in Schweden, in der BRD, wie auch im Westblock insgesamt (von den USA ganz zu schweigen).

Nach dem linken Militärputsch (»Nelkenrevolution«) in Portugal 1974 gilt es aus Sicht des Westblocks die nach der jahrzehntelangen brutalen rechtsradikalen Salazar-Diktatur drohende Machtübernahme durch die traditionell starke kommunistische Partei Portugals verhindern. Dazu bildet sich eine bemerkenswerte Koalition aus CIA beziehungsweise USA und dem »sozialdemokratischen« beziehungsweise »christdemokratischen« Establishment Westeuropas. Denn das freie Selbstbestimmungsrecht der Völker gilt für die CIA wie für die »sozialdemokratischen« und »christdemokratischen« Parteien nur so lange, wie es in ihre Geostrategie passt. Palme setzt sofort nach dem Putsch in enger Absprache mit der CIA, zusammen mit der BRD-»SPD« (in Form der »Friedrich-Ebert-Stiftung«), mit Hilfe der BRD-»CSU« (in Form der »Hanns-Seidel-Stiftung« vom anderen Ende des politischen Spektrums) alles daran, um zu verhindern, dass das portugiesische Volk für Portugal eine kommunistische Regierung wählt. Dazu werden Dollarmillionen unter anderem an die nichtkommunistischen Parteien während des Wahlkampfs ausgeschüttet, um durch dominierendes Wahlkampfgetöse den Ausgang der Wahl in westlichem Sinne zu manipulieren. Die CIA tut mit geheimdienstlichen Winkelzügen zur Diskreditierung der Kommunisten im Land ein Übriges. Alles zusammen erzielt die gewünschte Wirkung. Die »sozialdemokratischen« Parteien erringen den

Wahlsieg, Portugal bleibt in der NATO. Der sicher geglaubte Wahlsieg der KP Portugals wird dauerhaft verhindert.

Noch während der Regierungszeit Erlanders wird 1963 ein weiterer schwedischer Geheimdienst, das *IB (Informationsbyrån*/Informationsbüro) unter Leitung von Birger Elmér gegründet. Dabei handelt es sich um einen illegalen, jeglicher parlamentarischer Kontrolle entzogenen Inlandsgeheimdienst, der Erlander direkt untersteht. Dem IB obliegt die Steuerung der Zusammenarbeit mit der CIA und anderen Westblock-Geheimdiensten gegen den gemeinsamen Feind, die Sowjetunion und ihre Allianzstaaten. Besonders eng arbeitet das IB neben der CIA auch mit dem israelischen Geheimdienst *Shin Beth* zusammen. Dabei werden etwa von »unverdächtigen« Schweden palästinensische Flüchtlingslager besucht, fotografiert und kartiert, die anschließend »merkwürdigerweise« von der israelischen Luftwaffe gezielt bombardiert werden. Palme übernimmt nach seinem Amtsantritt 1969 auch diese »Erbschaft« seines Amtsvorgängers. Die illegalen Operationen fliegen jedoch mitten in seiner ersten Regierungszeit auf. Zwei investigative Journalisten, Peter Bratt und der später als Romanautor berühmt gewordene Jan Guillou (er schreibt mittlerweile nahe an die schwedische Realität und ihre Schattenseiten angelehnte Kriminalromane), veröffentlichen im Mai 1973 in Presseartikeln umfangreiche Informationen dazu, was auch international für Aufsehen sorgt. Doch die staatliche Verschleierungsmaschinerie funktioniert. Die Journalisten werden verhaftet und wegen angeblicher Verleumdung vor Gericht gestellt. Anfang Januar 1974 werden sie zu einem Jahr Haft verurteilt. Erst später stellt sich heraus, dass die Angaben der Journalisten alle zutrafen. Dass Palme sein öffentliches Auftreten für »linke« Regimes die öffentlichen Anfeindungen von rechten Kreisen einträgt, stärkt seine (auf perfider Täuschung der Öffentlichkeit beruhende) »Glaubwürdigkeit«. Dasselbe Prinzip lässt sich bei der US-Puppe Willy Brandt beobachten, der zwar von rechts für seine »Verständigungspolitik« angefeindet wird, sich aber dabei buchstabengetreu an die Vorgaben der CIA zur psychologischen Kriegsführung gegen die Sowjetunion hält. Der »öffentliche« und der »geheime« Palme vertreten also diametral entgegengesetzte Positionen, eine Form der Schizophrenie, die gerade bei »Sozialdemokraten« in der Weltpolitik extrem häufig vorkommt (vergleich etwa das »Wirken« von Bruno Kreisky und der SPÖ in Österreich). Bei den vorgezogenen Neuwahlen zum Schwedischen Reichstag 1976 erzielte die SDP unter Palme allerdings »nur noch« 43 Prozent der Stimmen, das schlechteste Ergebnis seit 1932. Die mit ihren Kinderbüchern zur Millionärin gewordene Autorin Astrid Lindgren gilt als Mitbegründerin des konservativen Wahlsiegs 1976. Sie hat kurz vor der Wahl in einer ätzenden Satire das angeblich so ungerechte Steuersystem des Landes angeprangert. Dass Lindgren sich auf diese dümmliche Weise am Wohlfahrtsstaat-Bashing beteiligte, wirft ein bedenkliches Licht auf ihren Status als angeblich so menschenfreundliche Autorin.

Palmes Ermordung am 28. Februar 1986 samt ihren ungeklärten Details ist es, die dem an Merkwürdigkeiten reichen Leben Palmes einen bis heute mysteriösen Schlusspunkt setzt. Die Geschichte der jahrzehntelangen erfolglosen polizeilichen Ermittlungen präsentiert sich rückblickend als einmalige, auch im internationalen Vergleich außergewöhnliche Serie von Pleiten, Pech und Pannen. Die Ermittlungen nehmen die absurdesten Richtungen, keine extremistische Bewegung dieser Erde bleibt unerwähnt im Wirbel der immer neuen Vermutungen und Unterstellungen. Neben dem Erzfeind Sowjetunion werden nacheinander beziehungsweise gleichzeitig die Kurdenbewegung PKK, der US-Geheimdienst CIA, das Apartheidsregime in Südafrika, wahlweise südamerikanische Links- oder Rechtsextremisten, asiatische Terroristen, radikale Umweltschützer, die BRD-Terrorgruppe »RAF«, das MfS, spanische Faschisten, chilenische Rechtsradikale, der britische Geheimdienst MI6, die IRA, die Roten Brigaden, italienische Mafiosi, die französische Action *Directe*, der »Top-Terrorist« Carlos, Jugoslawien, aber auch rechtsextreme kroatische Exilanten verdächtigt beziehungsweise in den Kreis derer aufgenommen, gegen die ermittelt wird. Diese scheinbar grenzenlose, kuriose Vielfalt an Verdächtigungen folgt einem nur allzu bekannten Muster. Hat man von vornherein vor, die wahren Hintermänner eines Verbrechens zu schützen, hat es sich in den vergangenen Jahrhunderten immer wieder bewährt, in schneller Abfolge eine möglichst große Vielzahl unterschiedlichster Verdächtiger zu präsentieren. Hat man die Öffentlichkeit erst einmal komplett verwirrt, kann man wie im Fall Palme am Ende, nach einer über dreißigjährigen Fahndung, die bisher über 50 Millionen Euro gekostet und rund 230 Aktenmeter Papier produziert hat, die Ermittlungen ungestraft beziehungsweise, ohne einen Aufstand befürchten zu müssen, einstellen.

Palme und Ehefrau waren spätabends nach einem Kinobesuch ohne Leibwächter im Zentrum Stockholms die Haupteinkaufsmeile, den Sveavägen, hinuntergeschlendert, Richtung U-Bahn. An der Ecke Sveavägen/Tunnelgatan, vor dem Thule-Verwaltungsgebäude (der erwähnten Zentrale der geheimen schwedischen NATO-SBO), wartete der Killer auf das Ehepaar. Als Palmes an ihm vorbeigingen, trat er hinter sie und gab einen einzigen, tödlichen Schuss auf Olof Palme ab – ein *one shot kill*, wie es in Fachkreisen heißt, ein einziger Schuss, der seinem Opfer den sicheren Tod bringt. Die Kugel durchschlägt Palmes Rückgrat, er ist sofort immobilisiert und fällt paralysiert zu Boden. Der Ministerpräsident verblutet binnen kürzester Zeit. Der Attentäter läuft die Tunnelgatan hinunter, die Treppenanlage an ihrem Ende mit über dreihundert Stufen hinauf zur nächsten Querstraße, um dort spurlos zu verschwinden. Es gibt gute Gründe, anzunehmen, dass Palmes Ehefrau Lisbeth in das Mordkomplott gegen ihren Mann verwickelt war. Dieser nahm es mit der ehelichen Treue nicht so genau, profilierte sich zeitlebens als Frauenheld, als Don Juan der Sonderklasse (wie John F. Kennedy, wie Willy Brandt et cetera). Sie würde sich damit in die lange Reihe der sich für jahrelange Demütigungen rächenden, mörderischen Ehefrauen einreihen.

Zwei Jahrzehnte nach der Ermordung Palmes versuchten einige der damals minderjährigen schwedischen Mädchen, die gezwungen worden waren, in einem auch von Palme besuchten Stockholmer Puff anzuschaffen und ihren berühmten Freiern zu Diensten zu sein, durch eine Schadensersatzklage gegen den schwedischen Staat wenigstens eine kleine finanzielle Entschädigung zu bekommen. Wie unschwer vorhersehbar war, wird die Klage als »völlig unglaubwürdig« abgewiesen. Doch diesmal fällt Palmes Name. Er gehörte in den 1970er Jahren – so die Aussage der ehemaligen Prostituierten – zu den Kunden, die regelmäßig von den Minderjährigen befriedigt werden mussten. Von hier aus führt ein kurzer Weg zu Stieg Larssons *Millennium*-Krimi-Trilogie mit ihrer Darstellung finsterer Netzwerke innerhalb der nach außen hin so properen schwedischen Gesellschaft, die den sexuellen Missbrauch kleiner Kinder durch hochrangige Gesellschaftsgrößen und andere Abscheulichkeiten organisieren. Lisbet Palme weigert sich bis heute, die Tagebücher ihres Mannes herauszugeben, die Aufschluss über mögliche Hintermänner des Anschlags geben könnten. Weil sie befürchtet, darin als mögliche Mittäterin deutlich hervorzutreten? Klar ist, dass in Schweden keine mit der Ermordung Palmes vergleichbare Operation ohne das Wissen beziehungsweise die Tolerierung durch die CIA hätte durchgeführt werden können. Zumal der damalige Stockholmer Polizeichef ebenfalls Mitglied der geheimen NATO-*Stay behind Organisation* (SBO) Schwedens war und somit Zugang zu geheimen Waffenlagern, zu nirgendwo registrierten Waffen, zu großen Munitionsvorräten, zu einem verschworenen Untergrund-Netzwerk hatte, das eisern zusammenhält, und für die »Nachsorge« nach dem Anschlag ideal in Frage kommt. Etwa bei der Ausschleusung des Täters, bei der Beseitigung von Spuren et cetera.

Was bleibt, ist die Tatsache, dass in einer höchst symbolträchtigen Art und Weise ein amtierender Ministerpräsident, und noch dazu eine »internationale Lichtgestalt«, auf eine eklatante, drastische, dramatische, öffentliche Art und Weise ermordet wurde, nach Marke John F. Kennedy. Die Hinrichtung eines Staatsmanns vor den Augen der Welt. Und noch dazu ausgerechnet an der Ecke Sveavägen/Tunnelgatan. Denn dieser Anschlagsort weist absurd viele Bezüge zur Person Palme auf. Der dort mit seiner Zentrale ansässige Thule-Konzern ist die Quelle des Reichtums, der öffentlichen Macht der Familie Palme. Die im Gebäude untergebrachte Leitung der NATO-SBO beziehungsweise die Aufsicht führende CIA die Quelle geheimer Macht für den Politiker Olof Palme. Hatten sich also die Finanzaristokratie Schwedens und die internationalen Westblock-Geheimdienste gegen Palme verbündet? Diese Frage muss bis zur Öffnung weiterer Archivbestände in kommenden Jahrzehnten offen bleiben. Und es ist aus dieser Perspektive auch kein Zufall, dass Julian Assange, legendärer Gründer von *WikiLeaks* und »Todfeind« der USA, ausgerechnet in der »US-Sonderwirtschaftszone« Schweden in die »Honigfalle«

tappte, die ihm ganz augenscheinlich von US-Diensten mit aller gebotenen Sorgfalt gestellt worden ist.

*

Nachtrag: Am 10. Juni 2020 meldeten die Westblockmedien, der Mörder Palmes sei nach dreißig Jahren endlich gefunden worden. Es handle sich um den als »Skandia-Mann« im Zuge der Mordermittlungen 1986 bekannt gewordenen Stig Bergström. Dieser war nach dem Mord kurz von der Polizei vernommen, dann aber aus dem Kreis der Verdächtigen beziehungsweise der Informanten ausgeschlossen worden. Die heutige Beweislage dafür, dass Bergström tatsächlich der Mörder war, ist allerdings ausgesprochen dünn, bis auf die Tatsache, dass er Thule- beziehungsweise Skandia-Angestellter war. Ihm kann allerdings kein Prozess mehr gemacht werden – Bergström ist seit zwanzig Jahren tot. Er hat seinerzeit angeblich Selbstmord begangen. Das wichtigste Gegenargument gegen seine Täterschaft: Bergström war 1986, zum Zeitpunkt des Mordanschlags auf Palme, 52 Jahre alt und stark übergewichtig. Wie hätte er die über hundert Meter lange Tunnelgatan leichtfüßig hinunterrennen (und zwar schneller als alle Verfolger) und anschließend noch die rund dreihundert Treppenstufen, die am Ende der Tunnelgatan hinauf zur Querstraße auf dem Berghügel führen, hinaufjoggen sollen, wie Zeugen übereinstimmend aussagten? Der Mörder, das ist klar, muss ein damals junger, körperlich durchtrainierter und waffentechnisch versierter Mann gewesen sein – sprich: ein Elite-Soldat oder jemand mit vergleichbarem Trainingsstand. Anfang 2020 wurde übrigens auch bekannt, dass der schwedische Geheimdienst gerade in den 1970er und 1980er Jahren eng mit der CIA und dem BND zusammenarbeitete, beispielsweise in der *Operation Minerva*, also dem Ankauf der Schweizer Crypto AG, damals führender Anbieter für Verschlüsselungstechnologien durch die beiden Geheimdienste und die anschließende Nutzung der Firma zu Spionagezwecken zugunsten von BND, CIA und – unter anderem – dem schwedischen Geheimdienst.

20. Aldrich Ames und Robert Hanssen

Doppelagenten im Doppelpack

Im Jahrzehnt nach der Implosion der Sowjetunion 1991 beziehungsweise 1993 werden zwei hochrangige russische Spione in der CIA beziehungsweise im FBI, also im Auslands- und im Inlandsgeheimdienst der USA, enttarnt. Das erstaunt, nahm man doch gemeinhin an, dass mit dem Untergang der östlichen Supermacht sich auch deren Agentennetzwerke auflösten. Doch das war nicht der Fall, und es verdient daher eine kurze Darstellung. Der erste Doppelagent, um den es hier gehen soll, heißt Aldrich Ames und wurde 1941 geboren. Sein Vater, eigentlich Englischlehrer, begann 1952 in der CIA-Abteilung *Directorate of Operations* (der Abteilung für »schmutzige Jobs«, Sabotage und Mord) und wurde 1953 auf die Philippinen versetzt, wohin er seine Familie mitnahm. Ames Vater stellte sich jedoch bald als schwerer Alkoholiker heraus und konnte nur knapp den Rausschmiss vermeiden, musste dafür aber für den Rest seines Berufslebens bei der CIA mit untergeordneten Posten in der Zentrale in Langley vorliebnehmen.

Nach der Rückkehr der Familie in die USA besuchte Ames junior die High School in McLean, Virginia (einem bevorzugten Wohnort für CIA-Angestellte in unmittelbarer Nähe der Zentrale). Nach seinem High-School-Abschluss begann Ames junior mit 16 Jahren, 1957, seine ersten Tätigkeiten für die CIA als subalterner Angestellter der Auswertung, damit befasst, geheime Dokumente für die Archivierung zu sortieren. 1959 begann er ein Studium von Geschichte und Kulturgeschichte an der Universität Chicago, doch er brach das Studium nach zwei Semestern ab. 1960 bekam er einen Aushilfsjob bei der CIA als Hausmeister. Er arbeitete dann als Regieassistent an einem kleinen Theater in Chicago, bevor er 1962 wieder zur CIA zurückkehrte, diesmal als Bürobote. 1967 legte er nebenberuflich die Prüfung zum Bachelor in Geschichte an der *George Washington University* ab. Anschließend wurde er ins CIA-Trainingscenter für höhere Laufbahnen aufgenommen, wo er trotz einiger Alkoholaussetzer in seiner Freizeit gute Benotungen erhielt. Seine Aufgabe in Istanbul war es, sowjetische Geheimdienstoffiziere zu kontaktieren und Anwerbeversuche durchzuführen. Trotz allem erhielt er nur die Note »Befriedigend« nach seinem ersten Jahr als CIA-Agent. Der enttäuschte Ames dachte darüber nach, die CIA zu verlassen. 1972 kehrte er ins CIA-Hauptquartier nach Langley zurück und arbeitete die nächsten vier Jahre für die SE (*Soviet Union/Eastern Europe*)-Abteilung. Während dieser Zeit erhielt er deutlich bessere Bewertungen, offenbar lag ihm die Arbeit in der Zentrale mehr als das Geschäft der Agentenführung »an der Front«. Allerdings gab es auch in dieser Phase wieder Einträge in seine Personalakte wegen seines exzessiven Alkoholkonsums.

1981 wurde er in die mexikanische Hauptstadt Mexico City versetzt. Während seine Frau in New York zurückblieb, genoss Ames das Leben unter südlicher Sonne und hatte binnen kurzer Zeit nicht weniger als drei außereheliche Affären. Eine vierte Affäre sollte dann Folgen zeitigen: er hatte ein *Gschpusi* mit Maria del Rosario Casas Dupuy, ihres Zeichens Kulturattaché der kolumbianischen Botschaft und CIA-Informantin. Ames verschwieg seinen Vorgesetzten die Affäre mit Maria. Einmal mehr sprach er zu sehr dem Alkohol zu, was sich in deutlich unterdurchschnittlichen Bewertungen niederschlug. Das ging so weit, dass er bei einem Empfang der US-Botschaft einen lautstarken

Streit mit einem kubanischen Gesandten vom Zaun brach, was gegen die Regeln der Konspiration verstieß und seine Vorgesetzten ziemlich wütend machte. Ende 1983 erhielt er eine Stelle in Langley, wieder in der SE-Abteilung. Diesmal wurde er sogar in einem noch sensibleren Bereich, der Gegenspionage Richtung Sowjetunion eingesetzt. Noch im selben Jahr trennte er sich von seiner bisherigen Ehefrau, einer ehemaligen CIA-Kollegin, und informiert seinen Arbeitgeber über seine Beziehung zu Maria. Seine Ex-Frau reichte die Scheidung ein. Ames wurde im Scheidungsurteil dazu verdonnert, die gemeinsamen Schulden zu übernehmen, sowie für die nächsten dreieinhalb Jahre Monatsunterhalt zu bezahlen. Ames geriet in Panik, da ihn die Zahlungsverpflichtungen seiner Meinung nach zahlungsunfähig machen würden. Hinzu kam, dass seine Geliebte, Maria, auch nicht gerade sparsam lebte, und Ames auch für sie aufkommen musste, da sie ihren Job bei der kolumbianischen Botschaft aufgegeben hatte. Ames bekam jetzt den Auftrag, gezielt Vertreter der sowjetischen Botschaft in Washington als Quellen zu gewinnen. Daher konnte er nun ganz offiziell, mit Wissen und Einverständnis von CIA und FBI, Kontakt mit einzelnen sowjetischen Botschaftsangestellten aufnehmen. Er nutzte dies, um den sowjetischen Geheimdiensten seine Dienste und exklusive Informationen aus dem Innersten der CIA anzubieten – gegen außerordentlich hohe Zahlungen.

Sein erster Kontaktaufnahmeversuch enthielt wertloses Spielmaterial. Hierfür verlangte er 50.000 Dollar, die von der sowjetischen Seite anstandslos bezahlt wurden. Ames »verkaufte« daher im Weiteren Klarnamen und Fotos von zehn hochrangigen CIA- und FBI-Quellen, die über die Sowjetunion berichteten. Er erkannte nun, welche unverhoffte Einnahmequelle sich eröffnete, wenn er seine

Informationshäppchen intelligent und in praktikable Größenordnungen zusammenpackte. Was er nicht bedachte: Sobald die sowjetischen Gegenspionageerfolge signifikant anstiegen, würden CIA und FBI zwangsläufig von einer sowjetischen Quellen in ihren eigenen Reihen ausgehen müssen. Doch er hatte wieder Glück. Die beiden US-Geheimdienste konzentrierten sich nach dem deutlichen Anstieg der eigenen »Verluste« (dank Ames) zunächst auf mögliche Informationslecks elektronischer Art. Zehn Jahre nach dem Ende der Ära Angleton war man in den amerikanischen Diensten nach wie vor gegen eine neue »Maulwurfhysterie« eingestellt. Die Sowjets wollten nun allerdings die Gelegenheit zu einem Großreinemachen nutzen und – naiverweise – so viele US-Agenten wie möglich zur Strecke bringen. Da die Entscheidung, alle greifbaren US-Agenten im sowjetischen Machtbereich zu eliminieren, auf höchster politischer Ebene in der Sowjetunion getroffen wurde, kann man davon ausgehen, dass es sich um ein Entgegenkommen zugunsten der Amerikaner handelte, machte man doch so ebenso unübersehbar wie scheinbar naheliegenderweise klar, dass man über einen Maulwurf an zentralster Stelle im US-Geheimdienstsystem verfügte.

Währenddessen setzte Ames ganz offiziell seine Kontakte mit dem von ihm »angeworbenen« sowjetischen Botschaftsrat fort. Bei jedem dieser angeblichen Rekrutierungsgespräche erhielt Ames zwischen zwanzig- und fünfzigtausend Dollar. Am Ende beliefen sich seine Einnahmen aus diesen geheimen Geschäften auf insgesamt rund fünf Millionen Dollar. Ames war damit finanziell mehr als saniert. Nach seiner 1985 abgeschlossenen Scheidung von Nancy heiratete er Maria. Gleichzeitig erfand er für seinen neuen Reichtum eine fiktive Herkunftsgeschichte, es handle sich um Geld, das seine Frau, Kind reicher Eltern, mit in die Ehe gebracht habe. Nachdem 1986 auf der Grundlage der von Ames gelieferten Informationen die nächste Welle von US-Spionen im sowjetischen Machtbereich unschädlich gemacht worden waren, wandte sich Ames an seinen sowjetischen Agentenführer und sagte ihm, er habe Angst, demnächst ins Visier der CIA-Spionageabwehr zu geraten. Daraufhin setzte die für ihn zuständige KGB-Abteilung ein größeres Ablenkungsmanöver in Szene, in dessen Verlauf der Verdacht auf einen angeblichen Maulwurf im CIA-Trainingszentrum Warrenton (einer geheimen CIA-Kommunikationseinrichtung im Bundesstaat Virginia, wo auch ein Edward Snowden ausgebildet wurde) gelenkt wurde. Die CIA-Abteilung für Gegenspionage schickte daraufhin ihre besten Mitarbeiter nach Warrenton, welche dort fast ein Jahr lang intensiven Ermittlungen durchführten. Am Ende kam der Untersuchungsführer zu dem Ergebnis, dass in Warrenton so viele verhaltensauffällige Mitarbeiter säßen, dass man eigentlich alle entlassen müsste.

Ames wurde derweil 1986 nach Rom versetzt, der nach Moskau, Peking und Berlin wohl wichtigsten CIA-Außenstation. Dort begann eine erneute Phase schweren Alkoholmissbrauchs, Ames' Bewertungen rutschten wieder ins untere Notenfeld. Doch trotz seiner mittlerweile recht umfangreichen und nicht immer schmeichelhaften Personalakte ging Ames' Karriereweg weiter bergauf. 1990 wurde er auf die bisher höchstrangige Position in seiner Laufbahn versetzt, zur CIA-Spionageabwehr. Dort bekam er Zugang zu extrem heiklen Informationen, darunter Informationen über die von den USA geführten Doppelagenten im sowjetischen Machtbereich. Aber ohne dass Ames davon erfuhr, war schon 1986 eine streng geheime CIA-Untersuchungskommission gegründet worden, die den CIA-Maulwurf zur Strecke bringen sollte. Der Kommission gelang es, den

Kreis um das vorhandene Leck immer enger zu ziehen, auch wenn systematisches Vorgehen viel Zeit kostete. Gleichzeitig wurden keine neuen sowjetischen Agenten mehr angeworben, da sie weder ausreichend geschützt werden konnten, noch konnte man sicher sein, keinem der vielen sowjetischen Doppelagenten aufzusitzen. Von einer Liste mit insgesamt 190 CIA-Mitarbeiter*innen, die Zugang zu den an den KGB verratenen operativen Vorgängen hatten, blieben schließlich achtundzwanzig Verdächtige übrig. Darin rangierte Ames als Hauptverdächtiger. Als erstes wurden nun endlich Ames' Finanzen genau unter die Lupe genommen. Dabei zeigte sich schnell, dass jedes Mal nach einem Treffen mit einem sowjetischen »Anbahnungsobjekt« höhere Bareinzahlungen auf Ames Bankkonto eingingen. Eine Mitarbeiterin der CIA-Untersuchungskommission nahm jetzt »freundschaftlichen Kontakt« zu Ames' Ehefrau, Maria Rosario Ames, auf, die sie von Mexico City her kannte. Sie bot Maria an, ihr bei der Umgestaltung der Inneneinrichtung des neuen Hauses zu helfen, und bekam dabei aus nächster Nähe mit, dass Familie Ames mit Geld nur so um sich schmiss. Doch der Amtsschimmel bewegte sich weiterhin im Zeitlupentempo. Ames selbst wurde zwei Lügendetektor-Tests unterzogen, die er problemlos bestand. Doch im Lauf der Zeit häuften sich die Indizien gegen Ames. So fiel auf, dass seine vorher ungepflegten gelben Raucherzähne auf einmal sehr teuer auf Vordermann gebracht worden waren und nun in reinstem Weiß erstrahlten. In Ames' Garderobe wurde der piefige Casual Look durch teure Maßanzüge ersetzt. Zudem stellte sich heraus, dass er sein neues Haus beim Kauf bar bezahlt hatte. Ähnliches galt für die nagelneue Luxuskarosse Marke Jaguar, die er sich gerade angeschafft hatte. Die monatliche Telefonrechnung von Familie Ames lag dank der Heimattelefonate seiner Frau bei über 6.000 Dollar, während sein offizielles Jahreseinkommen damals bei »nur« 60.000 Dollar lag. Im März 1993 übernahm das FBI die Ermittlungen gegen Ames. Ab Herbst 1993 lief Ames' Überwachung rund um die Uhr. Dabei wurde auch beobachtet, dass er regelmäßig an einem Briefkasten der US-Post einen kleinen, unauffälligen Kreidestrich anbrachte, offenbar ein Code-Signal für seinen sowjetischen Agentenführer. Anfang 1994, als er gerade die Koffer packte, um in Moskau ganz offiziell an einer Tagung teilzunehmen, schlugen seine Beschatter zu. Gemeinsam mit seiner Frau wurde Ames am 21. Februar 1994 festgenommen. Nach längeren Verhören bekannte sich Ames Ende April schuldig und erhielt nach kurzer Verhandlung eine Verurteilung zu lebenslänglicher Haft ohne Bewährungsmöglichkeit. Teil des Deals für sein Geständnis war, dass seine Frau nur zu fünf Jahren Gefängnis wegen Steuerhinterziehung verurteilt wurde. Als sie ihre Strafe abgesessen hatte, kehrte sie umgehend nach Kolumbien zurück.

Vor Gericht gab Ames zu, alle ihm bekannten Quellen der CIA und anderer Westblock-Geheimdienste im sowjetischen Machtbereich enttarnt zu haben, sowie der Sowjetunion eine Fülle von Informationen über die Außen-, Verteidigungs- und Sicherheitspolitik der USA übergeben zu haben. CIA-interne Schätzungen gehen davon aus, dass Ames über hundert CIA-Operationen verraten habe und für die Exekution von mindestens zehn CIA-Quellen in der Sowjetunion verantwortlich sei. Zudem hätten die von Ames dem KGB zur Verfügung gestellten Informationen über CIA-Methoden und Gebräuche den KGB in die Lage versetzt, die CIA von 1986 ab mit einer Fülle von wertlosem Spielmaterial zu blockieren, einige dieser wertlosen Informationen waren seinerzeit als so hochwertig angesehen worden, dass die CIA sie sogar in die Reports für den US-Präsidenten aufgenommen hatte. Zu den von Ames enttarnten CIA-Quellen gehörte neben dem GRU-Generalmajor Dimitri Poljakow, der seit den 1960er Jahren bis zu seiner Pensionierung 1980 die CIA mit Informationen des sowjetischen Militärgeheimdienstes versorgt hatte und 1988 hingerichtet wurde, auch der KGB-Offizier Vitali Jurtschenko von der 5. Abteilung des Direktorats K, der im August 1985 über Rom in die USA floh, nur um drei Monate später wieder in die Sowjetunion zurückzukehren. Ames hatte dem KGB sämtliche Details der Flucht Jurtschenkos zukommen lassen, der wiederum als Belohnung dafür, dass er Ames mit seiner Aktion gedeckt hatte, vom KGB befördert wurde. Der vom MI6 geführte Doppelagent Oleg Gordijewski, Leiter der Londoner KGB-*Residentura,* wurde ebenfalls von Ames enttarnt, allerdings in letzter Minute von MI6 und CIA über Finnland ausgeschleust und in die USA gebracht. Waleri Martinow gehörte zur Linie X (Technische und wissenschaftliche Spionage) der KGB-*Residentura* in Washington. Martinow hatte fünfzig in der sowjetischen Botschaft in Washington arbeitende KGB-Offiziere enttarnt, bevor ihn Ames seinerseits verriet, und Martinow in die UdSSR zurückgebracht und exekutiert wurde. Doppelagent Major Sergei Motorin gehörte zur Linie PR (Politische Spionage) der Residentura in Washington. Auch er wurde von Ames enttarnt, in die UdSSR zurückbeordert und exekutiert. Letztlich stellt sich die Frage, warum die CIA Ames überhaupt eine solche Karriere ermöglichte, wenn er – wie in den Westblockmedien immer so dargestellt – ein inkompetenter Faulenzer und Alkoholiker gewesen sei. Die Antwort auf diese Frage muss vorerst, bis zur Öffnung der entsprechenden Archivbestände, offen bleiben.

*

Ames wurde, wie gerade gesehen, Anfang 1994 verhaftet. Die CIA und das FBI gingen davon, damit eine der schlimmsten geheimdienstlichen Pannen aller Zeiten endgültig behoben zu haben. Was sie nicht wussten, war, dass im Hintergrund noch ein weiterer, fast noch gefährlicherer Doppelagent zweiundzwanzig Jahre lang mitten im Herzen der US-Geheimdienste agierte, den zur Strecke zu bringen noch schwieriger werden würde als im Falle Ames. Es handelte sich um Robert Philip Hanssen, einen 1944 in Chicago geborenen Polizistensohn. Vom gewalttätigen und übergriffigen Vater misshandelt, absolvierte Robert trotzdem die High School und besuchte dann ein College, bestand dort die Prüfung zum *Bachelor* in Chemie. Eine erste Bewerbung bei der NSA als Verschlüsselungsmitarbeiter scheiterte. Daher studierte Robert Zahnmedizin an der North Western University, wechselte aber nach drei Jahren das Studienfach und belegte Seminare in Betriebswirtschaft. Während des Studiums lernte er seine künftige Ehefrau Bernadette, genannt Bonnie, kennen, die er 1968 im Alter von 24 Jahren heiratete. Da Bonnie streng katholisch erzogen worden war, konvertierte der Protestant Hanssen ihr zuliebe zum Katholizismus. Aber er ging noch einen Schritt weiter, und schloss sich sogar der katholischen Extremistensekte *Opus Dei* an. Das Studium schloss er mit dem *Master of Business Administration* (MBA) ab. Er begann sein Berufsleben als Mitarbeiter einer Buchhaltungsfirma, begann aber ein Jahr später bei der Polizei von Chicago als interner Ermittler, mit dem Spezialgebiet der Finanzermittlungen. 1976 wechselte er im Alter von 32 Jahren von der Polizei zum FBI.

Dort begann er als *Special Agent* in der Außenstelle (*Field Office*) in der Stadt Gary (Indiana). 1978 zog er mit seiner wachsenden Familie, seine Frau hatte ihm bereits drei Kinder geboren, drei weitere sollten noch folgen, nach New York um, wo das FBI ihn jetzt einsetzte. 1979 begann Hanssen seine Tätigkeit bei der Abteilung für Gegenspionage des FBI. Seine erste Aufgabe war es, eine Datenbank mit den vorhandenen Erkenntnissen zu sowjetischen Nachrichtendiensten zu erstellen – auf diese Weise bekam er alle damals bekannten Informationen des FBI zu sowjetischen Nachrichtendiensten auf den Tisch. 1981 wurde Hanssen ins FBI-Hauptquartier nach Washington, D.C., versetzt. Seine neue Stellung in der Finanzabteilung des FBI gab ihm erneut Einblicke in viele verschiedene FBI-Abteilungen und Operationen, deren Abrechnungen über seinen Schreibtisch liefen. Dazu gehörten auch die Abhör- und Überwachungsaktionen elektronischer Art. Im FBI-Hauptquartier machte er sich in dieser Phase – als weithin noch mit Schreibmaschine geschrieben wurde – einen Namen als einer der ersten Experten für die neu auf den Markt gekommenen Personalcomputer. Drei Jahre später wurde Hanssen 1984 in die Analyseabteilung für den sowjetischen Machtbereich versetzt. Hier beschäftigte man sich mit der Identifizierung, Beobachtung und Festnahme von Spionen, die für die Sowjetunion arbeiteten, und von sowjetischen Nachrichtendienstlern in den USA. Hanssens eigentlicher Arbeitsschwerpunkt war die Beurteilung von »Selbstanbietern«, also Personen, die sich dem FBI anboten unter der Maßgabe, über Informationen zu sowjetischen Nachrichtendiensten und deren Operationen zu verfügen. Seine Aufgabe war es, zu entscheiden, wer davon für eine Zusammenarbeit in Frage kam, also seriös war, und welche Anbieter als unseriös beziehungsweise als Doppelagenten der Sowjets zu gelten hatten. 1985 wurde Hanssen erneut ins *Field Office* New York versetzt, auch dort arbeitete er weiterhin im Bereich Spionageabwehr gegen die Sowjetunion.

Seine eigentliche Karriere als Doppelagent der Sowjetunion begann im Herbst 1985. Auch Hanssen war ein »Selbstanbieter«, er offerierte dem KGB mit Schreiben vom 1. Oktober 1985 Informationen über die Spionageabwehr-Maßnahmen des FBI, und verlangte für eine erste Lieferung nicht weniger als 100.000 Dollar Bargeld. Als *appetizer* nannte er in diesem Schreiben die Namen von drei KGB-Agenten, die heimlich für das FBI arbeiteten, also US-Doppelagenten im Herzen des KGB: Boris Juschin, Waleri Martinow und Sergei Motorin (die unabhängig von Hanssen zuvor auch von Ames schon enttarnt worden waren). Juschin wurde 1982 nach Moskau zurückbeordert und einer internen Ermittlung unterzogen, da er als Angestellter des sowjetischen Konsulats in San Francisco eine Geheimkamera »verloren« hatte (sprich: dem FBI beziehungsweise der CIA übergeben hatte). Er wurde allerdings erst nach seiner doppelten Enttarnung durch Ames und Hanssen in Moskau verhaftet und vor Gericht gestellt. Auch Martinow und Motorin wurden nach Moskau zurückbeordert, festgenommen, vor Gericht gestellt, wegen Spionage gegen die UdSSR zum Tode verurteilt und exekutiert. Juschin saß sechs Jahre im Gefängnis, bevor er amnestiert und freigelassen wurde, woraufhin er in die USA auswanderte. Da das FBI davon ausging, dass Ames für dieses Leck verantwortlich gewesen war, geriet Hanssen längere Zeit nicht ins Visier. Er wurde 1987 erneut nach Washington in die FBI-Zentrale versetzt. Diesmal erhielt er die Aufgabe, den Gerüchten um eine angebliche Unterwanderung des FBI, um einen Maulwurf im Herzen des FBI nachzugehen, und insbesondere festzustellen, an welcher Stelle Informationen abgeflossen waren, die zur Exekution von Motorin und Martinow führten. Sprich: Er sollte gegen sich selbst ermitteln. Hanssen stellte es geschickt genug an, während seiner eigenen Ermittlungen mögliche

Verdachtsmomente gegen sich selbst zu eliminieren, stellte umfangreiche Dossiers zusammen, samt allen Kontakten zu sowjetischen Doppelagenten in US-Diensten, die dem FBI bekannt waren – und übergab 1988 eine Kopie dieser Dossiers seinen hocherfreuten Agentenführern vom KGB.

1989 war Hanssen vonseiten des FBI mit den Ermittlungen gegen Felix Bloch befasst, einem Angestellten des US-Außenministeriums, dem Spionage für die Sowjetunion vorgeworfen wurde. Hanssen leitete die Nachricht von den streng geheimen Ermittlungen gegen Bloch an den KGB weiter, der sofort jeden Kontakt zu Bloch abbrach. Angesichts dieser Schlappe des FBI wurde die Suche nach einem internen Maulwurf intensiviert, was letztlich zur Enttarnung von Hanssen führte. Ebenfalls 1989 übergab Hanssen ausführliche Dokumentationen über die amerikanischen Planungen für MASINT, die *Measurement and Signature Intelligence,* eine neue Spielart der elektronischen Informationsgewinnung (ELINT), am ehesten zu übersetzen als Messungs- und Signaturenüberwachung. Als die Sowjetunion 1977 damit begonnen hatte, eine neue Botschaft in Washington, D.C., zu errichten, hatte das FBI einen Tunnel unter der Baustelle graben lassen, um an den Chiffrierraum der Botschaft heranzukommen, der im Kellergeschoss des Neubaus lag. Das FBI nutzte den Tunnel für extensive Abhörmaßnahmen (so wie seinerzeit in Ostberlin mit dem von George Blake verratenen Tunnel zum KGB-Telefonnetz-Knoten, innerhalb der *Operation Gold*). Hanssen verriet den Tunnel 1989 an den KGB und erhielt dafür 55.000 Dollar. 1990 erhielt das FBI einen ersten Hinweis auf eine mögliche Verräterschaft von Hanssen, und zwar von dessen Schwager, der ebenfalls beim FBI arbeitete. Er war der Bruder von Hanssens Ehefrau Bonnie. Die Ehefrau des Schwagers hatte bei einem Besuch im Haus der

Hanssens auf einem der Nachttische des Ehepaars Hanssen stapelweise Bargeld entdeckt. Der Meldung wurde jedoch nicht weiter nachgegangen. Als die Sowjetunion 1991 auseinanderbrach (nachdem der sowjetische Machtbereich sich ohnehin schon aufgelöst hatte und die »Bruderstaaten« des Warschauer Vertrags ihre Unabhängigkeit erklärt und die Herrschaft der jeweiligen kommunistischen Partei im Land beendet hatten), befürchtete Hanssen, in dem nun absehbaren Durcheinander unter die Räder zu kommen, sprich: von einem hochrangigen Überläufer mit Zugang zu seiner Akte verraten zu werden. Daher brach er jetzt jeden Kontakt mit seinen Agentenführern ab. Ein gutes Jahr später, nach der Gründung des Russischen Föderation und der Übernahme der bisherigen sowjetischen Nachrichtendienste durch Russland, meldete Hanssen sich wieder bei der für Kontaktaufnahmen vereinbarten Adresse. Doch zunächst vergeblich. Der mittlerweile in Geldnot befindliche Hanssen machte 1993 noch weitere Versuche, das einträgliche Geschäft FBI-Akten gegen Cash wieder aufzunehmen. 1994 bewarb sich Hanssen für eine Position im neu geschaffenen *Nationalen Spionageabwehr-Zentrum (National Counterintelligence Center)*, das sämtliche US-Spionageabwehr-Unternehmungen koordinierte. Als man ihm sagte, dass eine der Einstellungsvoraussetzungen die erfolgreiche Absolvierung eines Lügendetektor-Tests sei, zog Hanssen seine Bewerbung zurück.

1997 wies ein bereits verurteilter FBI-Maulwurf, der ebenfalls für die KGB-Nachfolge-Organisation FSB gearbeitet hatte, auf Hanssen als möglichen russischen Doppelagenten hin. Doch erneut passierte nichts. Hanssen nahm nun seinen Datenhandel mit dem russischen Auslandsnachrichtendienst FSB, der Nachfolgeorganisation des KGB, nach acht Jahren Pause wieder auf. Im Herbst 1999 gelang es ihm, den Kontakt wiederherzustellen. Zu den in dieser Phase an die Russen übermittelten Informationen gehörte auch eine Liste der Standorte von Regierungsbunkern in den USA, die im Fall eines Nuklearangriffs genutzt werden sollten. Da sich die Aktivitäten von zwei Maulwürfen, einem (Ames) bei der CIA und einem (Hanssen) beim FBI zeitlich teilweise überschnitten, war es für die Ermittler, welche die Ursache der permanenten Datenverluste eruieren sollten, schwer, hier zu einem schlüssigen Bild der Situation zu kommen, da die tatsächliche Konstellation, dass zwei Maulwürfe gleichzeitig hochrangig in der CIA und im FBI tätig waren, außerhalb jedes Vorstellungsvermögens lag. Auch nach der Verhaftung von Ames 1994 blieben jedoch viele Fälle übrig, zu denen Ames nachweislich überhaupt keinen Kontakt hatte, die also nur mit der Existenz eines weiteren Maulwurfs erklärt werden konnten. Bereits 1994 hatten FBI und CIA eine gemeinsame Ermittlungsgruppe gegründet. 1998 setzte das FBI seine schärfste Geheimwaffe ein, der Fall wurde jetzt der hochgelobten und weltberühmten FBI-Profiler-Abteilung vorgelegt, welche die Aufgabe bekam, das Psychogramm des mutmaßlichen Maulwurfs zu entwerfen. Das endete allerdings in einer fulminanten Pleite, da aufgrund der Vorlagen des Profiler-Teams mit großem Aplomb ein Verdächtiger festgenommen und verhört wurde. Mit dem Ergebnis, dass man ihn wegen erwiesener Unschuld wenig später wieder freilassen musste.

Eine etwas anders geartete, traditionellere, primitivere Strategie führte letztlich zum Erfolg. Das FBI erhöhte die Erfolgsprämie für zielführende Hinweise auf den Maulwurf auf sieben Millionen Dollar plus die Zusicherung einer neuen Identität für den Tipgeber. Einer der KGB-Offiziere, der sich von dieser exorbitanten Prämie zum Seitenwechsel bringen ließ, brachte zwar nicht den Klarnamen, aber eine Tonbandaufnahme einer Unterhaltung zwischen dem Maulwurf und seinem russischen Agentenführer mit. Eine Analyse der Stimme des Maulwurfs verlief zunächst abermals im Sande, allerdings machte die Ermittler ein Zitat des Maulwurfs stutzig, der in der Unterhaltung General Patton mit den Worten zitiert hatte, die Japaner seien rosapissende Scheißkerle. Einer der Ermittler erinnerte sich daran, dass ein Kollege namens Hanssen die Japaner immer auf diese Weise beschimpfte. Der Rest war banales Handwerk: die Eintragungen im Dienstkalender von Hanssen mit den Einzahlungen auf seinem Konto und den Verhaftungen von US-Doppelagenten in der Sowjetunion beziehungsweise in Russland abzugleichen. Es war nun Hanssen, der rund um die Uhr beschattet und abgehört wurde. Schon bald stellte sich heraus, dass er in intensivem Kontakt mit Vertretern der russischen Botschaft stand, welche CIA und FBI dem FSB zurechneten. Um ihn im Hauptquartier besser überwachen zu können, erhielt er im Dezember 2000 eine »ehrenvolle« Beförderung zum obersten Aufseher der Datensicherheit im FBI, die ihn aber außer Reichweite von allen sensitiven und damit teuer verkaufbaren Informationen im FBI brachte. Er erhielt auch einen eigenen Assistenten, der in Wahrheit einer der Beschatter war und jede Handlung von Hanssen aufs engste überwachte. Doch Hanssen begann zu ahnen, dass etwas nicht stimmte, er beklagte sich bei Freunden darüber, dass komische Geräusche aus seinem Autoradio kämen. Doch all seine Vermutungen und Befürchtungen hielten Hanssen nicht davon ab, eine letzte Datenlieferung an einem der toten Briefkästen zu deponieren. Er fuhr Ende Februar 2001 zu einer nahegelegenen Parkanlage und brachte ein kleines Stück weißes Klebeband an einem der Hinweisschilder an. Dies war das vereinbarte Signal an seinen Agentenführer, dass einer der toten Briefkästen eine neue Sendung enthalte. Er nahm dann ein in eine Mülltüte gehülltes kleines Päckchen mit Geheimmaterial und befestigte es mit Klebeband an der Unterseite einer kleinen Holzbrücke im Park. Als ihn seine FBI-Beschatter dabei beobachteten, nahmen sie ihn umgehend fest.

Durch einen Deal mit der Staatsanwaltschaft gelang es Hanssen, die eigentlich drohende Todesstrafe abzuwenden. Er erhielt 2002 fünfzehnmal lebenslänglich, ohne Bewährungsmöglichkeit. Er sitzt seitdem im Hochsicherheitsgefängnis von Florence (Colorado) in verschärfter Einzelhaft (23 Stunden am Tag ohne menschliche Gesellschaft). Hanssen hatte – das ist das Besondere in seinem Fall – zu keinem Zeitpunkt persönlichen Kontakt mit den sowjetischen beziehungsweise russischen Agentenführern. Er gab auch nie seine wirkliche Identität bekannt. Für sie war er *Ramon* beziehungsweise *Ramon Garcia.* Allerdings führte er ein etwas extravagantes Privatleben, ein erstaunliches Sicherheitsrisiko für diesen so auf seine Sicherheit bedachten FBI-Agent. Nach außen hin gab sich die Familie streng katholisch und gläubig und engagierte sich, wie erwähnt, in der rechtsextremen Katholikensekte *Opus Dei.* Seine Frau Bonnie ist bis heute als Religionslehrerin tätig. Hanssen persönlich besuchte zusätzlich jeden Morgen um 6.30 Uhr, vor Dienstbeginn, eine Messe. Sein Sexualleben bewegte sich jedoch im Grenzbereich des Pathologischen. Er liebte es, von Freunden beim Sex mit seiner Frau beobachtet zu werden. Sei es, dass diese heimlich in einem Nebenraum Posten bezogen, sei es, dass er ihnen Filmaufnahmen seiner sexuellen Machenschaften mit Bonnie schenkte. Er installierte sogar mehrere Videokameras im ehelichen Schlafzimmer, deren Bilder er in einem privaten Netzwerk seinen Freunden zugänglich machte. Zudem schilderte er seine sexuellen Vorlieben, und was er alles mit seiner Frau anstellte (und diese mit ihm), in Internet-Chatrooms, und das so detailliert, dass Ermittler ihn darüber leicht hätten identifizieren können. Zusätzlich besuchte er regelmäßig Strip-Clubs. Mit einer Nackttänzerin namens Priscilla begann er eine außereheliche Affäre. Priscilla begleitete ihn sogar auf einer Dienstreise nach Hongkong und bei einem Besuch des berühmten FBI-Ausbildungszentrums in Quantico. Später sagte Priscilla gegenüber dem FBI aus, sie hätte nie Sex mit Hanssen gehabt, stattdessen habe er sie zum Katholizismus zu bekehren versucht.

21. Ruth Werner alias Sonja

Beim Häuten der Zwiebel

Wir gedenken dieses Jahr, 2020, zum zwanzigsten Mal des Todes von Ruth Werner (1907–2000). Wenn es eine Konstante im Leben dieser biblische 93 Jahre alt gewordenen Ursula Kuczynski alias Ursula Hamburger alias Ursula Beurton alias Ruth Werner alias Sonja gab, dann ist es die Verheimlichung, die Verschleierung, die Tarnung, die *maskirowka*, die Lüge. Berühmt wurde sie mit ihrem Buch *Sonjas Rapport*. Gerühmt wird sie als eine der besten sowjetischen Agentinnen im Zweiten Weltkrieg, die zum Sieg der Sowjetunion über Nazideutschland beitrug. Doch beides sind nur oberflächliche Schichten ihrer reichhaltigen Biographie, die gleich einer Zwiebel nach jeder Schale, nach jeder Häutung noch eine tiefere Schicht enthüllt. Noch in ihrem 1977 erstmals erschienenen Buch *Sonjas Rapport*, rückblickend geschrieben lange nach Beendigung ihrer Kundschafter-Tätigkeit, behält sie diese Tarnung, diese Verunklärung wesentlicher Teile ihres Lebens bei, bleibt – schärfer formuliert – bei der Lüge. Nun könnte man das im Falle der 1977 erschienenen ersten Auflage von *Sonjas Rapport* verstehen, als es noch die Blockkonfrontation gab und die Notwendigkeit, den Westblock-Geheimdiensten keine nach wie vor wichtigen beziehungsweise geheimen Informationen auf die Nase zu binden. Aber auch in der 2006, also einige Jahre nach ihrem Tod erschienenen, angeblich »ersten vollständigen Ausgabe« (so die Verlagswerbung), wurden wesentliche Teile ihrer Biographie ausgelassen. *Sonjas Rapport* ist offenbar in allen Fassungen ein bewusst unvollständig gestalteter Arbeitsbericht über verschiedene

Abschnitte und Ereignisse ihres Lebens. Darauf deutet auch das Wort *Rapport*, im Sinne von Bericht, hin im Titel ihres Buchs. Dieser lückenhafte »dienstliche« Bericht der Kundschafterin »Sonja« steht damit in deutlichem Kontrast zu den einige Jahre zuvor, 1970, erschienenen *Memoiren* ihres ebenfalls für die GRU tätigen Bruders, des renommierten DDR-Wirtschaftshistorikers Jürgen Kuczynski. Dessen *Memoiren* sind eine wesentlich detailreichere, ehrlichere Autobiographie, etwa was die eigene großbürgerliche Herkunft angeht. Aber auch er verbirgt in seinen *Memoiren* etwas: seine nachrichtendienstliche Tätigkeit.

Werfen wir nun also einen Blick auf *Rapport* und Leben der Ursula Kuczynski. Geboren wurde sie als *Ursula Kuczynski,* Spross der berühmten, viele Generationen zurückreichenden deutschen Gelehrten- und Bankiersfamilien Brandeis-Kuczynski. Ihr Großvater väterlicherseits war der Bankier und Millionär Wilhelm Kuczynski, ihr Vater der Volkswirtschaftler René Kuczynski, ihr Bruder der DDR-Vorzeige-Wirtschaftshistoriker Jürgen Kuczynski. Im *Rapport* blendet Ursula ihre interessante, großbürgerlich-jüdische Familiengeschichte nahezu komplett aus. Der Grund hierfür ist bislang nicht bekannt. Es liegt nahe, anzunehmen, dass sie sich ihrer großbürgerlichen Herkunft schämte, oder dass sie ihre DDR-Leserschaft glauben machen wollte, sie sei von einfacher Herkunft. Den Millionärsgroßvater väterlicherseits, Wilhelm Kuczynski erwähnt sie mit keinem Wort, dabei hatte der mit seinen Millionen die Grundlage für den großbürgerlich-mondänen Lebensstil gelegt, in dem Ursula aufwuchs. Ebensowenig verliert sie ein Wort über ihren Großvater mütterlicherseits, den Berliner Immobilienmogul Gradenwitz, ebenfalls Millionär. Ihr Vater, Ökonom René Kuczynski, übernahm 1906 die Leitung des Statistik-Amtes im damaligen Berliner

Vorort Schöneberg. Von Vater und Schwiegervater mit reichlicher Apanage beziehungsweise einer Schenkung im Vorgriff auf das Erbe bedacht, gab René Kuczynski 1912 einen großzügigen Villen-Neubau bei Star-Architekt Hermann Muthesius in Auftrag. Errichtet wurde die prachtvolle Zwölf-Zimmer-Villa in den Jahren 1912 bis 1913 in Berlin-Schlachtensee, direkt am gleichnamigen Gewässer. Großvater Gradenwitz hatte dort städtischen Grundbesitz in großem Umfang zu Spekulationszwecken erworben, was auch funktionierte, da das Gebiet sich zur Villensiedlung entwickelte und er die Grundstücke entsprechend mit Gewinn wiederverkaufen konnte. Auf einem benachbarten Grundstück ließ René Kuczynski 1919 ein Bibliothekshaus für sich bauen. 1929, als Jürgen Kuczynski und seine Frau Marguerite von einem mehrjährigen Studienaufenthalt in Amerika zurückkehrten, ließ Vater René Kuczynski auf einem weiteren benachbarten Gradenwitz-Grundstück ein Haus für die beiden nach Plänen von Ursulas erstem Ehemann, dem Architekten Rudolf Hamburger, errichten, das im Zweiten Weltkrieg zerstört wurde, aber 1945 von Jürgen Kuczynski wiederaufgebaut und bis zu seinem Wechsel in die DDR 1950 bewohnt wurde. Ursula dürfte also noch durchaus über eigene Kindheitserinnerungen an den Einzug in die prachtvolle Ufer-Villa an der Terrassenstraße 16 (nicht 17, wie im *Rapport* vermerkt) verfügt haben, war sie doch beim Einzug sechs Jahre alt und lebte die nächsten anderthalb Jahrzehnte dort.

Ursula verließ 1924 das Gymnasium nach der zehnten Klasse und begann mit 17 Jahren eine Lehre als Buchhändlerin. Da ihr Vater mit seiner Frau jedes Jahr zu Forschungszwecken – ohne die Kinder – für sechs Monate in den USA reist, bleiben die Kinder zuhause, unter der Aufsicht einer Bekannten. Ursula wiederum muss die vier jüngeren

Geschwister beaufsichtigen. Wenn man ihr weiteres Leben betrachtet und ihr nonchalantes Verhalten den eigenen Kindern gegenüber, so kommt man zu dem Eindruck, dass sie im Elternhaus entsprechend vorgeprägt wurde, da auch die Eltern ein eher distanziertes Verhältnis zu ihren Kindern pflegten. 1926 tritt Ursula der KPD bei und lernt parallel den vier Jahre älteren, ebenfalls aus großbürgerlichen Verhältnissen stammenden Architekturstudenten Rudolf Hamburger (im Buch nur »Rolf« genannt) kennen, Sohn eines jüdischen Stoff-Fabrikanten aus Schlesien. 1927 erhält Ursula eine Stelle im Archiv des Ullstein Verlags. 1928 wird sie als bekennende Kommunistin entlassen und ist zunächst arbeitslos. Generell – so zumindest der Tenor des *Rapports* – ist Ursula eine Anhängerin offener Beziehungen, sieht es mit der monogamen Treue nicht so eng. Auf Vorschlag ihres Vaters geht sie für einige Monate nach New York und arbeitet dort in einer Buchhandlung. Während ihres Aufenthalts in den USA hat sie ein Verhältnis mit einem amerikanischen Genossen. Nach ihrer Rückkehr 1929 heiratet sie ihren Freund Rudolf (»Rolf«) und heißt ab nun Ursula Hamburger. Übrigens entstand auch der Entwurf zu den oben erwähnten Kant-Garagen (Westberlin, Kantstraße, Kapitel *James Bond made in GDR*) im Dunstkreis von Ursula. Daran beteiligt war ein Kollege und Freund ihres Mannes Rudolf, ein Architekt namens Richard Paulick, mit dem sich ihre Wege biographisch noch einige Male überschneiden sollten, auch in der DDR, wo Paulick schließlich nach der Rückkehr aus der Emigration Aufbauleiter für Hoyerswerda wurde (und von Brigitte Reimann in *Franziska Linkerhand* [1974] literarisch verewigt wurde, als *Landauer*).

Helmuth Woidt (im Buch *Walter*), ein Freund Rudolfs aus Kindheitstagen in Landeshut (Schlesien), mittlerweile Mitarbeiter der chinesischen AEG-Niederlassung in Shanghai, schickt Rudolf per Telegramm eine Stellenausschreibung des *Shanghai Municipal Council* (SMC), die wie maßgeschneidert für Rudolf ist. Dem SMC untersteht das *International Settlement* in Shanghai, eine der Ausländersiedlungen dort. Shanghai ist gleichzeitig auch 1921 der Gründungsort der *Kommunistischen Partei Chinas* (KPC). Gesucht wird ein Architekt für das Stadtplanungsbüro der britischen Mandatsbehörde in Shanghai. Rudolfs Bewerbung wird angenommen. Ursula schreibt im *Rapport*, sie habe von sich aus das ZK der deutschen KPD auf ihre Reise aufmerksam gemacht und angeboten, die chinesischen Kommunisten in ihrem Freiheitskampf vor Ort zu unterstützen. Wahrscheinlicher ist, dass die Genossin Ursula im Zuge ihrer Abmeldung aus Berlin vom ZK gebeten wurde, sich in Shanghai bei einem Kontaktmann zu melden, um den bedrängten chinesischen Genossen Beistand zu leisten. Leider sind die entsprechenden Archivbestände in Moskau nach wie vor gesperrt, so dass bis auf weiteres die Details ihrer Zusammenarbeit mit den sowjetischen Behörden im Allgemeinen wie der Hauptverwaltung Aufklärung, des sowjetischen Militärgeheimdienstes GRU, im Besonderen nicht verifiziert werden können. Bald nach der Ankunft in Shanghai stellt Ursula fest, dass sie schwanger ist. Im restlichen China tobt zu diesem Zeitpunkt ein Bürgerkrieg zwischen der KPC, sprich: der hundertfünfzigtausend Mann starken Roten Armee Chinas, und Chiang Kai-shek, rechtskonservativer Gegenpart der KPC, der zumindest nominell das restliche China, soweit nicht japanisch besetzt, mit seiner diktatorischen Kuomingtan-Partei regiert. Trotz Schwangerschaft nimmt Ursula das Angebot an, eine Halbtagsstelle in einer kleinen Presseagentur zu übernehmen. Darüber kommt sie mit Agnes Smedley in Kontakt, einer fünfzehn Jahre älteren amerikanischen Journalistin und Schriftstellerin, die in den 1920er Jahren in Berlin lebte und sich seit 1929 in Shanghai aufhält (Kuczynski gibt in *Sonjas Rapport* den Altersunterschied mit elf Jahren an). Im Ersten Weltkrieg hatte sich Smedley für die Unabhängigkeit Indiens von Großbritannien eingesetzt, und dafür verdeckt finanzielle Mittel aus Deutschland bekommen. In Shanghai arbeitet Smedley offiziell als Korrespondentin für mehrere europäische Zeitungen, darunter die *Frankfurter Zeitung*. Privat ist sie zu diesem Zeitpunkt mit dem sowjetischen Meisterspion Richard Sorge liiert. Vermutlich ist sie zu diesem Zeitpunkt – ihr Lebensgefährte Sorge war dies schon seit mehreren Jahren – bereits für die GRU tätig, also für die Hauptverwaltung Aufklärung der Roten Armee *(Гла́вное разве́дывательное управлее́ние/Glawnoie raswedjatelnoie uprawlenie)*, dem wichtigsten sowjetischen Auslandsnachrichtendienst.

Sorge, 1895 in Aserbaidschan geboren, war seit seiner Promotion 1919 für sowjetische Nachrichtendienste europaweit als Kundschafter tätig. Der notorische Womanizer Sorge ging 1924 in die Sowjetunion und arbeitete offiziell für die *Abteilung für Internationale Beziehungen* der Komintern (einer Tarnabteilung der KGB-Vorgängerorganisation OGPU). Ab 1929 war er für die *Hauptverwaltung Aufklärung* der Roten Armee, also die GRU tätig. Im gleichen Jahr zog er nach Großbritannien, wo er undercover Berichte für die GRU verfasst. Ab Mitte 1930 verlegt er befehlsgemäß seinen Lebensmittelpunkt nach Shanghai und beginnt dort als Kundschafter zu arbeiten, gleichzeitig beginnt er eine Liaison mit Smedley. Angesichts der aufgeheizten Atmosphäre, der erotischen Zielstrebigkeit Sorges, der in Tokio nicht einmal vor der Verführung der Frau des deutschen Militärattachés Ott zurückschreckte, und der Offenherzigkeit Ursulas für außereheliche Beziehungen hatte er mit hoher Wahrscheinlichkeit parallel auch ein Verhältnis mit Ursula.

Ende 1932 kehrte Sorge nach Moskau zurück. Unter dem Codenamen *Ramsay* ging er im Frühjahr 1933 über Berlin nach Japan. Sein Auftrag: im *Reich der aufgehenden Sonne* einen sowjetischen Spionagering in den höchsten politischen Kreisen aufzubauen. Die Freundschaft zwischen Ursula und Agnes Smedley beginnt am 7. November 1930. Spätestens zu diesem Zeitpunkt dürfte Ursula ihren Dienst für die GRU aufgenommen haben. Ursula erwähnt im *Rapport*, dass Agnes sie bei ihrem ersten Treffen intensiv ausfragte, was quasi einem Anbahnungsgespräch gleichkommt. Merkwürdigerweise erwähnt sie die in der Shanghaier Community bekannte Liaison von Sorge und Smedley in ihrem Buch mit keinem Wort – ob auch Jahrzehnte später noch Eifersucht im Spiel war, lässt sich heute nicht mehr ergründen. Die Art, wie Ursula intensiv das erste Zusammentreffen mit Dr. Sorge in ihrer Wohnung schildert, wie sie sein attraktives Äußeres, seine faszinierende Persönlichkeit beschreibt, lässt die erotische Anziehung ermessen, die er (nicht nur) auf sie ausübte. Sorge teilt ihr auch ihren neuen Decknamen mit: »*Соня*« (»Sonja«), eine Koseform des weiblichen Vornamens Sophia mit der Bedeutung »Weisheit« oder »die Weise« oder auch abgeleitet vom russischen Wort »son« (*Сон*) als »die Träumerin«; oder als neckischer Kosenamen mit der Bedeutung »Schlafmaus«, »Siebenschläfer«, »Haselmaus« oder »Schlafmütze« benutzt; »Sonja« kann auch mit »die für die Wahrheit Kämpfende« übersetzt werden; in den beiden größten Meisterwerken der russischen Literatur, in Fjodor Dostojewskis *Schuld und Sühne* (Sonja Marmeladowa) und in Leo Tolstois *Krieg und Frieden* (Sonja Rostowa) tragen wichtige Figuren diesen Namen.

Im Februar 1931 bringt Ursula Sohn Michael »Maik« zur Welt. Seinen Namen bekommt das Kind zu Ehren des britischen Kommunisten Michael Gold, mit dem die nach heutigen Begriffen überaus selbstbestimmt und unabhängig, gleichsam als »sexuelle Freibeuterin« lebende Ursula während ihres Amerika-Aufenthalts eine Affäre hatte. Nur elf Tage nach der Geburt des Kindes übernimmt sie wieder erste Aufträge für die GRU. Nachdem sie sich etwas besser kennen, bietet Sorge ihr an, ihn bei seinen Ausflügen auf dem Motorrad zu begleiten. Sorge war als notorischer Raser gefürchtet. Doch die junge Mutter Ursula genoss die Hochgeschwindigkeitsfahrten über die chinesischen Landstraßen. Der gemeinsame Geschwindigkeitsrausch ist für sie eine willkommene Unterbrechung ihres ansonsten anstrengenden Doppellebens als »europäische Gattin«, junge Mutter und Organisatorin der konspirativen Treffs von Sorge. Gleichzeitig mutet es seltsam an, mit welcher Nonchalance sie die mit ihrer Kundschaftertätigkeit verbundenen Risiken für sich und ihre Familie samt dem neugeborenen Sohn Michael eingeht. Ihren Mann Rudolf ließ sie – so ihre Darstellung im *Rapport* – über wesentliche Dinge ihres Einsatzes für die GRU im Unklaren, verschwieg ihm, dass sie längere Zeit im Fall der Entdeckung höchst prekäre Koffer voller Geheimmaterial und Waffen in ihrer Wohnung für Sorge aufbewahrte. Auch Helmuth Woidt (*Walter*) wurde in dieser Zeit GRU-Mitarbeiter (Deckname: »Komersant«), beendete diese Mitarbeit jedoch nach Sorges Umzug nach Tokio. Als Sorge sie bat, einen chinesischen Genossen, der von den Japanern gesucht wurde, in ihrer Wohnung zu verstecken, weihte sie ihren Mann Rudolf ein, der zunächst dagegen war, und nur mit Mühe von ihr überzeugt werden konnte, dieses Risiko für die kleine Familie einzugehen – ab diesem Zeitpunkt sah Ursula laut *Rapport* für ihre Ehe keine Perspektive mehr. Wenig später kommt mit Manfred Moses Stern (*Fred*) ein weiterer hoher Genosse nach Shanghai, der die KPC militärisch beraten soll und für ein taktisches

Bündnis mit der Kuomingtang gewinnen soll. Ursula ist sehr angetan von ihm. Stern selber sollte später – nach seinem berühmten Einsatz im Spanischen Bürgerkrieg (»Retter von Madrid«) in den Reihe der Internationalen Brigaden – in einem Gulag sterben, während seine Brüder Jonas Leib (Rektor der Universität Halle-Wittenberg) und Wolf (Leiter des Militärgeschichtlichen Instituts der DDR in Potsdam, heute: Militärgeschichtliches Forschungsamt der Bundeswehr) in der DDR hohe Positionen erlangen.

Anfang 1933 erhält Ursula das Angebot, für ein halbes Jahr nach Moskau zu gehen, um eine gründliche nachrichtendienstliche Ausbildung durch die GRU zu erhalten. Bedingung: Sie muss ohne ihren Sohn reisen. Denn: Dieser könnte bei einem Aufenthalt in Moskau russische Wortfetzen aufschnappen und sich dann am neuen Einsatzort »verplappern«. Sie sagt umgehend zu. Die Trennung von ihrem Sohn bereitet ihr nur kurz Kopfzerbrechen. Bei Rudolf lassen will sie ihn nicht, zu den Eltern nach Berlin kann er nicht, da diese selbst die Emigration vorbereiten. Daher bleiben nur die Schwiegereltern Hamburger, also für den Kleinen wildfremde Personen, die auf der tschechischen Seite des Riesengebirges eine Villa besitzen, in der sie schon Ursulas Vater René Kuczynski aufgenommen haben, der auf Verhaftungslisten der Nazis stand und in letzter Minute entkam. Sie bringt Michael zu den Schwiegereltern und reist dann weiter nach Moskau. Dort angekommen, darf sie zunächst einmal vier Wochen in einem Regierungssanatorium am Schwarzen Meer verbringen, zur Vorbereitung auf künftige Strapazen. Dann beginnt ihr Kurs, an dem insgesamt acht Schüler*innen aus Frankreich, Tschechien, Griechenland und Deutschland teilnehmen. Sie bekommt anschließend ihren ersten Auftrag: Sie soll zusammen mit »Ernst« nach Mukden in der Mandschurei reisen, damals ein Brennpunkt der Kämpfe zwischen den verschiedenen Fraktionen der in China Krieg führenden Parteien. Sie sollen dort einen GRU-Stützpunkt aufbauen und für den Funkkontakt nach Moskau sorgen. »Ernst«, ein gelernter Seemann, ist ihr gleich sympathisch, sehr sympathisch sogar. Auf der Fahrt über Prag nach Triest holt sie Micha, den sie sieben Monate nicht gesehen hat, bei den Schwiegereltern ab. Das Kind reagiert wie abzusehen – es verweigert die Nähe zur Mutter, die sich ihm sieben Monate lang entzogen hatte, und sucht die Nähe der Großeltern, die sich in dieser Zeit liebevoll um ihn gekümmert hatten, und von denen er sich jetzt wieder trennen muss. Auf der Schiffsreise Richtung China wird Micha krank, Ursula muss sich intensiv um ihn kümmern. Dennoch bleibt genug Zeit, die aufkeimenden Gefühle für »Ernst« mit diesem zu teilen. An »Ernst« (Johann Patra, 1901–1977) stören sie allerdings seine mangelnden Umgangsformen.

Im April 1934 kommen sie in Shanghai an. Rudolf/»Rolf« freut sich sehr, seine kleine Familie wiederzusehen. Doch Ursula fährt mit Micha und »Ernst« nach kurzer Zeit weiter nach Mukden, ihrem künftigen Arbeitsort. Ursula und »Ernst« sollen in Mukden auch die Verbindung zu den kommunistischen chinesischen Partisanen herstellen, die einen Zweifrontenkrieg gegen die Japaner und gegen die Kuomingtang führen. Ursula mietet eine kleine Villa, auf deren Dach sie zwischen zwei auffällig hohen Bambusstangen einen Antennendraht zieht. Das zusammen mit dem mehrmaligen stundenlangen Senden pro Woche macht es schwer zu glauben, dass die äußerst misstrauischen japanischen Behörden diese Anlage nicht entdeckt haben sollen. Wenig später endet auf Weisung aus Moskau der Aufenthalt in Mukden, nächste Station ist Peking. Dort muss Ursula feststellen, dass ihre Beziehung zu »Ernst« im wahrsten

Sinne des Wortes Früchte trug, sie ist wieder schwanger. Und trotz der ständigen Gefahren, trotz der Sorge um das Wohlergehen des ersten Kindes Micha entschließt sie sich – wider besseren Wissens – auch dieses Kind zu bekommen. Und damit den Sprösslingen eine Kindheit der Extreme zuzumuten, nur um den Traum von einer eigenen Familie sogar unter widrigsten Bedingungen verwirklichen zu können. Nach der Verhaftung von Sorges Nachfolger in Shanghai wird eine ohnehin geplante Europareise überstürzt vorgezogen. Rudolf, der eigentlich seinen Vertrag in Shanghai verlängern wollte, kündigt seine wohldotierte Stelle beim SMC und begleitet Ursula trotz der mittlerweile vollzogenen Trennung auf ihrer Fahrt zurück. »Ernst« soll noch so lange wie möglich in Peking bleiben. Auch diese Beziehung ist für Ursula beendet – ob sie das »Ernst« jemals mitgeteilt hat, erwähnt sie nicht.

In Moskau erhält Ursula den Auftrag, nach Polen zu gehen, zur besseren Tarnung mit ihrem Ex-Mann Rudolf zusammen, der mittlerweile ebenfalls für die GRU arbeitet. Er soll sich dort eine legale Existenz als Architekt aufbauen. Seine Eignung als Kundschafter beurteilt Ursula eher kritisch, er ist in ihren Augen zu naiv und weichherzig – tatsächlich endet später sein erster selbständiger Einsatz in Teheran mit seiner Enttarnung und Ausweisung und vielen Jahren Gulag. Über Leningrad geht die Reise weiter nach London, wo Ursulas Eltern mittlerweile im Exil leben. Auch Bruder Jürgen wohnt mittlerweile mit Frau und Kind in London. Er hat nebenbei das Vermögen der in Deutschland von den Nazis verbotenen KPD heimlich aus Deutschland herausgeschleust, an der Wallstreet angelegt und fungiert bis auf weiteres als Verwalter dieser Gelder. In London lebt auch das langjährige Kindermädchen Olga »Ollo« Muth mit Familie Kuczynski. Da mittlerweile alle

Geschwister bis auf das jüngste, Renate alias *Reni*, aus dem Haus sind, bietet »Ollo« an, mit Ursula und Rudolf nach Polen zu ziehen, um sich dort um Micha und das künftige zweite Kind zu kümmern. Nächste Station ist also Warschau. Auch in Polen ist die Kundschafter-Familie aufs äußerste gefährdet. Bei der geringsten Unachtsamkeit droht die Auslieferung nach NS-Deutschland, wo absehbar KZ-Haft oder gleich ein Todesurteil auf sie warten. Mit ausreichenden Geldmitteln versehen, um die ersten Monate zu überstehen, mieten sie eine schöne Villa im Warschauer Vorort Anin an, im Südosten der Kapitale gelegen. Am 27. April 1936 bringt Ursula in Warschau ihr zweites Kind zur Welt, die kleine Janina (benannt offenbar nach dem leiblichen Vater »Ernst« alias Johann/Jan). Unmittelbar nach Verlassen der Klinik nimmt Ursula ihrer Funkertätigkeit wieder auf. Zudem wird sie zu einer weiteren Ausbildung nach Moskau beordert, wohin sie im Juni 1937 aufbricht. Die Kinder bleiben bei Rudolf und »Ollo« in Skolimów.

Nachdem sie über London und Leningrad in Moskau angekommen ist, bleibt sie dort für drei Monate. Eine weitere dreimonatige Trennung von der Familie samt Ausbildung bei der GRU in Moskau schließt sich 1938 an. Jedes Mal wird sie zur Erholung von der nervenaufreibenden Arbeit erst einmal für vier Wochen zur Kur ans Schwarze Meer geschickt. Auf der Krim trifft sie Verwandte der Genossen, die ihr 1924 bereits eine Pistole besorgt und mit ihr Schießübungen gemacht hatten (ein weiterer Hinweis, dass ihr Einsatz als Kundschafterin o. Ä. schon frühzeitig vorbereitet wurde, denn nicht jede Genossin erhielt eine Pistole samt Schießausbildung). Nach ihrer Rückkehr wird ihr in der GRU-Zentrale auch der im Jahr zuvor verliehene *Rotbanner-Orden* (Nr. 944) durch den damals 62-jährigen Michail Iwanowitsch Kalinin überreicht, den Vorsitzenden des Präsidiums des Obersten Rats (Sowjets), also das Staatsoberhaupt der Sowjetunion. In dem diese Episoden ihres Lebens betreffenden Abschnitt von *Sonjas Rapport* erwähnt sie immerhin, dass sie in dieser Zeit auch an einem Partisanenlehrgang (Ausbildung in Kampftechniken) teilnahm. Sie ist stolz auf ihre Fähigkeiten als Scharfschützin mit Gewehr und Pistole. Als »Ernst« in Moskau eintrifft, um ebenfalls an einer Weiterbildung teilzunehmen, treffen sich die beiden und nehmen für drei Monate ihre Beziehung wieder auf. Während des Partisanenlehrgangs lernt Ursula auch den Umgang mit Sprengstoffen. Ende September 1937 kehrt sie nach Polen zurück. Im Juni 1938 kommt der Befehl, erneut umzuziehen (nach einer weiteren Schulung in der Sowjetunion). Während der Schulung schickt sie die Kinder mit »Ollo« zu den Großeltern nach England. Von der GRU erhält sie das Angebot, entweder nach Finnland oder in die Schweiz zu gehen. Sie entscheidet sich für die Schweiz. Auf der Reise von Polen in die Schweiz soll Ursula in England Station machen, und dort geeignete Kandidaten für einen Kundschafter-Einsatz in Deutschland identifizieren und ausbilden. In London trifft sie auch ihre Kinder wieder, die sie monatelang nicht gesehen hat. Der kleine Micha hat zu diesem Zeitpunkt mit seinen sieben Jahren bereits in Shanghai, Peking, Mukden, Warschau, Danzig, Zakopane, in der Tschechoslowakei und in England gewohnt, also im Schnitt kaum ein Jahr am jeweiligen Wohnort verbracht. Was das an Stress für die Kinder bedeutet, scheint Ursula gleichgültig gewesen zu sein. Dass diese nach heutiger Auffassung durch die ständigen Umzüge und Wechsel der Bezugspersonen, durch das Herumgeschubstwerden traumatisiert wurden, ist leicht zu verstehen.

Während in *Sonjas Rapport* darüber kein Wort zu lesen ist, existieren jede Menge MI5-Akten über die Spionagetätigkeit ihrer Geschwister, beispielsweise über ihre Schwester Brigitte, die wie auch Jürgen (Decknamen: »Karo« und »Pit«) ebenfalls für die GRU arbeitet. Brigitte führt Ursula zwei für die GRU rekrutierte britische Genossen zu, für künftige Einsätze in Deutschland: Allan Foote und Len Beurton. Brigitte soll laut MI5 mit Foote eine kurze Affäre gehabt haben. Ursula fährt mit den Kindern und Rudolf in die Schweiz, wo sie in der Nähe von Genf, dem Sitz vieler internationaler Organisationen mit entsprechenden Anbahnungsmöglichkeiten, ihren Wohnsitz nehmen soll. Versehen mit reichlichen Geldmitteln, geht die Reise los. Oberhalb von Montreux, bei Caux, werden sie fündig – ein auf tausendzweihundert Metern Höhe errichteter, einsam gelegener Bergbauernhof bietet ideale Voraussetzungen für die illegale Arbeit. Rudolf hilft ihr noch, in den Schränken und Holzwänden die entsprechenden Sendeanlagen zu verstecken, dann reist er ab. Er hat gegenüber der GRU klargemacht, dass für ihn die Fortsetzung dieser »Ehekomödie« unzumutbar ist und er nach China zurückgehen möchte, was ihm genehmigt wird. In Bezug auf die Einkäufe in der Schweiz ist in allen Ausgaben des Buchs immer wieder von einem *Einheitspreisgeschäft* die Rede, das in Lausanne als Treffpunkt, aber auch als Quelle für die Dinge des täglichen Bedarfs dient. Tatsächlich gab es kein »Einheitspreisgeschäft«, weder in Lausanne noch in der übrigen Schweiz. Die gemeinte Einrichtung in Lausanne war offenbar eine Filiale des französischen Kaufhaus-Konzerns *Uniprix* (mittlerweile *Monoprix*).

Im Herbst 1938 trifft Allan Foote (*Jim*) in Genf ein. *Jim* soll in München sein Quartier aufschlagen und versuchen, Kontakte zu Arbeitern der in der Nähe gelegenen Messerschmitt-Flugzeugwerke (Hersteller wichtiger militärischer Flugzeugtypen) herzustellen. Anfang 1939 trifft auch Len

Beurton in der Schweiz ein, der sich im Gegensatz zu *Jim* als materiell bedürfnislos und feinfühliger herausstellt. Hintergründe zu diesen Einsätzen bieten in den letzten Jahren freigegebene Akten der britischen Geheimdienste. So stellte sich heraus, dass der MI5 schon 1928 ein Dossier zur Familie Kuczynski eröffnete, als diese noch in Deutschland lebte, basierend auf Angaben eines deutschen MI5-Agenten über »gefährliche Kommunisten« in Deutschland. Sie wurden in der Kategorie KAEOT geführt (*keep an eye on them* – im Auge behalten). Jürgen, von den britischen Diensten als GRU-Agent erkannt, erhält dennoch anstandslos eine Daueraufenthaltsgenehmigung für Großbritannien. Aufgrund seiner statistischen Fachkenntnisse wurde er sogar bei einer britischen Regierungsforschungsstelle zur deutschen Wirtschaftsentwicklung angestellt. Zeitweise wohnt er in dem außergewöhnlichen, nach Bauhaus-Prinzipien gestalteten Wohnblock *Isokon*, in der Lawn Road Nr. 12, im vornehmen nördlichen Stadtteil Hampstead. Dort logierten zu dieser Zeit neben seiner Schwester Brigitte und ihrem britischen Ehemann (Wohnung N. 4) auch der KGB-Agentenführer der *Cambridge Five*, Arnold Deutsch alias *Otto* (Wohnung Nr. 7). Eine weitere Nachbarin war damals zeitweise die Krimi-Autorin Agatha Christie, die hier – Zufall oder nicht – ihren einzigen Spionageroman *M oder N?* schrieb.

Im Frühjahr 1939 erhält Ursula aus Moskau die Anweisung, den von ihr geführten Agenten Len pro forma zu heiraten, um einen britischen Pass zu bekommen und auf diese Weise vor Ausweisung aus der Schweiz geschützt und für einen eventuellen Einsatz in Großbritannien vorbereitet zu sein. Rudolf und »Ernst« besuchen sie ein letztes Mal in der Schweiz. »Ernst« sieht bei der Gelegenheit zum ersten und letzten Mal seine Tochter Janina, die zu diesem Zeitpunkt 3 Jahre alt ist. Rudolf ist sowohl mit der

Scheidung ihrer bis dahin offiziell noch bestehenden Ehe einverstanden, wie auch mit der Anweisung aus Moskau, in China mit »Ernst« als seinem Agentenführer zu arbeiten – dem Armen blieb auch wirklich nichts erspart. »Ernst« wird später mit dem Kommunismus brechen und seine Tage in Argentinien beschließen. Am 23. Februar 1940 heiratet Ursula wie geplant Len und erhält daraufhin im Mai 1940 einen britischen Pass. Ein neues Problem taucht auf: »Ollo« hat Sorge, bei einem möglichen Umzug Ursulas und der Kinder nach Großbritannien nicht mehr mitkommen zu können, da mittlerweile Kriegszustand zwischen Deutschland und Großbritannien herrscht und »Ollo« nur einen deutschen Pass hat. Sie möchte die kleine Janina, in die sie vernarrt ist, unbedingt behalten, und geht aus diesem Grund so weit, beim britischen Konsulat in Genf Ursula und Len als sowjetische Agenten zu denunzieren. Doch niemand versteht ihr gebrochenes Englisch. Ursula, die das mitbekommen hat, muss jetzt bei jeder Dienstreise fürchten, dass »Ollo« ihre Tochter Janina nach Deutschland entführt. Die Lösung: auch Janina wird in ein Internat gesteckt. Damit »Ollo« sich jetzt nicht an Micha vergreifen kann, muss dieser, kaum dass er sich auf dem britischen Internat eingelebt, nun wieder die Schule wechseln und gemeinsam mit Janina in ein französischsprachiges Internat am Genfer See. »Ollo« resigniert, packt ihre Sachen und fährt nach Deutschland ab, nachdem sie insgesamt neunundzwanzig Jahre der Familie Kuczynski gedient hat. Im Spätherbst 1940 erhält Ursula den Auftrag, nach Großbritannien umzuziehen. Len muss sie vorerst in der Schweiz zurücklassen. Als Interbrigadist ist ihm der für Ursula praktikable Weg durch Spanien versperrt, da Spanien eine schwarze Liste führt und die Gefahr besteht, dass er selbst mit einem falschen Pass entdeckt und liquidiert werden könnte. Außerdem gilt er auch in Großbritannien wegen seiner Vergangenheit als Interbrigadist als Persona non grata.

Im Dezember 1940 reist Ursula mit den Kindern nach Großbritannien. Len kommt 1942 nach, *Jim* wird 1943 zusammen mit Ursulas Schweizer Kontaktmann Rado und seinem Netzwerk verhaftet, Ende 1944 aber wieder freigelassen. Sie wohnen zunächst bei den Großeltern in Oxford. Da sich keine passende Unterkunft finden lässt, steckt Ursula ihre Kinder in ein britisches Internat. Ursula erhält den Auftrag, ein neues Agentennetz aufzubauen. Was sie nicht weiß: sie steht eigentlich auf einer schwarzen Liste des MI5, der sogenannten *Central Security War Black List* (CSWBL). Daher wird sie seit ihrer Ankunft in Liverpool permanent überwacht. Sie hat gerade angefangen, sich einzuleben, ein Häuschen in einem Vorort von Oxford gemietet (unweit von Blenheim Palace, wo der MI5 zu diesem Zeitpunkt seine Zentrale hin verlagert hatte aus dem bombengefährdeten London – die Ortswahl dürfte seitens Ursulas nicht zufällig erfolgt sein), und die Kinder wieder zu sich geholt, da erfolgt am 22. Juni 1941 der deutsche Überfall auf die Sowjetunion, und ihre Lage spitzt sich erneut zu. Zunächst einmal bedeutet der Krieg Nazideutschlands gegen die Sowjetunion für Großbritannien eine bedeutende Erleichterung. Die drohende deutsche Invasion ist erst einmal in weite Ferne gerückt, ebenso lassen die Bombenangriffe auf die Insel schlagartig nach, da jetzt alle NS-Flugzeuge gegen das »Reich des Bösen« benötigt werden. Über ihren Bruder Jürgen knüpft sie Ende 1942 den Kontakt zu Klaus Fuchs, einem brillanten jungen deutschen Physiker, an den britischen Atomforschungen beteiligt ist, die parallel zu den US-Bemühungen zum Bau einer Atombombe (und den deutschen Versuchen hierzu) laufen. Da Briten und

Amerikaner sich laufend über ihre neuesten Erkenntnisse austauschen, ist Fuchs auch über den amerikanischen Forschungs- beziehungsweise Rüstungsstand im Bilde und kann ihr davon berichten, und Ursula die entsprechenden Informationen nach Moskau weitergeben. Der Kontakt endet mit der Übersiedlung von Fuchs in die USA 1943.

Ebenfalls von Ursula unerwähnt bleibt der zweite Kontakt zur britischen Atomforschung in Person von Melita Norwood (*Hola*), die seit September 1941 von Ursula als Agentin geführt wurde. Ursula wird wieder schwanger – sie möchte auch von Len ein Kind austragen. Der kleine Peter kommt 1942 zur Welt. Micha und Nina werden erneut in ein Internat abgeschoben. Ursula koordiniert nun die Rekrutierung von deutschen Emigranten für das OSS (Vorgängerorganisation der CIA), welches diese Männer nach einer weiteren Ausbildung in Sabotagetechniken über Deutschland mit dem Fallschirm absetzen will. Sie hält natürlich die GRU über diese Vorgänge auf dem Laufenden. Was im *Rapport* nicht steht, ist die Tatsache, dass Ursula nur 16 Tage nach dem Abschluss des streng geheimen Atomforschungsabkommens zwischen den USA und Großbritannien am 4. September 1943 dieses im Wortlaut nach Moskau durchgibt. Ein Spionagecoup der besonderen Art, wollten die beiden angelsächsischen Mächte doch die Sowjetunion ganz bewusst außen vor halten. Im Mai 1945 endet Ursulas Zusammenarbeit mit dem OSS. Ein kommunistischer Kontaktmann übergibt ihr zum Abschluss die OSS-Akte eines als Sowjetspion verdächtigen US-Sergeanten. Sie ist zweihundert Seiten dick und laut Ursula ein Lehrbuchbeispiel für die Überwachungstechniken westlicher Geheimdienste und beste Begründung für die konsequente Einhaltung der Konspirationsregeln. Denn in der Akte standen die durch eine buchstäblich das gesamte Umfeld des Verdächtigen erfassende Überwachung erlangten Erkenntnisse, kein Bereich des (Privat-)Lebens wurde ausgespart. Ursula zieht nun in das kleine Landdörfchen Great Rollright bei Banbury. Das von ihr angemietete großzügige Cottage verfügt über fast vierhundert Quadratmeter Wohnfläche, also endlich genug Platz für alle (2019 stand das Haus für 850.000 Pfund zum Verkauf). Ursula arbeitet weiterhin als Agentenführerin und Funkerin, bis im Herbst 1946 von der Zentrale der Kontakt abgebrochen wird. Während eines Besuchs ihrer Eltern im Juni 1947 stirbt ihre Mutter unerwartet und wird auf dem Friedhof von Great Rollright beerdigt. Ursulas Vater zieht nach dem Tod seiner Frau zu Ursula aufs Dorf und arbeitet dort weiter an wissenschaftlichen Aufsätzen. Am 13. September 1947 kommen laut *Sonjas Rapport* zwei (tatsächlich drei) MI5-Mitarbeiter zu ihr nach Great Rollright und versuchen, Ursula und Len zur Kooperation mit dem britischen Geheimdienst zu überreden – angeblich vergeblich. In *Sonjas Rapport* wird das mehr oder weniger als lustige Episode abgetan. Tatsächlich war Ursula offenbar sehr besorgt, denn sie kontaktierte – ausweislich der Abhörprotokolle des MI5 – umgehend Francis Loeffler, den Mann ihrer Schwester Sabine, einen erfahrenen Rechtsanwalt und konferierte mehrfach mit ihm zu möglichen Konsequenzen. Wenig später wird bei ihrem Vater Krebs diagnostiziert. Er stirbt im November 1947, nur wenige Monate nach seiner Frau. Begraben wird er ebenfalls in Great Rollright, neben seiner Frau.

Ursula übergibt der sowjetischen Botschaft in Prag ein Schreiben an die GRU mit der Bitte um Erlaubnis zur Rückkehr nach Deutschland, in die DDR. Doch eine Antwort bleibt zunächst aus. Im Herbst 1949 erleidet Len auf der Fahrt zur Arbeit einen Motorradunfall und kommt ins Krankenhaus – diagnostiziert werden ein doppelter

Armbruch und ein doppelter Beinbruch, voraussichtliche Heilungsdauer acht Monate. Daraufhin kündigt ihm seine bisherige Firma. Im Januar 1950 kommt die Genehmigung der GRU für den Wechsel in die DDR. Len will zunächst in Great Rollright bleiben, Micha studiert derweil bereits in Aberdeen, Nina und Peter sollen mit Ursula in die DDR ziehen. Nach der Verhaftung von Klaus Fuchs beeilt sich Ursula, das Land zu verlassen, bevor sie möglicherweise selbst festgenommen wird. Einen Tag vor Beginn des Hochverratsprozesses gegen Fuchs in Großbritannien verschwindet sie samt den Kindern Janina und Peter aus England. Ob das MI5 sie aus Unfähigkeit laufen ließ oder um eine weitere Blamage zu vermeiden, ist bis heute unklar. Ihre vier Schwestern Brigitte (1910–1997), Barbara (1913–2003), Sabine (1919–2005) und Renate (1923–2013) bleiben übrigens für den Rest ihrer Leben in Großbritannien samt britischen Ehemännern und Kindern. Ende Februar 1950 kommt Ursula in der DDR, sprich: in Ostberlin, an. Die Kinder werden in ein Kinderheim beziehungsweise ein Internat gesteckt. Ihre Tochter Janina beklagt nach Ursulas Tod, wie sehr sie dieses Herumgeschubse, dieses immer wieder erfolgte Abschieben traumatisierte. Besuch der Mutter gab es nur an einem Wochentag, immer wieder sonntags für einige Stunden. Auffällig war offenbar auch, dass Len seinen eigenen Sohn Peter anders behandelte und annahm als die beiden anderen Kinder Ursulas, Michael und Janina, zu denen er zeitlebens ein eher distanziertes Verhältnis hatte. Michael wiederum erfuhr erst viele Jahre nach der Scheidung, dass seine Eltern (Ursula und Rudolf) nicht mehr verheiratet waren, was er bis dato angenommen hatte. Ursula hatte ihn immer in der (falschen) Hoffnung gehalten, dass Rudolf Hamburger zur Familie zurückkehren würde. Zwischendurch hatte sich – ebenfalls im *Rap-*

port unerwähnt – ein tiefgreifender Familienstreit über das Erbe der Großmutter Berta aufgetan. Dieser war als Erbin ihres Immobilienmillionär-Vaters erheblicher Grundbesitz in Westberlin zugesprochen worden, von dem sie einen Großteil ihrer Tochter Barbara vermacht hatte, so dass die anderen fünf Geschwister, Jürgen, Ursula et cetera, mehr oder weniger leer ausgingen. Was speziell Jürgen aus unerfindlichen Gründen sehr wütend machte, war er doch durch seine schnelle Karriere in der sowjetischen Besatzungszone materiell umfassend gesichert. Die einseitige Bevorzugung von Barbara hatte einen gutem Grund: um die weitere Versorgung von Barbaras behindertem Kind in einem spezialisierten Kinderpflegeheim zu finanzieren. Im April 1950 sucht ein Abgesandter der GRU Ursula in Ostberlin auf. Die GRU bietet ihr an, wieder international zu arbeiten, im Ausland. Doch das möchte Ursula nicht mehr. Zwanzig Jahre Doppelleben unter ständiger Lebensgefahr sind für sie genug. Ihre Verbundenheit mit der Sowjetunion sei ungebrochen, doch sie könne nicht mehr in der bisherigen Form arbeiten, sie sei der Nervenbelastung nicht mehr gewachsen. Die GRU akzeptiert und übergibt ihre Akte der Kaderabteilung der SED. Ursula fängt im Sommer 1950 beim *Amt für Information*, der offiziellen Pressestelle der DDR-Regierung, als Abteilungsleiterin an. Leiter des Amtes ist ihr guter Freund Gerhart Eisler, Albert Norden ist der Hauptabteilungsleiter. Eine etwas bedenkliche Position, welche die Partei für sie ausgesucht hat, werden dort doch versierte Journalisten benötigt, und das ist eine der Qualifikationen, die Ursula nicht aufweisen kann.

Auch Len erhält die Genehmigung, in die DDR überzusiedeln. Vorher beseitigt er im Haus in Great Rollright sämtliche Spuren auf die Kundschaftertätigkeit von sich und seiner Frau. Unter anderem zertrümmert er in Anwesenheit von Micha eine teure Minox-Kamera und vergräbt die Überreste an verschiedenen Stellen im Garten. Len wird nach der Ankunft in der DDR bei der ADN angestellt, der *Allgemeinen Deutschen Nachrichtenagentur,* sprich: der staatlichen Presseagentur der DDR. Er kümmert sich dort um die Auswertung der britischen und amerikanischen Presse. Micha entschließt sich 1952, seinen Studienort Aberdeen zu verlassen und in die DDR zu kommen. Damit ist die Patchwork-Familie rund um die mittlerweile 45-jährige Ursula wiedervereinigt. Als 1953 die Leitung des Informationsamts wechselt, verschlechtert sich Ursulas Stellung dort, es wird ein Grund gesucht, ihr zu kündigen. Im *Rapport* steht, sie habe eines Abends vergessen, wie vorgeschrieben den Panzerschrank in ihrem Zimmer zu verschließen, und sei daraufhin entlassen worden. Ob das der Wahrheit entspricht, müsste sich über eine entsprechende Recherche in der BStU klären lassen. Sie wechselt zur DDR-Außenhandelskammer. Hier wird sie wieder Leiterin der Presseabteilung, beginnt aber parallel, eigene Bücher zu publizieren. 1956 kündigt sie mit 49 Jahren, um künftig nur noch freiberuflich Bücher zu schreiben. Doch sie hat weiterhin Alpträume aus ihrer Vergangenheit als Kundschafterin, etwa, dass sie von Feinden verhaftet werden soll und es ihr nicht gelingt, eine verräterische Nachricht zu vernichten. Entdeckt sie beim Wandern eine neue Region, prüft sie automatisch, wo sich günstig Verstecke für Waffen und Informationen anlegen lassen könnten. Schließlich macht sie sich auf Bitten von Markus Wolf Ende der 1970er Jahre daran, die Erinnerungen an ihre Kundschafterzeit aufzuschreiben. Ursprünglich für das zwanzigjährige Dienstjubiläum des Ministeriums für Staatssicherheit 1970 zur Erscheinung geplant, sollte es noch weitere sieben Jahre dauern, bis die erste Fassung von *Sonjas Rapport* endlich publiziert werden kann – nach einer Menge von Prüfungen und Streichungen »kritischer«, sprich: Dienstgeheimnisse aufdeckender, Stellen. Wesentliche Teile des Buches müssen zur Drucklegung 1977 entfallen – so die gesamte Zusammenarbeit mit Klaus Fuchs (dabei befand sich dieser längst in der DDR und damit nicht mehr im Zugriffsbereich westlicher Dienste oder Strafverfolgungsbehörden). Doch auch die »vollständige« Ausgabe von 2007 weist, wie gesehen, große historische Lücken auf.

Der Schluss von *Sonjas Rapport* enthält eine Art »sozialistischer Selbstkritik«, von der Tauwetterperiode, der Entstalinisierung bis hin zum zunehmenden Dogmatismus in der DDR, gegen den sie sich nicht energisch genug gewendet habe. Dass sie von verbreiteter Unmoral und Korruption in der Führung der DDR spricht, mutet seltsam an, wurde das nicht einmal von der Westblockpresse der stets kleinbürgerlich-normal lebenden Nomenklatura der DDR vorgeworfen (abgesehen davon, dass im Konsum des »Politbüro-Lagers« Waldstadt Westprodukte zu haben waren, wie sie auch die *Exquisit-Läden* für normale DDR-Sterbliche anboten). Der Vorwurf der Unfähigkeit, eine Lösung für die strukturellen ökonomischen Probleme der DDR zu finden, wäre angemessener. Ihr Bruder Jürgen bleibt dem langjährigen DDR-Chef Honecker gegenüber unverständlicherweise eng verbunden – weil dieser offenbar das wirtschaftsgeschichtliche Institut Kuczynskis bei der Akademie der Wissenschaften der DDR in den 1970er Jahren vor der Schließung bewahrte. Dabei war es Honecker, der mit seiner ersten Amtshandlung bei Amtsantritt 1971 den damals noch vorhandenen privaten Mittelstand der DDR vernichtete, sprich: verstaatlichte, und damit genau jenes ökonomische Element beseitigte, das allein in der Lage war, die systemimmanenten Schwächen der Planwirtschaft zu kompensieren. Damit leitete Honecker schon 1971 den Niedergang der DDR ein, der dann durch die von der BRD »großzügig« angebotenen Milliardenkredite in den 1980er Jahren und der daraus resultierenden ökonomisch-politischen Erpressbarkeit der DDR drastisch beschleunigt wurde.

Ursula stirbt im Jahr 2000 im biblischen Alter von 93 Jahren, drei Jahre nach ihrem Bruder Jürgen. Am Ende von *Sonjas Rapport* (»Vollständige Ausgabe« 2007) zitiert Ursula eine Spruchweisheit: *Gib mir Gelassenheit, die Dinge hinzunehmen, die ich nicht ändern kann, gib mir den Mut, Dinge zu ändern, die ich ändern kann, und gib mir die Weisheit, das eine vom andern zu unterscheiden.* Und ordnet dieses Zitat einer ihr »namentlich nicht erinnerlichen russischen Schriftstellerin« zu. Dabei stammt dieses berühmte Zitat vom US-Theologen Reinhard Niebuhr (1892–1971, deutscher Abstammung), das als sogenanntes Gelassenheitsgebet/*Serenity Prayer* von 1932 weltweite Verbreitung fand. Fest steht, dass es auch heute noch viel zu entdecken gibt am Leben und an der Person Ursula Kuczynski. Dazu müsste man jedoch – auf der Grundlage einer jetzt möglichen, intensiven Archivforschung in Deutschland, Großbritannien und Russland – den Versuch starten, hinter die von ihr aufgestellten Kulissen und Tarnnetze zu blicken und ihre so gern wiederholten Klischees zur eigenen Biographie zu durchbrechen. Und auf diese Weise ein realistischeres Bild vom Tun und Treiben der Geschwister K. zeichnen, die alle, samt und sonders, offenbar nachweislich für die GRU beziehungsweise den KGB gearbeitet haben. Nicht zuletzt teilte Hermann Kant in einem Rückblick auf seine Freundschaft mit Ursula mit: dass Geschirr und Besteck in ihrem Ferienhaus (Carwitz/Mecklenburger Seenplatte) die Aufschrift »MfS« trugen, dass also noch der längst pensionierten und den Ruhestand genießenden »Sonja« vom MfS für ihre Verdienste ein »Ferienobjekt« zur Verfügung gestellt wurde.

22. Katrina Leung

Ein ungeklärtes Rätsel

Einer der seltsamsten, bis heute ungeklärten Fälle der internationalen Geschichte der Nachrichtendienste trug sich zu Beginn des 21. Jahrhunderts in den USA zu. Im Zentrum dieser Spionage-Episode steht eine Frau namens Katrina Leung, alias Chen Wen Ying. Angeblich 1954 in der Volksrepublik China geboren, emigrierte sie im Alter von vermutlich 16 oder 20 Jahren mittels eines gefälschten Ausweises 1970 in die USA. Sie besuchte anschließend eine High School in New York und beendete die Schule mit einem Abschlusszeugnis 1972. Anschließend schrieb sie sich an der renommierten Cornell University nahe New York ein, wo sie das Grundstudium 1976 abschloss, und anschließend einen betriebswirtschaftlichen Abschluss als *Master of Business Administration* erzielte. Während ihres Studiums wurde sie vom FBI kontaktiert und als Informelle Mitarbeiterin beziehungsweise als Informantin geworben. Parallel dazu zog sie nach Los Angeles um und wurde dort Mitglied der Gesellschaft für eine Städtepartnerschaft Los Angeles-Guangzhou (ihrem angeblichen Geburtsort). Zudem engagierte sie sich für die konservative Republikanische Partei und warb Mittel für deren Wahlkampf ein.

1980 zog sie in einen Wohnblock, in dem mehrere vom FBI überwachte Personen chinesischer Abstammung lebten. Offenbar wurde sie ganz gezielt vom FBI hier platziert, um die Überwachung der verdächtigen Personen zu intensivieren. Sie freundete sich mit Nachbarn an, die als offene Parteigänger der kommunistischen Volksrepublik China bekannt waren. Dazu gehörte auch eine Person, die vom FBI verdächtigt wurde, Hightech-Elektronik amerikanischer Bauart heimlich in die Volksrepublik China geschmuggelt zu haben. Als Nächstes wurde sie 1980 Geschäftsführerin einer kleinen Import/Export-Firma, die ebenfalls unter FBI-Beobachtung stand, weil sie des illegalen Transfers von Hightech in die Volksrepublik China verdächtigt wurde. Im Februar 1981 eröffnete das FBI jedoch eine interne Untersuchung gegen Leung, also gegen die eigene Informantin, da man sie zu diesem Zeitpunkt verdächtigte, als Doppelagentin für die Volksrepublik China tätig zu sein. Sie kündigte anschließend ihre Stelle als Geschäftsführerin der verdächtigen Firma, woraufhin die FBI-Ermittlungen gegen sie eingestellt wurden. Ein von ihr überwachter Nachbar wurde in der Volksrepublik China verhaftet, daraufhin wurden auch die FBI-Ermittlungen gegen ihn eingestellt. 1982 wurden die FBI-Ermittlungen gegen Leung jedoch auf Betreiben von Special Agent James Smith wieder aufgenommen, in der Hoffnung, dass sie ihm zusätzliche Informationen über Parteigänger der Volksrepublik China in Los Angeles zukommen lassen werde. Smith war von Leungs Informationen und ihrer Persönlichkeit so beeindruckt, dass er sie erneut zur offiziellen, bezahlten Informantin des FBI machte. Leung erhielt nun den etwas despektierlichen Decknamen »*Parlor Maid*« (»Dienstmädchen«). 1984 erhielt Leung mit Hilfe von Smith die US-Staatsbürgerschaft. Smith hatte mit seinen Vorgesetzten einen kühnen Plan entwickelt. Er plante, Leung vom Ministerium für Staatssicherheit (MfS) der Volksrepublik China als Agentin rekrutieren zu lassen und damit den chinesischen Kommunisten eine Doppelagentin unterzujubeln. Tatsächlich wurde sie im Juni 1984 vom volkschinesischen MfS als Agentin rekrutiert, unter der Vorspiegelung einer untergeordneten Tätigkeit für das FBI-

Büro in Los Angeles. Leung erhielt hierfür ein monatliches Honorar vom FBI, und parallel dazu eine Entlohnung vom chinesischen MfS. Zur Ausübung ihrer Agententätigkeit flog sie häufig in die Volksrepublik China, um sich dort »verhören« zu lassen. Um sicherzugehen, dass Leung in ihrem Sinne handle, unterzog sie das FBI 1984 und 1986 Lügendetektor-Tests, die sie problemlos bestand.

Von 1985 bis 1990 nahm Leungs Bekanntheitsgrad innerhalb der chinesischen Community an der US-Westküste erheblich zu, da sie sich entsprechend engagierte und exponierte. Im selben Maße stieg ihre Anerkennung durch das FBI, und damit ihre Entlohnung. Sie hatte es auch übernommen, festliche Abendveranstaltungen und Dinners mit besuchsweise in die USA einreisenden Abgesandten der Volksrepublik China (VRC) zu organisieren, darunter auch hochrangige Mitglieder der Kommunistischen Partei Chinas (KPC). Als der damalige Präsident der VRC, Yang Shangkun zu einem Staatsbesuch in den USA eintraf, übernahm sie die Organisation von entsprechenden Veranstaltungen in Los Angeles, wo er sich mit KPC-Anhängern und sonstigen Mitgliedern der chinesischen Gemeinschaft von Los Angeles traf. Ihr angeblicher Einfluss auf die Abgesandten der KPC beziehungsweise der VRC in Los Angeles war so groß, dass sie 1998 als offizielle Beraterin der VRC bei der Suche nach einem Bauplatz für ein neues Konsulat in Los Angeles engagiert wurde. Bis zu diesem Zeitpunkt wurden ihre nach wie vor abgelieferten monatlichen Berichte sowohl vom FBI als auch von der CIA, die diese Berichte ebenfalls erhielt, hochgeschätzt. Zudem wurde ihre US-freundliche Haltung und viele von ihr vermittelte Informationen über das VRC-MfS und die KPC durch einen in diesem Zeitraum in die USA übergelaufenen VRC-Vertreter bestätigt. Wie hoch das FBI die von ihr übermittelten Informationen einschätzte, zeigt sich auch daran, dass sie direkt nach den Ereignissen auf dem Tian an Men-Platz 1989 im Auftrag des FBI nach Peking reiste, um eine Lage-Einschätzung vor Ort zu erarbeiten.

Im Juni 1990 fand das FBI angeblich heraus, dass Leung Details einer FBI-Geheimoperation und des Spionageabwehr-Programms des FBI an das chinesische MfS verraten hatte. In diesem Zusammenhang wurde auch Smith befragt, der die Anschuldigungen rundheraus abstritt. Allerdings befragte er Leung fast ein Jahr später, im Mai 1991 dazu, und erhielt von ihr die Antwort, ihr Agentenführer vom chinesischen MfS, Deckname »Mao«, habe herausgefunden, dass sie eine FBI-Doppelagentin sei und sie gezwungen, viele interne Informationen herauszugeben. Im April 1991 zeichnete das FBI ein Gespräch zwischen einer Frau namens Luo und einem bekannten VRC-MfS-Offizier namens Mao auf, der mittlerweile als der für die gesamten VRC-MfS-Operationen in den USA verantwortliche Mitarbeiter identifiziert worden war. Die Stimme der Frau wurde als die von Leung identifiziert. Die Frau hatte in diesem Gespräch Details über die Rolle des FBI bei einem Besuch von US-Politikern und Vertretern des US-Außenministeriums in der VRC an das chinesische MfS übermittelt. Daraufhin wurde Smith ins FBI-Hauptquartier nach Washington, D.C., einbestellt. Doch erneut gelang es Smith, seine Vorgesetzten und die Spionageabwehr-Abteilung des FBI davon zu überzeugen, dass alles mit rechten Dingen zugehe und dass Leung nur tat, was ihr Auftrag war. Erst später wurde festgestellt, dass Smith mit Leung über zwei Jahrzehnte eine außereheliche Affäre hatte.

Trotz der Fürsprache von Smith wurde Leung ab diesem Zeitpunkt vom FBI überwacht und abgehört. Bei einer Durchsuchung ihrer Wohnung wurde bei ihr ein internes

FBI-Telefonverzeichnis gefunden sowie Unterlagen zu einer FBI-Operation namens *Royal Tourist*, einer geheimen FBI-Analyse zur Beurteilung der Gefährung der USA durch Immigranten aus der VRC und ein Organigramm des FBI. Ebenso wurde vor und nach ihrer nächsten Reise nach China das Gepäck Leungs einer intensiven Durchsuchung unterzogen. Dabei wurde festgestellt, dass mehrere Fotos von aktiven FBI-Agenten, die sie auf der Hinreise mitgeführt hatte, auf der Rückreise nicht mehr in ihrem Gepäck waren. Zudem wurde beobachtet, dass Leung mehrfach Geheimdokumente kopierte, die ihr Agentenführer Smith über Nacht aus seinem FBI-Büro nach Hause mitgenommen hatte. Anschließend übermittelte sie diese Kopien ihrem VRC-MfS-Agentenführer. Leung wurde schließlich im April 2003 an ihrem Wohnort in San Marino, Kalifornien festgenommen und wegen der illegalen Kopienanfertigung und Weitergabe angeklagt. Allerdings wurde ihr in der Anklage merkwürdigerweise weder Landesverrat noch Spionage für eine ausländische Macht vorgeworfen. Eine vorzeitige Entlassung aus der Untersuchungshaft gegen Kaution wurde wegen angeblicher Fluchtgefahr abgelehnt. Sie verbrachte drei Monate im Gefängnis und achtzehn Monate im Hausarrest. Anfang 2005 wurde das Verfahren wegen Ermittlungsfehlern des FBI eingestellt. Die Generalstaatsanwaltschaft der USA legte dagegen Berufung ein, da Leung im Zuge der Ermittlungen auch noch der Steuerhinterziehung beschuldigt worden war. Im Dezember 2005 bekannte sich Leung in zwei Punkten der Anklage schuldig: gegenüber dem FBI eine unwahre Aussage gemacht zu haben und bezüglich der Steuerhinterziehung. Im Zuge einer strafmindernden Vereinbarung (Deal) mit der Staatsanwaltschaft wurde sie zu drei Jahren Haft auf Bewährung, hundert Stunden Sozialarbeit und einer Geldstrafe von

10.000 Dollar verurteilt. Ob sie eine VRC-Doppelagentin war oder ist, blieb offen.

23. Edward Snowden

Ein Held der ganzen Welt?

Wer ist Edward Snowden? Für viele US-Amerikaner ist er mittlerweile einer der schlimmsten Vaterlandsverräter aller Zeiten. Für die meisten Menschen außerhalb der Landesgrenzen der USA ist er vermutlich der bisher größte Held des 21. Jahrhunderts. Wie hat er das erreicht? Die Antwort in Kurzform: Er hat 2013 offenbar im Alleingang die umfassende, zuvor immer als Fantasie übellauniger Antiamerikanisten abgetane Überwachung und Manipulation der gesamten Welt durch die zahllosen US-Geheimdienste öffentlich gemacht. Im Unterschied zu früheren *Whistleblower*n oder Hinweisgebern machte er das nicht nur am Hörensagen fest. Denn Snowden konnte in den sieben Jahren seiner Tätigkeit als IT-Ingenieur von NSA und CIA nicht nur alle ihm zugänglichen Dokumente zu Tools und Operationsmodi sammeln, sondern diese auch noch erfolgreich aus den Hochsicherheitstrakten von CIA und NSA herausschmuggeln. Dokumente, die das finstere Internet- und sonstige Waffenarsenal der US-Geheimdienste und ihre ebenso erschreckenden wie aberwitzigen Einsatzmöglichkeiten schwarz auf weiß belegen. Zusätzlich konnte er nachweisen, dass die in diesen Dokumenten beschriebenen Technologien und Vorgehensweisen tatsächlich alltäglich seitens der NSA und der restlichen US-Geheimdienste nicht nur gegen die US-Bevölkerung, sondern gegen die gesamte Weltbevölkerung eingesetzt werden. Wie hat sich nun diese kaum glaubliche, atemberaubende Geschichte zugetragen? Wie konnte er diese fast übermenschliche Leistung ohne jegliche fremde Hilfe vollbringen? Darüber gibt es viele, teils widersprüchliche Berichte. Sechs Jahre nach seinem Auftritt auf der Weltbühne hat Snowden 2019 mit Hilfe des Ghostwriters Joshua Cohen, einem renommierten Fiction-Autor, eine eigene, teilweise eigenwillige Darstellung der Abläufe in seiner Autobiographie, in Deutschland unter dem Titel *Permanent Record* – Meine Geschichte veröffentlicht, vorgelegt. Wir wollen im Folgenden sowohl sein Leben als auch diese Publikation einer näheren Betrachtung unterziehen und dabei versuchen, eine Antwort auf die seit 2013 offene Frage zu finden, ob es vorstellbar ist, dass Snowden ganz allein gehandelt hat.

Werfen wir kurz einen Blick auf seine biographischen Daten, soweit bekannt. Geboren 1983 als Sohn eines Offiziers der US-Küstenwache (offiziell Ausbilder als Dozent für Elektronik) und einer Versicherungsvertreterin, wuchs Snowden als Kind von Eltern auf, die beide beruflich eine »Top Secret«-Sicherheitsfreigabe besaßen. Wobei Snowden angibt, der genaue Tätigkeitsbereich seines Vaters im *Operations Direct*orate der Küstenwache sei ihm ein Rätsel geblieben, was auf Geheimdienstzusammenhänge hindeutet. Sein Großvater mütterlicherseits, Edward J. Barrett, war Konteradmiral der US-Navy. Snowden betont in *Permanent Record* seinen Stolz darauf, mütterlicherseits direkt von der ersten Generation der britischen Amerika-Siedler des 17. Jahrhunderts, den sogenannten *Pilgrim Fathers* abzustammen. Seinen Namen leitet er vom walisischen Mount Snowdon ab. Väterlicherseits gehörte seine Familie zu den Protagonisten des Unabhängigkeitskrieges gegen Großbritannien im 18. Jahrhundert. Noch heute gibt es in Maryland eine Schnellstraße namens *Snowden* River Parkway. An einer der Abzweigungen dieser Straße liegt auch die Zentrale der NSA, die für Snowdens Leben später noch eine entscheidende Rolle spielen sollte. Wie viele seiner

Verwandten hatte auch Ed Snowden als Jugendlicher die Absicht, in der einen oder anderen Form in den US-Staatsdienst einzutreten und Beamter zu werden. In *Permanent Record* beschreibt Snowden – vermutlich ironisch gemeint –, dass er schon als Kind einen Hang zum Spionieren hatte. Davon unabhängig gehört er der letzten nicht komplett »digitalisierten« Generation der USA beziehungsweise der Weltbevölkerung an, denn erst 1992 hielt ein Computer, ein *Commodore 64*, Einzug in den Familienhaushalt und wurde hauptsächlich zum Spielen von Computergames benutzt. Sein Vater brachte ihm bei, wie man komplexe Systeme (Maschinen, Programme et cetera) analysiert, bevor man sie – falls defekt – zu reparieren versucht, ein weiteres Standardthema in Snowdens Leben. Sein Vater brachte ihm auch bei, wie man Computerprogramme schreibt.

Ab seinem zwölften Lebensjahr (1995) war es Snowdens Ziel, in jeder freien Minute »online« zu sein und das aufregende »Neuland« des Internet kreuz und quer zu durchforsten. Insbesondere interessierte er sich für webbasierte Mailboxen (*Bulletin Board Systems,* BBS) und tauschte sich dort mit Menschen aus aller Welt zu allen möglichen Themen aus. Genauso faszinierend waren für ihn die ersten MMORPGs (*Massive Multiplayer Online Role Playing Games*), die ersten Gruppen-Onlinespiele. Abgesehen von seiner Onlinesucht hatte er als Jugendlicher (und angeblich bis heute) keine weiteren Laster: weder rauchte er noch trank er Alkohol, hielt sich von Drogen fern. Allerdings fing er nun bald mit dem Hacken von Websites an (wie dies auch bei Julian Assange war). Während seiner Schulzeit erkrankte Snowden an einer besonders schweren Form des Pfeifferschen Drüsenfiebers und musste neun Monate dem Unterricht fernbleiben. Statt die zehnte Klasse nach seiner Rückkehr zur Schule zu wiederholen, absolvierte er einen staatlichen Test für Schüler, denen ein High-School-Abschluss fehlt, so dass er nun, mit 16 Jahren, ein College, die nächste weiterführende Stufe des US-Schulsystems, besuchen konnte. Wenig später ging die Ehe seiner Eltern in die Brüche. 2001 ließen sie sich scheiden. Bei einem College-Japanisch-Kurs lernte er seine erste Arbeitgeberin kennen, wie er ein *Anime*-Fan (japanische Comics). *In Permanent Record* wird sie *Mae* genannt, sie betrieb damals eine Webdesign-Firma auf dem Gelände der US-Garnison Fort Meade (NSA). Snowden begann, neben dem College bei ihr als Webdesigner zu arbeiten. Außerdem nahm er an einem Qualifizierungskurs zum *Microsoft Certified Systems Engineer* teil, um sich für IT-Berufe bewerben zu können. 2004 endete die Zusammenarbeit mit *Mae*, weil sich ihre politische Haltung verändert habe – sie war gegen den Irak-Krieg, trennte sich von ihrem NSA-Mann und zog nach Kalifornien. Snowden schreibt zwar, dass er seit seiner Jugend und dem massenhaften Konsum von Amateur-Hacker-Zeitschriften politisch antiautoritär eingestellt gewesen sei, widerspricht sich jedoch selbst einige Seiten später, wenn er zugibt, dass er mit der pazifistischen Einstellung von *Mae* nicht klarkam – offenbar, weil er damals noch ziemlich staatsgläubig und autoritätshörig eingestellt war. Zudem gehörte er Zeit seiner Jugend einem der in den USA weitverbreiteten Schießclubs an und verbrachte viel Zeit auf der Schießanlage, für einen antiautoritären Hacker etwas merkwürdig.

Ebenfalls etwas merkwürdig ist es, wenn Snowden im selben Zusammenhang schreibt, er habe Probleme damit bekommen, wie sich Amerika nach dem 11. September 2001 von einem demokratischen Vorzeigeland zu einem Sicherheitsstaat gewandelt habe. So etwas kann ja nur jemand schreiben, der die Geschichte der USA vor 2001 überhaupt nicht kennt, innen- wie außenpolitisch, samt all der weltweiten CIA-Umtriebe (Mordanschlägen, Staatsstreichen, Wahlbeeinflussung) und der beinahe unaufhörlichen Kriege (einschließlich Korea- und Vietnam-Krieg), welche die USA seit 1945 führte. Snowden muss sich in diesem wie auch in anderen Fällen, zu denen wir noch kommen werden, eine erschreckende Naivität vorwerfen lassen, was die Geschichte seines eigenen Landes angeht. Immerhin äußert er im Buch sein Bedauern darüber, die Entscheidung der USA, nach den Anschlägen vom 11. September 2001 einen Weltkrieg gegen all ihre wahren und vermeintlichen Feinde anzufangen, mitgetragen zu haben. Ebenso bedauert er, alle Mitteilungen der Regierung über Schuldige und Notwendigkeiten der Kriegsführung für bare Münze genommen zu haben. Während des Studiums meldete er sich als begeisterter Anhänger der US-Außenpolitik 2004 im Alter von 21 Jahren freiwillig zur US-Army, um im Irak-Krieg mitzukämpfen. Damit einher sei die Überlegung gegangen, dass er als Militärangehöriger leichter zu den Geheimdiensten wechseln könne, weil diese bei Veteranen niedrigere Anforderungen stellten, als bei Zivilisten, die nach wie vor mindestens einen College-Abschluss vorweisen mussten. Denn das war sein Ziel: mit seinen Computer- und Hacker-Kenntnissen seinem Vaterland im »Krieg gegen den Terror« zu helfen. Er wählte als Form des Protests gegen sein traditionell *Navy*-orientiertes Elternhaus als Teilstreitkraft die *Army*, das US-Heer. Da er bei der Aufnahmeprüfung eine hohe Punktzahl erreichte, wurde ihm angeblich angeboten, direkt die Ausbildung zum *Special Forces*-Sergeant zu beginnen (also bei den US-Spezialeinheiten). In Aussicht gestellt wurde ihm die rasche Beförderung. Seine Grundausbildung fand in Fort Benning (Georgia) statt. Doch nach knapp vier Monaten geschah das Unglück: Bei einem Gepäckmarsch (25-Kilo-Rucksack) mit Sprungübungen brach sich Snowden beide Schienbeine. Damit war seine Armee-Laufbahn vorzeitig beendet.

Daher versuchte Snowden 2005 auf einem anderen Weg den Dienst fürs Vaterland anzutreten. Er beantragte parallel zum wiederaufgenommenen Studium beim *National Background Investigations Bureau* (Nationales Überprüfungsbüro) die notwendigen (teuren) Überprüfungen für die höchste Sicherheitsfreigabestufe TS/SCI (*Top Secret/ Secret Compartmented Information*), um die gehobene Laufbahn bei einem der siebzehn US-Geheimdienste beginnen zu können. Ebenfalls in diesem Zeitraum lernt er über eine Online-Datingplattform seine damalige Freundin und heutige Ehefrau Lindsay Mills kennen, eine Fotografin und Pole-Tänzerin. Er begann im Februar 2005 eine mit 30.000 Dollar Jahresgehalt entlohnte erste Tätigkeit für die NSA, um die hohen Unkosten für seinen Freigabeantrag zu finanzieren. Offizieller Arbeitgeber war der Bundesstaat Maryland, Snowdens Arbeitsstelle das *Center for the Advanced Study of Language* (CASL) an der University of Maryland. Offiziell sollte das CASL Techniken zum Spracherwerb weiterentwickeln. Die tatsächliche Aufgabe: für die NSA die Fähigkeiten von Computern optimieren, Sprachen zu erkennen und analysieren zu können. Als Snowden dort anfing, war das Gelände noch eine Baustelle, und seine Aufgabe, die Baustelle zu bewachen. Er ließ sich – wie bei fast allen seiner folgenden Arbeitsstellen – für die Nachtschicht einteilen. Während seiner Schicht musste er regelmäßig durch den Rohbau patrouillieren. Nebenbei benutzte er den einzigen funktionierenden Computer, um sich eine andere Stelle zu suchen. Dazu besuchte er auch eine monatliche Geheimdienst-Stellenbörse, die in einem nahgelegenen Hotel abgehalten wurde. Sein nächster Arbeitgeber war ab November 2005 eigentlich die CIA, deren diesbezügliche Projektausschreibung die britische Firma BAE Systems gewonnen hatte, und nun als Subunternehmer eine Firma namens Comso beschäftigte, die Snowden jetzt rekrutierte. Das von Snowden erwähnte Wunschgehalt von 50.000 Dollar wurde von der Firma auf 62.000 Dollar erhöht, da ein höheres Gehalt eine höhere Marge einbrachte. Um den Arbeitsweg von neunzig Minuten von seinem bisherigen Wohnort zur CIA abzukürzen, mietete er eine möblierte Wohnung in der Nähe der CIA an, wo er unter der Woche wohnte.

Seine neue Arbeitsstelle befand sich in der CIA-Zentrale. Seine Ausbildungsgruppe bestand aus einer Gruppe ausschließlich männlicher Computerfreaks. Snowden wurde dem *Directorate of Support* (DS, Unterstützungsabteilung) zugeordnet, die für Handlangerdienste zuständig ist, von Hausmeistertätigkeiten bis zum IT-Support. Er arbeitete dabei auch mit dem CIA-Helpdesk zusammen, wo ausgediente CIA-Angestellte (Staatsangestellte, Govvies genannt) den Basissupport für die Filialen weltweit leisteten – nur die schwierigen Fälle wurden an die Vertragsmitarbeiter (*Contract Workers* oder Connies genannt) weitergegeben. Er freundete sich mit einigen von den Govvies an – oder horchte sie gezielt aus, je nach Sichtweise – und erhielt so viele Einblicke in die CIA-Strukturen. Nach seiner Ausbildung in der Tagschicht wechselte er wieder in die lukrativere Nachtschicht (Zulagen!). Seinen eigentlichen Tätigkeitsbereich hatte Snowden schnell »automatisiert« (mit Hilfe zahlreicher Computerskripts, kurzen Programmen, die die üblichen Tätigkeiten automatisch ausführen), so dass er während seiner Arbeitszeit viel freie Zeit hatte, seine unstillbare Neugier zu befriedigen, indem er im internen Netzwerk der CIA im Rahmen seiner Möglichkeiten herumstöberte. Noch konnte man diesen »Wissensdurst« einer angeborenen Neugier Snowdens zuschreiben, doch das sollte sich bald ändern. Bis zu diesem Zeitpunkt war er noch nie im Ausland und hielt jetzt den Zeitpunkt dafür gekommen, innerhalb des internationalen CIA-Netzwerks zu einer attraktiveren Location jenseits der US-Landesgrenzen zu wechseln. Angeblich zu diesem Zweck bewarb er sich im September 2006 wieder bei der CIA direkt, also für den Staatsdienst – obwohl es auch Zeitarbeiter/Vertragsarbeiter in den Außenstellen der CIA gab und gibt. Er legte seinen CIA-Diensteid ab, die Verfassung der USA zu schützen, und musste nun eine weitere Ausbildung hinter sich bringen. Diese fand in Warrenton (Virginia) statt, im *Warrenton Training Center* (WTC), knapp 80 Kilometer südwestlich von Washington, D.C., gelegen. Der mittlerweile 24-jährige Snowden absolvierte dort in einer insgesamt achtköpfigen Gruppe das sechsmonatige *Basic Telecommunications Training Program* (BTTP), und durchlief dabei die Ausbildung zum *Technical Informations Systems Officer* (TISO). Auf diesem Weg erwirbt man die Fähigkeit, nahezu alle in einer US-Botschaft oder einem US-Konsulat (den üblichen CIA-Abdeckungen) vorhandenen technischen Geräte reparieren beziehungsweise sicherheitsmäßig überprüfen zu können. Anschließend wurde er im März 2007 als Systemadministrator zur CIA-Außenstelle Genf versetzt. In der Schweizer Stadt hat eine außerordentlich hohe Zahl internationaler Organisationen ihren Sitz, welche für die US-Geheimdienste lohnenswerte Spionageobjekte waren und sind. Zudem ist Genf Kreuzungspunkt EU-eigener und internationaler Glasfaserkabelverbindungen. So ist es nicht verwunderlich, dass es in einem kleinen Land wie der Schweiz zusätzlich zur US-Botschaft in der

Hauptstadt Bern gleich zwei weitere hochrangige US-Vertretungen (keine Botschaften!) in Genf zu finden sind: eine *US-Mission to International Organizations* (am zweiten Hauptsitz der UN in Genf – ehemals *Völkerbund* – und den verschiedenen UN-Organisationen, die dort ihren Sitz haben) und ein US-Generalkonsulat. Insgesamt haben rund hundert internationale Organisationen in Genf ihren Sitz. Daher ist die *US-Mission* auch gleich mit drei Botschaftern besetzt: einem Botschafter für die UN, einem Botschafter für die in Genf ansässige Welthandelsorganisation (WTO) und einem Botschafter für die Weltabrüstungskonferenz in Genf. Es gehört zu den Merkwürdigkeiten des Snowden'schen Buchs, dass darin immer von der *US-Botschaft* in Genf die Rede ist – wie oben dargestellt gibt es allerdings keine US-Botschaft in Genf, sondern nur die *US-Mission* und das Generalkonsulat. Ein kleiner, aber feiner Unterschied, der in diesem Fall auch nicht auf einen Übersetzungsfehler zurückzuführen ist, da Snowden auch in der englischen Ausgabe von der *US-Embassy* in Genf spricht, also von einer *Botschaft*, obwohl er es besser wissen müsste, hat er doch nicht weniger als zwei Jahre dort unter dem schönen Decknamen »Dave M. Churchyard« (»Kirchhof«) gearbeitet. In *Permanent Record* gibt Snowden an, sich nicht mehr genau an die Abfolge seiner einzelnen Jobs zu erinnern, und daher keine genauen Daten nennen zu können. Dabei gibt es seit Jahren den öffentlich zugänglichen offiziellen Untersuchungsbericht des US-Senats zum Fall Snowden, in dem die exakten Daten seiner jeweiligen Beschäftigungsverhältnisse aufgeführt werden, er hätte dort also nachschauen können. Warum er das nicht getan hat – ein weiteres Rätsel.

Während seiner Zeit in Genf, so der Senatsuntersuchungsbericht, bewarb sich Snowden angeblich auf den

Posten des europäischen CIA-IT-Leiters in Brüssel, wurde jedoch nicht genommen und beschwerte sich daraufhin bei der CIA-Führung. Davon ist in seiner Autobiographie keine Rede. Im September 2008 beantragte er seine Versetzung in die Vereinigten Staaten. Als das abgelehnt wurde, reiste er auf eigene Faust zurück in die USA und erhielt dafür eine Rüge. Ein interessantes Detail seiner Jugendzeit publizierte die Online-Plattform *Ars Technica* kurz nach Beginn der Leaks 2013. Sie gab bekannt, dass Snowden unter dem Pseudonym *TheTrueHOOHA* zwischen 2001 und 2012 regelmäßig Beiträge postete, in denen er ziemlich rechtskonservative Meinungen kundtat. So postete er 2009, als er seinen eigenen Angaben nach schon mitten im Umdenkprozess war, dass Personen, die staatliche Geheiminformationen via *WikiLeaks* an die Presse gäben (*Leaker*), erschossen werden sollten. Auch äußerte er sich dagegen, das Recht auf Schusswaffenbesitz in den USA einzuschränken und drohte damit, zusammen mit seinen waffenvernarrten Kumpels den Kongress zu stürmen. Außerdem kritisierte er Obamas Wirtschaftspolitik, sprach sich gegen eine staatliche Sozial- und Krankenversicherung aus und für den Rückkehr zum Goldstandard des Dollar. Damit stellt sich natürlich die Frage, wie das zusammengeht mit seinen eher linksliberalen Überzeugungen, die er seit 2013 vertritt und die er laut seiner Autobiographie von 2019 eigentlich schon immer hatte. Eine mögliche Interpretation wäre, dass er ganz bewusst »rechte« Inhalte postete, um einen möglichen Verratsverdacht gegen sich zu entkräften, weil er davon ausging, dass die Geheimdienste ohnehin das ganze Internet mitlesen und speichern und dass die US-Geheimdienste daher schwarz auf weiß lesen konnten, dass er kein linker Spinner war, sondern ein »aufrechter Patriot« von der rechten Seite. Oder er war ursprünglich tatsächlich ziemlich weit rechts angesiedelt in seinen Überzeugungen und wollte das nach 2013 nicht mehr wahrhaben beziehungsweise möglichst vergessen machen. Die Wahrheit dürfte in der Mitte liegen. Als linksliberaler Überzeugungstäter hätte er sich wohl kaum freiwillig zur US-Armee gemeldet, um den Irak-Krieg mitzumachen, der schon damals sehr umstritten war und, wie wir heute wissen, aufgrund von Vorspiegelungen falscher Tatsachen seitens der US-Regierung und ihrer britischen Erfüllungsgehilfen begonnen wurde.

Nach den Problemen bei der CIA kündigte er seinen Vertrag und wechselte zum Militärgeheimdienst NSA beziehungsweise zu dessen Subunternehmer, der Computerfirma *Dell.* Im Rahmen dieser Tätigkeit wurde er von *Dell* im August 2009 wunschgemäß nach Japan versetzt, zur *Yokota Airbase* bei Tokio, dem Hauptquartier der US-Streitkräfte in Japan, wo auch das NSA-*Pacific Technical Center,* eine gigantische Abhörstation, untergebracht ist. Es handelt sich dabei um eines von insgesamt fünf solcher *Technical Centers,* ein anderes, das *European Technical Center,* ist in Mainz-Kastel disloziert, und hört den europäischen Raum ab. Snowdens Hauptaufgabe in Japan: die IT-Struktur der NSA mit jener der CIA zu verbinden. Zudem sollte er angeblich eine Art globales Backup-System für die NSA anlegen und dabei das Problem der Deduplizierung von Daten lösen, sprich: zu verhindern, dass von ein und derselben Datei, die mehrfach vorliegt, auch unnötigerweise mehrfache Backup-Kopien hergestellt werden. Stattdessen sollte auch von mehrfach vorhandenen, identischen Dateien jeweils nur eine Kopie im Backup-System aufbewahrt werden, um Platz zu sparen. Schließlich sollte er die dortigen IT-Beauftragten in der Abwehr chinesischer Hacker-Angriffe schulen. In Yokota passierte nun angeblich Folgendes: Snowden übernahm vertretungsweise für einen erkrankten Kollegen den Auftrag, einen Vortrag über die von der Volksrepublik China (VRC) eingesetzten Überwachungstechniken im Internet zu halten. Bei seiner Recherche für den Vortrag stieß er nun angeblich auf Dinge, die ihn seinen Angaben nach beunruhigten. Und zwar auf Hinweise, dass die USA womöglich ähnliche oder noch schlimmere Fähigkeiten besäßen als die VRC, was die Massenüberwachung des Internets anging. Daher setzte er seine Recherchen, diesmal zu den Überwachungsfähigkeiten der USA, fort, nachdem er den Vortrag längst gehalten hatte. Diese Recherchen führte er in den internen IT-Systemen von CIA und NSA durch. Dabei fand er einen Bericht zur Abhörpraxis der USA. Und war entsetzt, was er da zu lesen bekam. Denn der Bericht beschrieb en détail all die illegalen Vorgehensweisen, welche die US-Regierung insgeheim – ohne Information der Öffentlichkeit – autorisiert hatte. Im Zentrum stand eine Präsentation des Überwachungsprogramms *Stellarwind* (Sternenwind). Statt Amerika zu verteidigen, wurde dieses Programm eingesetzt, um Amerika zu überwachen. Snowden sagt, er sei davon schockiert gewesen.

Ende 2010 verließ er Japan wieder und kehrte nach Maryland zurück, wo er nun im Vertrieb von Dell arbeitete, als einer der Koordinatoren zwischen Dell und der CIA. In dieser Funktion, offiziell *Solutions Consultant* genannt, arbeitete er mit dem CIA-IT-Chef und dem CIA-Technologie-Chef zusammen. Er bezog mit seiner Freundin ein Haus und schenkte Lindsay zum Valentinstag 2011 einen Revolver, den sie sich von ihm gewünscht hatte. Snowden weist darauf hin, dass es seltsam ist, dass weder die Staatsverwaltung noch private Konsumenten sich fragen, warum ihnen die IT-Konzerne den damals in Mode gekommenen »Cloud«-Speicherplatz so billig beziehungsweise gratis anbieten. Dabei sei die Antwort denkbar einfach: Weil sie damit noch besseren Zugang zu den jeweiligen Datensätzen haben. Technisch sei die »Cloud« ein Rückschritt hin zu den alten Großrechnerstrukturen – da war man technologisch mit dem völlig autarken Personal Computer weiter. Doch es gelang mit einem aberwitzigen Marketing-Aufwand, die ganze Welt davon zu überzeugen, dass der Rückschritt ein Fortschritt sei. Akzeptiert man die Geschäftsbedingungen der Cloud-Anbieter, gibt man den Eigentumsanspruch an seinen Daten auf, die Verfügungshoheit über diese Daten geht über an die Cloud-Konzerne. In die Phase, in der Snowden angeblich diese Erkenntnisse hatte, fielen (angeblich) auch seine ersten konkreten Krankheitssymtome, die ihn in der Folge noch beschäftigen sollten. Erst nach und nach verstand er, dass bei ihm – wie etwa im selben Alter bei seiner Mutter – die Epilepsie ausgebrochen war. Nach der Ermordung von Osama bin Laden durch US-Soldaten am 1. Mai 2011 geriet er angeblich in eine tiefe Sinnkrise. Rückblickend stellte er fest, dass er sein Leben in den vergangenen zehn Jahren dem Dienst der falschen Sache gewidmet habe. Einem Staat, der mit zunehmendem Tempo seine Rechtsstaatlichkeit aufgab und stattdessen ein System von staatlichem Terror gegen die eigene und die Bevölkerung der meisten anderen Länder auf dieser Erde aufzog. Zwischen September 2011 und Januar 2012 verschwand er vier Monate von der Bildfläche, er arbeitet in dieser Zeit laut dem offiziellen Untersuchungsbericht nicht für einen der US-Geheimdienste oder eine Vertragsfirma. Was er in dieser Zeit getan hat, bleibt bis heute unklar. Offiziell sagt er, er habe sich um die bei ihm diagnostizierte Epilepsie kümmern müssen. Im März 2012 heuert Snowden erneut bei der Computerfirma *Dell* an, die einen Auftrag der NSA gewonnen hat, im *Office of Information Sharing* des *NSA*

Cryptological Center (Kunia Tunnel, Oahu, Hawaii) die Aufgaben eines Systemadministrators zu versehen. Das *Hawaii Regional Operations Center der NSA* auf der hawaiianischen Insel Oahu befasst sich mit der elektronischen Überwachung der VRC und Nordkoreas. Snowdens Einsatzort war das in einem unterirdischen Stollen aus dem Zweiten Weltkrieg untergebrachte *Kunia Regional SIGINT Operations Center,* 2012 für rund 400 Millionen Dollar modernisiert und in *Hawaii Cryptologic Center* (NSA) umbenannt. Diese Einrichtung gehört – wie auch der *Dagger Complex* bei Darmstadt (BRD) – zum weltweiten *Echelon*-Abhörsystem, das von USA, Kanada, Großbritannien, Australien und Neuseeland gemeinsam betrieben wird. Die restlichen NATO-Staaten einschließlich BRD gehören diesem Abhörverbund nicht an und bekommen auch nur ausnahmsweise Informationen zur Verfügung gestellt, die in diesem Rahmen anfallen. Auf Hawaii hatte Snowden erstmals aus der Nähe mit den später berüchtigten US-amerikanischen Programmen zur Überwachung der weltweiten Internetkommunikation zu tun. Es handelte sich dabei um die Programme *XKeyscore, PRISM, Stellarwind* (als Teil des PSP) und *Boundless Informant,* das noch umfassendere britische Überwachungsprogramm *Tempora* und viele andere mehr. Offiziell sollte sich Snowden hier um die Einrichtung und den Betrieb des NSA-internen *Sharepoints* kümmern. *Sharepoint* ist ein Microsoft-Produkt, das gleich einem Marktplatz dazu dienen soll, allen Abteilungen einer Firma die Gelegenheit zu geben, auf einer gemeinsamen Plattform ihre jeweiligen Neuigkeiten auszutauschen. Vorteil für Snowden: als Administrator hatte er Leseberechtigung für alle Bereiche der NSA, zumindest, soweit sie dort Informationen einstellen sollen. Hier konnte er nun fortsetzen, was er 2009 in Tokio begonnen hatte: die umfassende Suche nach Belegen für die immer weiter um sich greifenden Rechtsbrüche der US-Geheimdienste. Offiziell war der Umzug nach Hawaii damit begründet, positive Effekte für seine Gesundheit und seine Epilepsie zu erzielen: weniger Stress, mildes Klima, mehr Bewegung (die neue Arbeitsstelle ließ sich bequem mit dem Fahrrad erreichen), und mehr Schlaf, denn der chronische Schlafmangel durch die Nachtschichten wurde als Hauptauslöser für die Epilepsie identifiziert.

Bei seiner weiteren Suche nach Belegen für die NSA-Rechtsbrüche nutzte er die internen *Readboards* (»schwarze Bretter«). Jeder NSA-Stützpunkt führt solche *Readboards*, sprich: Nachrichtenblogs, um über wichtige neue Entwicklungen zu informieren. Snowden ging nun daran, eine Vielzahl von *Readboards* aller möglichen NSA-Stützpunkte inklusive der Zentrale in Fort Meade zu durchforsten. Da er das *Office for Information Sharing* führte, war das nicht auffällig, da es ja zu seinem Arbeitsauftrag gehörte, alle für die in Kunia stationierten NSA-Mitarbeiter wichtigen Informationen zu sammeln und im *Sharepoint* aufzubereiten. Um sein eigentliches Ziel zu tarnen, teilte er einige der von ihm gesammelten Informationen (Dateien, Präsentationen et cetera) über das *Sharepoint*-System mit seinen Kollegen in Kunia. Um die aufwendige Arbeit etwas zu vereinfachen, schrieb er nun ein paar Computerprogramm-Skripte, welche die Suche nach und das Kopieren von neuen Einträgen in den betreffenden *Readboards* automatisierten. Dabei schloss er neben dem NSA-Netzwerk auch diejenigen von CIA, FBI und dem JWICS (*Joint Worldwide Intelligence Communication System*) des US-Verteidigungsministeriums mit ein. Die angehäuften Informationen wurden nach Geheimhaltungsgrad sortiert, so dass jeder NSA-Mitarbeiter in Kunia diejenigen Informationen zu Gesicht bekam, die seiner Sicherheitsfreigabe entsprachen. Nur Snowden konnte alle Informationen einsehen. Snowden nannte dieses automatisierte Mitarbeiter-Informationssystem *Heartbeat* (Herzschlag). Auf dem von ihm beaufsichtigten *Heartbeat*-Server wurde von allen gesammelten Informationen/Dateien jeweils eine Kopie abgelegt, die Snowden dann zum Privatstudium nutzte. *Heartbeat* wurde für ihn zum zentralen Recherche-Tool, einen Großteil der Informationen, die er später an Journalisten weitergab, fand er über dieses umfassende, private Multi-Organisation-Such(-Spionage-) Programm. Durch die so erhaltenen Informationen erkannte er, dass das NSA-Programm PRISM beispielsweise der NSA Zugang zu Nutzerdaten der Konzerne *Microsoft, Yahoo, Google, Apple, Facebook, Youtube* und *Skype* verschaffte. Das Programm *Upstream Collection* ergänzte diese umfassende Überwachung aller Internet-Nutzer durch umfassende Informationsabschöpfung aus der Internet-Infrastruktur, den Routern und Switches der Konzerne. Dazu wurden auch alle internationalen Internet- und Telefonkabelverbindungen angezapft, zuständig hierfür ist die NSA-*Special Collections Operations Unit* (SCO).

Upstream Collection ermöglicht es der NSA auch, mittels des Projekts *Turbulence* (Turbulenz) direkt im Internet-Datenverkehr Informationen abzugreifen. Dazu setzt es ein Programm namens *Turmoil* (»Durcheinander«) ein, das alle Daten kopiert, die einen bestimmten Knotenpunkt passieren. Anschließend übernimmt ein Programm namens *Turbine* die Aufgabe, bestimmte Internet-User zu manipulieren. Wenn *Turbine* anhand bestimmter Selektoren (bestimmter E-Mail-Adressen, Telefonnummern, Namen et cetera) eine Information als verdächtig einstuft, leitet sie diese durch Sabotage-Server der NSA, welche an die jeweilige Information (Suchanfrage, E-Mail, Mitteilung, Likes et cetera) insgeheim Schadprogramme (Malware) anhängt, mit der die NSA dann Zugang zum Computer des Absenders dieser Anfrage erhält (falls sie ihn nicht schon hat). Denn die jeweilige Antwort auf die Suchanfrage o. Ä. enthält jetzt Malware, die es der NSA ermöglicht, jederzeit Zugang zum Computer, Smartphone, Tablet eines Users zu erlangen. Der gesamte Vorgang dauert weniger als eine Sekunde. Damit stehen dem Geheimdienst ab diesem Zeitpunkt alle, auch die privatesten Informationen des betreffenden Internet-Nutzers zur Verfügung. Im September 2012 absolvierte Snowden einen Aufnahmetest für die NSA-eigene Hacker-Abteilung, genannt *Tailored Access Operations* (TAO), den er bestand, das anschließende Jobangebot allerdings ablehnte. Nach ersten Überlegungen Snowdens, das von ihm zusammengetragene Material gegen die US-Geheimdienste über *Wikileaks* zu veröffentlichen, verwarf er diese Option aus nicht ganz nachvollziehbaren und in seinem Buch nicht sehr deutlich gemachten Gründen, und entschied sich dafür, direkt an die Presse zu gehen. Um zu verhindern, dass bei Übergabe der Dokumente an einen einzigen Pressekonzern dieser unter dem Druck der US-Regierung letztlich von der Publikation absehen würde, streute Snowden die Dokumente an verschiedene Journalisten von verschiedenen Pressekonzernen innerhalb und außerhalb der USA. Im Januar 2013 kontaktiert Snowden unter dem Decknamen *»citizenfour«* (»Bürger 4«) die Filmemacherin Laura Poitras, um mit ihr eine verschlüsselte E-Mail-Verbindung aufzubauen (der zuvor kontaktierte britische Journalist Greenwald war dazu offenbar technisch nicht in der Lage). Den Namen wählte Snowden angeblich, da er sich als vierten in der Reihe der NSA-*Whistleblower* Daniel Ellsberg, Anthony Russo und Thomas Drake sah. Als letzten Decknamen nutzte er während der Eröffnungsverhandlungen mit den Journalisten den Namen »Verax« (»Der die Wahrheit sagt«), als Anspielung auf das »Alias Mendax« (»Lügner«), das Julian Assange zu Beginn seiner Hacker-Karriere verwendete. Um seine Identität auch technisch gegenüber den ihm wohlbekannten, hochentwickelten Erkennungsprogrammen der US-Geheimdienste gegenüber zu verbergen, entschloss er sich, als unautorisierter Nutzer fremde WLAN-Systeme zu nutzen, um den eindeutigen, weltweit jeweils einmaligen Identifizierungscode seines Zugangsinstruments (Smartphone/Laptop/Router) zu verbergen, den sogenannten *Machine Address Code* (MAC, Maschinenadressenziffern). Er begann also, in seinem Auto auf Oahu herumzufahren und dabei über eine Spezialantenne freie oder schlecht geschützte WLAN-Router zu suchen, über die er sich als heimlicher Co-Passagier ins Internet einloggen konnte (angezeigt wurde dann ein Fake-MAC, den Snowden auf seinem Laptop mittels des Linux-Betriebssystems *Tails* erzeugte). Auf diese Weise getarnt, nahm er mit den Journalisten Kontakt auf beziehungsweise rief die E-Mails seiner Fake-Adressen ab.

Eine weitere Schwierigkeit war, die Dateien auf den NSA-Systemen zu öffnen und zu kopieren, ohne verräterische Spuren innerhalb des NSA-Systems zu hinterlassen. Aber auch die hochentwickelten Abwehrsysteme der NSA hatten ihre Lücken, wie Snowden als Systemadministrator herausfand. So war er in der Lage, durch das von ihm betriebene Programm *Heartbeat* letztlich die zentralen Geheimdienste der USA von innen her auszuspionieren. Das Problem war nun, die Dateien in Ruhe zu durchsuchen. Das ging auf dem *Heartbeat*-Server nicht, ohne jede Menge verräterischer Spuren zu hinterlassen. Die Computer, mit denen seine Abteilung arbeitete, waren neue Computer, die kein eigenes Betriebssystem mehr hatten und alles in Cloud-Laufwerken speicherten, die wiederum extern überwacht wurden. Daher musste Snowden einen anderen Weg finden, die Dateien zu inspizieren, auch um – wie er sagte – legitime Geheimnisse der USA zu schützen, die er nicht an die Journalisten weitergeben wollte. Es wäre natürlich interessant zu erfahren, welche US-Geheimnisse Snowden als legitim ansah. Bislang hat Snowden darüber zumindest öffentlich kein Wort verloren. Es gab in der IT-Abteilung seiner Einheit noch ein Lager mit ausrangierten älteren Personal Computern, auf denen eigenständige Betriebssysteme installiert waren und die autonom betrieben werden konnten, ohne verräterische Rückbindung an die Cloud. Snowden nahm sich einen dieser Computer, unter dem Vorwand, er müsse Kompatibilitätsprüfungen mit älteren Computersystemen vornehmen. Somit hatte er die Dateien zwar technisch aus dem Netzwerk herausbekommen, aber noch nicht physisch aus dem militärisch abgesicherten Stützpunkt, auf dem er arbeitete. Dazu musste er die Dateien jetzt auf Speichermittel kopieren, die klein genug waren, um sie herauszuschmuggeln, aber groß genug waren beziehungsweise ausreichend viele Daten aufnehmen konnten, um nicht jahrelang mit diesem Teil des Daten-Exfiltrationsprozesses beschäftigt zu sein. Er benutzte dazu Mikro-SD-Karten, wie sie jeder Smartphone-Besitzer kennt. Darauf gehen 512 GB und mehr, damit kann man also schon eine ganze Menge Dateien packen. Snowden begann nun also, eine Menge dieser Mikro-SD-Karten zu befüllen, sprich: die zu kopierenden Daten zu deduplizieren, zu komprimieren und zu verschlüsseln. Wie er das schaffte, ohne Spuren auf dem NSA-Computer zu hinterlassen, verrät er in seinem Buch nicht. Begründung: er wolle, dass die NSA auch morgen noch stehe – offenbar mit dem Hintergedanken, dass sonst zu viele Mitarbeiter*innen der NSA auf ähnliche Ideen kommen könnten. Also muss ihm die NSA geradezu dankbar sein, dass er diesen Trick bisher nicht verraten hat. Mittels der winzigen Speicherkarten schmuggelte er erfolgreich mehrere Terabyte Daten aus dem NSA-Bunker heraus.

Viel Aufwand verwendete er darauf, weder an seinem Arbeitsplatz noch auf seinem heimischen Laptop Spuren von den kopierten Daten zu hinterlassen, sondern alles sozusagen »besenrein« zu machen. Das Problem dabei: alle Computerdateien enthalten versteckte »Metadaten«, die genaue Auskunft über Herkunft und Bearbeiter der Daten geben, also direkt auf Snowden zurückverweisen würden. Diese zu entfernen, traute sich Snowden nicht, da er sich nicht sicher sein konnte, alle zu erwischen, andererseits sich aber auch nicht den Vorwurf zuziehen wollte, die Dateien manipuliert zu haben. Der einzige Ausweg war, seine Daten so zu verschlüsseln, dass kein noch so avancierter Regierungscomputer in der Lage wäre, diese Verschlüsselung zu knacken. Am Freitag, den 15. März 2013 kündigte Snowden seinen Job bei Dell und wechselte gegen ein Jahresgehalt von 120.000 Dollar als »NSA-Infrastrukturanalyst« zu *Booz Allen Hamilton* (BAH), um noch besseren Zugriff auf die weltweiten NSA-Überwachungsumtriebe zu bekommen. Sein neuer Arbeitsplatz war das NSA/CSS *Threat Operations Center* (NTOC) im neuen *Cryptologic Center* bei Wahiawa, Oahu, Hawaii. Während seiner Tätigkeit als externer IT-Systemadministrator für NSA-Dienststellen auf Hawaii soll er fast zwei Millionen NSA-Dateien kopiert und nach Hause mitgenommen haben. Er nutzte Dienstreisen zur Zentrale von BAH und zur NSA nach Fort Meade dazu, soviele Zusatzinformationen wie möglich in Erfahrung zu bringen – das muss man

Snowden lassen, er verfügte über alle Techniken eines professionellen Kundschafters und nutzte die ihm eingeräumten Spionage-Möglichkeiten immer bis zum Anschlag aus. Mitte Mai 2013, nur zwei Monate nach dem Arbeitsbeginn bei BAH, meldete Snowden sich, nachdem er alle für ihn erreichbaren Dateien zu den Rechtsbrüchen kopiert und herausgeschmuggelt hatte, unter dem Vorwand, eine ärztlich verordnete Behandlung seiner Epilepsie-Erkrankung anzutreten, bei BAH für ein paar Wochen dienstunfähig.

Am Montag, den 20. Mai 2013 flog Snowden von Hawaii via Tokio nach Hongkong. Seiner Freundin hatte er nichts von der Flucht und seinem Vorhaben erzählt, um diese nicht mitverantwortlich zu machen. Daher liefen die später eingeleiteten US-Untersuchungsmaßnahmen gegen sie wie geplant ins Leere. Hongkong hatte er für die geplante Kontaktaufnahme mit einzelnen Pressevertretern ausgewählt, da es weit genug von den USA weg liegt, um vor dem direkten Zugriff von US-Diensten einigermaßen sicher zu sein. In Hongkong angekommen, hatte er die erste Etappe des von ihm geplanten Feldzugs gegen die illegal operierenden US-Geheimdienste erfolgreich beendet. Er war der NSA entkommen, niemand war ihm auf die Spur gekommen, niemand hatte ihn verhaftet, bevor er in der relativen Sicherheit Hongkongs eingetroffen war. Doch es gab neue Schwierigkeiten: die Journalisten, die er kontaktiert hatte, waren noch nicht ganz von der Sinnhaftigkeit eines Treffens mit ihm überzeugt. Es bedurfte noch einiger alarmierter Mails Snowdens, um Poitras und Greenwald schließlich dazu zu bringen, in einen Flieger nach Hongkong zu steigen. Währenddessen engagierte Snowden in Hongkong mit Hilfe Greenwalds den auf die Abwehr von Auslieferungsgesuchen spezialisierten Rechtsanwalt Robert Tibbo. Dieser riet ihm als erstes, das Hotel, in dem Snowden die ersten vierzehn

Tage in Hongkong verbracht hatte, zu verlassen und eine private, geheime Unterkunft zu nutzen. Snowden wurde daraufhin von einer Gruppe illegaler Immigranten in Hongkong aufgenommen. Die US-finanzierte russische Zeitung *Kommersant* wiederum schrieb, er habe stattdessen den größten Teil seiner Zeit in Hongkong im russischen Konsulat verbracht. Poitras und Greenwald trafen schließlich nach zehn Tagen, am Sonntag, den 2. Juni 2013 in Hongkong ein und begegneten am selben Tag auch Snowden erstmals. Offenbar waren sie etwas enttäuscht, dass er so jung und gesund war. Sie hatten einen älteren, zynischen, sterbenskranken Geheimdienstmitarbeiter erwartet, der als letzte Tat seines Lebens noch den großen Verrat durchziehen will. Sie konnten anfangs nicht verstehen, warum ein so junger Mensch durch diesen Mega-Verrat sein Leben endgültig ruinieren wollte. Doch Snowden konnte sie schnell davon überzeugen, dass das Material, das er zu bieten hatte, besser war als alles, was bisher von *Whistleblowern* an die Presse gegeben wurde. In endlosen Sitzungen erklärte er Poitras, Greenwald und dem mitgereisten *Guardian-Redakteur* Ewen MacAskill die Programme, die Zusammenhänge und das Vorgehen der US-Regierung beziehungsweise der US-Geheimdienste. Ab Mittwoch, dem 5. Juni 2013 veröffentlichten die *Washington Post* und die britische Tageszeitung *Guardian* erste Dokumente aus seinem Bestand, zunächst ohne Snowdens Identität preiszugeben. Um zu verhindern, dass die US-Dienste mit Schmähgeschichten seine Person und die von ihm übermittelten Informationen entwerten, entschloss sich Snowden einige Tage später, an die Öffentlichkeit zu gehen und seine Anonymität zu beenden. Am Sonntag, dem 9. Juni 2013 gab er dem *Guardian* ein Video-Interview, in dem er mit seinem vollen Namen die Verantwortung für diese Hinweisgeber-Aktion übernahm.

Snowden enthüllte den Journalisten gegenüber auch Cyberkriegsprogramme wie *MonsterMind.* Diese enthalten Tools für automatisierte Gegenangriffe – die im Fall einer »gefälschten« Cyber-Attacke, die einem daran unschuldigen Land zugeschrieben werde, allerdings den Falschen treffen würden, und einen umfassenden globalen Cyberkrieg *jeder gegen jeden* auslösen würden. Zu seiner Unterstützung traf gleichzeitig die von Julian Assange zu ihm geschickte Sarah Harrison (*WikiLeaks*) in Hongkong ein, um ihn bei seinen weiteren Schritten zu beraten. Am Freitag, den 14. Juni 2013 reichte die US-Generalstaatsanwaltschaft Klage gegen Snowden ein wegen Diebstahls von Regierungseigentum und Verstößen gegen das Anti-Spionage-Gesetz von 1917. Jeder dieser Anklagepunkte kann in den USA mit bis zu zehn Jahren Haft bestraft werden, die in den USA addiert werden, so dass ihm dadurch schlimmstenfalls dreißig Jahre Haft drohten. Von einer möglichen Ausweitung der Anklage im Lauf des Verfahrens Richtung Todesstrafe ganz abgesehen. Zudem wird ein solches Verfahren unter Ausschluss der Öffentlichkeit geführt (wegen der geheimen Gegenstände des Verfahrens) und entzieht dem Angeklagten das Recht auf eine eigene Stellungnahme zur Anklage. US-Rechtsexperten halten es ohnehin für einen Skandal, dass gegen *Whistleblower* dieses völlig überholte und brutale Gesetz zur Anwendung kommt, das 1917 im Umfeld des Ersten Weltkriegs erlassen und seitdem nie mehr geändert wurde. Zudem ist es eigentlich nur gedacht für Fälle, in denen Staatsgeheimnisse an Dritte gegen finanziellen Profit, also gegen Geld verkauft wurden. Die Weitergabe von Staatsgeheimnissen an die Öffentlichkeit ohne finanzielle Absichten ist dort gar nicht berücksichtigt. Damit verbunden wurde am Freitag, den 21. Juni 2014 ein US-Haftbefehl gegen Snowden erlassen, zu dessen Ausführung die Behörden in Hongkong aufgefordert wurden. Sie sollten Snowden so lange in Gewahrsam nehmen, bis der entsprechende Auslieferungsantrag fertiggestellt sei. Hongkong teilte Snowden nunmehr mit, dass sein Aufenthalt nicht länger toleriert werde. Er sah ein, dass es Zeit für einen Ortswechsel war. Doch vorher löschte er die Festplatten seiner vier Laptops und zerstörte (angeblich) den Geheimschlüssel, so dass jetzt niemand mehr – außer den Journalisten, denen er (angeblich) jeweils einen vollen Datensatz in Kopie übergeben hatte – mehr an die Daten herankäme bei seiner Festnahme. Am Samstag, den 22. Juni wurde sein Pass ungültig erklärt, allerdings kam diese Information verspätet in Hongkong an. Daher konnte Snowden zusammen mit Sarah Harrison am Sonntag, den 23. Juni 2013 an Bord einer Aeroflot-Maschine Hongkong Richtung Moskau verlassen. Von dort aus wollte er (angeblich) nach Ecuador weiterreisen, wo man ihm Asyl zugesichert habe. Am selben Tag kam er in Moskau an, inzwischen war die Ungültigkeit seines Reisepasses jedoch von den USA international bekannt gemacht worden, so dass Snowden jetzt nicht mehr weiterreisen konnte. Am 25. Juni forderte US-Außenminister Kerry Russland auf, Snowden an die USA zu überstellen, was Russland ablehnte. Snowden bat derweil in weiteren Ländern um Asyl, in der Hoffnung, dort hinzukommen, ohne den USA in die Hände zu fallen. Doch alle angesprochenen Länder, zumal die westeuropäischen (inklusive BRD), lehnten ab.

Nach neununddreißig Tagen im Transitbereich des Flughafens Scheremetjewo erhielt Snowden am Donnerstag, dem 1. August 2013, eine temporäre, einjährige Aufenthaltsgenehmigung für Russland und konnte den Flughafen erstmals verlassen. Ein Jahr später erhielt er eine dreijährige Aufenthaltsgenehmigung, die 2017 und 2020 jeweils um weitere drei Jahre verlängert wurde. Er verdient seitdem seinen Lebensunterhalt mit Vortragshonoraren für Auftritte in Russland und im Internet. Für seine Autobiographie *Permanent Record* hat er einen hohen Vorschuss in Russland ausgezahlt bekommen. Seine temporäre Heimat Russland beschreibt Snowden mittlerweile als wunderschönes Land mit warmherzigen, freundlichen Menschen. Eine Entschuldigung für die im Namen der US-Regierung begangenen illegalen Geheimdienstaktivitäten oder gar Ansätze zu einem Verfahren, die Gesetzeslage so zu verändern, dass solche illegalen Aktivitäten künftig wirksam verboten werden, blieb bisher aus. Der ehemalige Vize-Präsident Al Gore war als einziger führender US-Politiker bereit, einzugestehen, dass die Gesetzesbrüche von Snowden marginal seien gegenüber den von ihm enthüllten Verfassungsbrüchen der US-Geheimdienste. Obama entpuppte sich daher als der Scheinheilige, der er schon immer war – entstellt bis zur Kenntlichkeit, wie Ernst Bloch sagen würde. Bernie Sanders – auch er in manchem scheinheilig – bescheinigte zumindest, dass man Snowden dankbar dafür sein müsse, die Debatte über das Verhalten und die Umtriebe der US-Geheimdienste eröffnet und unumgänglich gemacht zu haben. Letztlich ergab sich daraus jedoch nicht die von Snowden erhoffte Änderung der US-Politik.

In welchem Maße die USA bereit waren, im Fall Snowden jegliche Rücksicht auf diplomatische und juristische Konventionen fallen zu lassen, zeigte folgender Vorfall. Am 2. Juli 2013, während Snowden noch im Transitbereich des Moskauer Flughafens festsaß, wurde das bolivianische Regierungsflugzeug, das den bolivianischen Präsidenten Evo Morales an Bord hatte, auf dem Rückflug von Moskau nach Bolivien zu einer außerplanmäßigen Zwischenlandung in Wien gezwungen. Dort wurde das Flugzeug unter Bruch sämtlicher völkerrechtlicher Abkommen durch österreichische Behörden durchsucht. Es war das Gerücht aufgekommen, an Bord des bolivianischen Flugzeugs werde heimlich Edward Snowden nach Bolivien befördert. Morales konnte seinen Flug erst zwölf Stunden später fortsetzen. Lateinamerikanische Regierungen quittierten das Verhalten der involvierten europäischen Länder mit heftigen Protesten. UN-Generalsekretär Ban Ki-moon kritisierte den Zwischenfall und wies darauf hin, dass unzählige Abkommen in Kraft seien, denen zufolge Staatsoberhäupter internationale Immunität genössen. Laut US-Umfragen beurteilten damals mehr als die Hälfte aller US-Bürger Snowdens Verhalten als legitim, und nur 34 Prozent hielten ihn für einen Verräter. Im März 2014 erklärte der Vorsitzende des US-Generalstabs, dass zu den von Snowden kopierten Dateien nur in geringem Maße solche gehörten, die Gesetzesbrüche belegte, stattdessen aber in der Masse Dateien, die detaillierte Informationen über die militärischen Konzeptionen, Fähigkeiten und Ausrüstungsstand der US-Streitkräfte enthielten. Das kann man glauben oder nicht. 2015 berichteten britische Zeitungen, russische und chinesische Geheimdienste hätten über eine Million verschlüsselter Dateien aus dem Snowden-Fundus entschlüsselt.

Bleibt noch die Frage, in wessen Auftrag Snowden handelte. Es deuten viele Indizien darauf hin, dass er nicht ausschließlich auf eigene Initiative handelte. Möglicherweise handelte es sich bei der von Snowden durchgeführten Aktion um die erfolgreichste Operation Russlands gegen die US-Geheimdienste aller Zeiten. Snowden treibt in seinem Buch hohen Aufwand, um jeden Gedanken an russische Hintermänner zu verscheuchen, aber nach der Lektüre bleibt angesichts der vielfach unerklärlichen Wendungen und Strategien Snowdens nur ein Schluss übrig: Die Fäden, an denen Snowden hing und hängt, wurden in Moskau gezogen. Zu glatt ist seine Entwicklung vom patriotischen Armee-Freiwilligen bis zum höchstkarätigen Hochverräter aller Zeiten. Jemand, der so mir nichts dir nichts darauf verfällt, systematisch die NSA auszuspionieren und sie dabei mit ihren eigenen Waffen zu schlagen, überstrapaziert die Gutgläubigkeit seiner Leser, wenn man alles nur seinem Idealismus und seiner offenbar an Genialität grenzenden Intelligenz zuschreiben soll. Daher sollte man bis auf weiteres davon ausgehen, dass er spätestens bei seinen Auslandsaufenthalten in Genf beziehungsweise in Tokio von den russischen Diensten rekrutiert und instruiert wurde.

24. Die Affäre Boursicot

Wie die Liebe hinfällt

Wenn es nach der weltweiten Boulevardpresse geht, darf sich die folgende Episode der Spionagegeschichte den Titel kurioseste Geheimdienstaffäre aller Zeiten zurechnen lassen. Das Geschehen trug sich in den 1960er und 1970er Jahren des 20. Jahrhunderts in Peking zu, Hauptstadt der Volksrepublik China. Die Protagonisten waren ein kleiner Angestellter der französischen Botschaft dort, namens Bernard Boursicot, und eine Person namens Shi Peipu (1938–2009). Warum rauschte der Blätterwald derart, was war so außergewöhnlich an dieser Affäre? Um die Antwort kurz vorwegzunehmen: Weil hier der Einsatz der sexuellen Komponente laut Journaille ein bis dahin unerreichtes Niveau erreicht habe. In der Geschichte der Spionage hatte es schon oft Liebesaffären im Hintergrund gegeben, gehörte der Einsatz von »Romeos« und *honey traps*, also den in den allermeisten Fällen erfolgreich gestellten Liebesfallen, zum Standardrepertoire der Geheimdienste. In den Gazetten las sich die Geschichte so: Hoher französischer Diplomat wird im kommunistischen Peking der 1960er Jahre von einer geheimnisvollen chinesischen Sängerin verführt, zur Spionage animiert und über fast zwei Jahrzehnte durch Liebeshändel an sie gebunden, einschließlich exquisiter sexueller Dienstleistungen. Am Ende der zwei Jahrzehnte macht der Diplomat sich gleich doppelt zum Gespött der Welt: Weil er als Spion aufflog, und weil sich herausstellte, dass die Sängerin in Wahrheit ein Mann war, der ihm über diese lange Zeit erfolgreich vorgespiegelt hatte, in allen, aber auch wirklich allen Hinsichten eine Frau zu sein.

Doch wie lief die Geschichte in Wirklichkeit ab? Schauen wir uns die eher nüchternen Details einmal näher an. Die Protagonisten der Geschichte, Shi Peipu und Bernard Boursicot, lernen sich Ende 1964 bei einer Weihnachtsveranstaltung der französischen Botschaft in Peking kennen. Boursicot, ein junger Mann von gerade einmal 20 Jahren, ist einige Wochen zuvor nach Peking versetzt worden. Frankreich hat im Januar 1964 die Volksrepublik China als erstes westliches Land nach dem Koreakrieg diplomatisch anerkannt und anschließend in Peking eine Botschaft eröffnet. Boursicot ist an der Botschaft als Buchhalter angestellt. Der junge Franzose hat bis zu diesem Zeitpunkt ausschließlich homosexuelle Beziehungen geführt, will nun aber seine Bisexualität ausleben und eine Beziehung mit einer Frau eingehen. Shi Peipu, damals 26 Jahre alt, ist Sängerin der Peking-Oper, wo Männer traditionsgemäß auch die weiblichen Rollen verkörpern. Sie ist außerdem Buchautorin, Dichterin, und – damals für Chinesen wirklich außergewöhnlich – spricht sie fließend Französisch. Sie arbeitete damals nebenbei als Sprachlehrer für die Kinder des französischen Botschafters, der diesen Chinesisch beibringen sollte. Shi Peipu erschien bei der Weihnachtsveranstaltung in Männerkleidung, erzählte Boursicot aber, sie sei zwar als Kind einer Familie von Höflingen am kaiserlichen Hof in der Provinz Shandong als Junge erzogen worden, tatsächlich jedoch ein Mädchen. Seine Großmutter habe gedroht, wenn seine Mutter keinen Sohn gebäre, werde sein Vater eine zweite Frau heiraten. Daher sei er der Großmutter gegenüber als Junge ausgegeben worden, tatsächlich sei er ein Mädchen. Sie sei Sängerin an der Peking-Oper, wo sie ausschließlich Frauenrollen verkörpere. Peipus tatsächliche Eltern waren beides Akademiker, ihr Vater ein Universitätsprofessor und ihre Mutter arbeitete als Lehrerin. Sie war in der Provinz Yunnan aufgewachsen und hatte dort auch die Universität besucht und französische Literatur studiert. Ab ihrem siebzehnten Lebensjahr trat Peipu als Sängerin auf.

Der sechs Jahre jüngere Boursicot verliebt sich in die attraktive und geheimnisvolle Shi Peipu. Diese spielte ihm die ganze Zeit weiter vor, eine Frau zu sein, auch in sexueller Hinsicht. Nach dem ersten Beischlaf schafft Peipu es sogar, etwas Blut im Bett zu hinterlassen, als Boursicot einen Moment ins Bad geht. Boursicot geht davon aus, dass sie das erste Mal im Leben mit ihm Sex hatte. 1965 treibt Peipu das Täuschungsmanöver auf die Spitze, als sie Boursicot mitteilt, sie sei schwanger. Boursicot hat gerade den Versetzungsbescheid nach Brasilien bekommen, er wird einige Jahre außer Landes sein, aber er verspricht Peipu, zurückzukommen und für sie und das Kind zu sorgen. 1969 erhält er erneut eine Stelle an der Botschaft in Peking, diesmal als Archivar. Das chinesische Ministerium für Staatssicherheit (MfS) bekommt Wind von der Beziehung und kontaktiert Boursicot. Dieser selber bietet an, Informationen zu übergeben, wenn ihm dafür gestattet werde, Peipu weiter zu sehen. Sie erzählt ihm, sie habe das Kind aus Sicherheitsgründen zu Verwandten in Xinjang gegeben, an der äußersten westlichen Grenze Chinas, da das Kind deutlich europäische Züge aufweise. Deshalb sei es für den Kleinen im Peking der »Kulturrevolution«, wo alles Westliche mit äußerster Aggression behandelt wurde, zu gefährlich. 1972 wird Boursicot erneut versetzt, und kann erst ein Jahr später nach Peking auf Urlaub zurückkehren. Mittlerweile ist die Beziehung etwas abgekühlt, da Peipu seit geraumer Zeit hauptsächlich materielle Forderungen an Boursicot stellt, der ihr jedes Mal westliche Luxuswaren mitbringen soll. Auch der »merkwürdige« Sex mit Peipu macht ihn auf Dauer nicht glücklich. Zu dem Treffen Ende 1973 bringt sie einen 8-jährigen Jungen mit und stellt ihn Boursicot als seinen Sohn vor. Der ist gerührt, meint sogar, eine Ähnlichkeit zwischen ihm und dem Kleinen zu sehen.

Den Jungen, ein Waisenkind, hat der chinesische Geheimdienst zur Verfügung gestellt, von nun an übernimmt es während der Treffen von Peipu und Boursicot die Rolle des gemeinsamen Kindes. Boursicot adoptiert das Kind kurz darauf. Er setzt auch den Deal – Dokumente gegen ein Familienleben mit Peipu und Dudu – mit dem Geheimdienst fort und liefert insgesamt mehr als fünfhundert Geheimdokumente bei seinen Auftraggebern ab. Sein Agentenführer ist der mysteriöse Kang Sheng, langjähriger Chef des Militärgeheimdienstes der VRC (analog zur GRU der Sowjetunion), genannt *Quingbao* (Zweite Hauptabteilung). Zurück in Paris, kündigt Boursicot seine Stelle beim Auswärtigen Amt und lebt die nächste Zeit vom Arbeitslosengeld und vom Handel mit chinesischen Antiquitäten. Zudem lernt Boursicot einen jungen Mann kennen, Thierry, sechs Jahre jünger als er, mit dem er nach kurzer Zeit zusammenzieht. Er genießt die Zeit mit Thierry. 1975 nimmt er erneut eine Stelle beim Auswärtigen Amt Frankreichs an und wird nach New Orleans versetzt. Thierry begleitet ihn dorthin. Sie genießen die Zeit in der *Big Easy* genannten Südstaaten-Metropole, dem Mekka des Jazz und des *Rhythm and Blues*. Als Nächstes erhält Boursicot 1977 eine Stelle an der französischen Botschaft in Ulan Bator, der Hauptstadt der benachbarten Mongolei. Von dort aus besucht er Peipu einige Male in Peking – jedes Mal eine 36-stündige Zugfahrt (für eine Strecke), um Peipu zu sehen, aber hauptsächlich, um seinen Sohn zu treffen. Nach einigen Wochen besucht ihn Thierry in Ulan Bator, da Boursicot für ihn ein Visum erhalten hat. Als er wieder abgereist ist, hat Boursicot einige Affären mit Frauen aus diplomatischen Kreisen in Ulan Bator.

1979 kehrte Boursicot nach Frankreich zurück, die Beziehung zu Peipu endete vorläufig. Doch Boursicot verwendet sich für sie beim Auswärtigen Amt, und so erhält sie eine Einladung für einen dreimonatigen Gastaufenthalt in Frankreich, wo sie Vorträge halten und Konzerte geben soll. Die Einladung gilt auch für ihren Sohn, der mittlerweile Bernard genannt wird. Im Oktober 1982 kommen Shi Peipu und Bernard in Paris an, doch Boursicot wurde kurzfristig nach Belize versetzt, und kann sie daher nicht in Empfang nehmen oder für sie sorgen. Das hat er Thierry überlassen, der in Paris geblieben ist. Einige Wochen später kehrt Boursicot nach Paris zurück. Sie wohnen jetzt zu viert in einer kleinen Wohnung zusammen, Shi Peipu, der Sohn Bernard, mittlerweile 17 Jahre alt, Thierry und Boursicot. Shi Peipu hatte einige Monate zuvor einen leichten Herzanfall, ihre Gesundheit ist fragil. Dennoch gibt sie die vereinbarten Konzerte, und tritt sogar zweimal im französischen Fernsehen auf. Das Visum für sie und ihren Sohn wird um ein Jahr verlängert. Doch längst laufen Ermittlungen von Geheimdienst und Polizei Frankreichs gegen die beiden. Im Juni 1983 schlägt die Polizei zu: in Paris werden Shi Peipu und Boursicot festgenommen und vom französischen Geheimdienst DST verhört. Boursicot wird Hoch- und Landesverrat vorgeworfen, sowie Spionage zugunsten einer ausländischen Macht (VRC). Shi Peipu wird der Mittäterschaft angeklagt. Beide werden zu Gefängnisstrafen verurteilt. Während des Gerichtsverfahrens stellt sich nach einer amtsärztlichen Untersuchung Shi Peipus offiziell heraus, dass diese biologisch männlichen Geschlechts ist. Die französische Presse titelt daraufhin: »Diese chinesische Mata Hari ist ein Mann«. Boursicot erfährt davon, und ihm wird klar, dass seine Beziehung zu Shi Peipu die letzten zwanzig Jahre auf einer Täuschung, einer Lüge beruhte. Dann erhält er auch noch die Mitteilung, dass laut DNA-Test auch der Kleine, Bernard, weder sein leiblicher Sohn noch das Kind von Shi Peipu ist. Das ist, angesichts der über ihn hereinbrechenden öffentlichen Häme, zu viel für ihn. Er unternimmt im Gefängnis einen Selbstmordversuch. Vor Gericht war auch beschrieben worden, dass Shi Peipu bei sexuellen Zusammenkünften mit Boursicot immer darauf bestand, dass diese im Dunkeln stattfanden, dass der Chinese seinen Penis kaschiert habe, und mit seinen Schenkeln eine Penetration vorgespielt habe. 1986 werden beide in einem neuerlichen Verfahren vor dem Berufungsgericht zu sechs Jahren Haft verurteilt. Der französische Präsident Mitterand begnadigt Shi Peipu 1987. Er wird freigelassen und bleibt weiter in Paris wohnen, wo er als Opernsänger auftritt. In Interviews gibt er an, er habe schon immer Frauen und Männer fasziniert. Er stirbt 2009 im Alter von 71 Jahren. Boursicot erhält einige Monate nach Peipu ebenfalls eine Begnadigung, nimmt die Beziehung zu Peipu allerdings nicht wieder auf, und lebt nach seiner Haftentlassung weiter mit Thierry zusammen. Shi Dudu alias Bernard heiratet eine französische Frau und wird Vater von drei Kindern. Wer sich ein wenig mit der französischen Geschichte auskennt, wird sich natürlich an einen anderen bedeutenden Transsexuellen erinnert fühlen, den legendären Chevalier d'Éon, mit vollem Namen Charles Geneviève Louis Auguste André Timothée d'Éon de Beaumont (1728–1810). Dieser französische Diplomat, Soldat, Freimaurer, Schriftsteller und Degenfechter lebte sogar zeitlebens eine Doppelexistenz als Frau. Und auch in seinem Fall brachte erst eine amtsärztliche Untersuchung die Wahrheit ans Licht, dass es sich bei *Madame* um einen

Monsieur handelte. Und auch im Jahr 2020 dreht sich das Rad der Geschichte beziehungsweise der Spionage weiter: Im Juli des Jahres wurde bekannt, dass in Frankreich zwei langjährige Mitarbeiter des französischen Auslandsgeheimdienstes DGSE in einem Verfahren unter Ausschluss der Öffentlichkeit zu langjährigen Haftstrafen verurteilt wurden, weil sie Interna an den chinesischen Geheimdienst *Quingbao* weitergegeben haben sollen.

25. Julian Assange

Ablenken, Diskreditieren, Neutralisieren

Julian Assange muss zwangsläufig in diesem Buch erwähnt werden, und das gleich aus zwei Gründen. Einmal als jemand, der erhebliche militärische und geheimdienstliche Verbrechen öffentlich gemacht hat. Zum anderen aber auch als ein besonders prominentes Opfer geheimdienstlicher Umtriebe (dazu weiter unten gleich mehr). Zudem schwebt Assange seit seiner Verhaftung 2019 in London in großer Gefahr, auch wenn das von der Westblockpresse immer wieder heruntergespielt wird, seine Person bewusst kaum noch erwähnt wird, mit dem Ziel, die öffentliche Aufmerksamkeit von ihm abzulenken, und von seinem gefährdeten Gesundheitszustand. Nicht nur, dass die sieben Jahren selbstgewählten Asyls in einer Kammer der ecuadorianischen Botschaft in London Spuren hinterlassen haben. Auch seine derzeitige Isolationshaft in einem britischen Hochsicherheitsgefängnis fügt seiner Gesundheit weiteren Schaden hinzu. Und nicht zuletzt droht ihm nach wie vor die Auslieferung in die USA. Dort ist bereits ein Gerichtsverfahren gegen ihn vorbereitet worden, bei dem als Urteil auch die Todesstrafe möglich ist.

Der mittlerweile 49-jährige Assange wurde als Julian Paul Hawkins 1971 in Australien geboren. Seine Eltern waren die Malerin Christine Ann Hawkins und der Antikriegsaktivist John Shipton. Das Paar trennte sich vor der Geburt des Kindes. Als Julian ein Jahr alt war, heiratete seine Mutter Brett Assange, einen Schauspieler, mit dem sie eine kleine Theatertruppe leitete. Julian betrachtet ihn als seinen eigentlichen Vater und nahm später auch dessen Nachnamen an.

Seine Mutter ließ sich von Brett Assange 1979 scheiden und begann eine neue Beziehung, die 1982 wieder endete. Alles in allem war Julians Kindheit einigermaßen chaotisch, zusätzlich kompliziert durch dauernde Ortswechsel. Als Teenager hatte er schon an über dreißig verschiedenen Orten in Australien gewohnt. Schließlich ließ sich seine Mutter mit ihm und seinem Halbbruder in der australischen Metropole Melbourne nieder. Assange schaffte trotz seiner chaotischen Kindheit den Schulabschluss und begann nun Mathematik, Physik und Informatik zu studieren, erwarb jedoch keinen Abschluss. 1989 heiratete er eine Frau namens Teresa, mit der er einen Sohn namens Daniel hat, der selbst mittlerweile als Softwaredesigner arbeitet. 1987, gerade 16 geworden, begann Assange mit seinen Internet-Aktivitäten, auch als *Hacking* bekannt, sprich: den zunächst noch spielerischen Versuchen, in Computer-Netzwerke öffentlicher oder wirtschaftlicher Einrichtungen einzudringen, was damals, in der Anfangsphase des Internets, noch relativ leicht war. Zusammen mit zwei anderen Internetaktivisten gründete er eine Hacker-Vereinigung namens *The International Subversives* (die internationalen Subversiven). Im September 1991 dabei ertappt, als er den in Melbourne beheimateten Knotenpunkt des kanadischen Kommunikationsunternehmens Nortel hackte, stürmte die australische Polizei die Wohnung seiner Mutter und durchsuchte sie. 1994 wurde Assange in 31 Fällen von illegalem Eindringen in Computernetzwerke und damit verbundene Vergehen angeklagt, erhielt jedoch angesichts seiner schwierigen Kindheit ein vergleichsweise mildes Urteil.

1993 arbeitete Assange bei der Gründung der ersten öffentlichen Internetangebote in Australien mit. 1994 begann er mit dem Verfassen von Computerprogrammen, so half er beim Erstellen des TCP Port Scanners *Strobe* mit, sorgte

1996 für Sicherheitsupdates für die Open-Source Database PostgreSQL (1996), programmierte eine Usenet Caching Software und weitere Programme, wie etwa das *Rubberhose*-Verschlüsselungssystem (1997), Beleg für sein wachsendes Interesse an Kryptographie. 1999 ließ er die Internet-Adresse (Domain) *leaks.org* auf seinen Namen registrieren, zunächst ohne etwas damit anzufangen. 2006 gründete Assange zusammen mit einigen Mitstreiter*innen die mittlerweile weltberühmte Informationsplattform *WikiLeaks*. Assange wurde Mitglied des Beratungsgremiums der Plattform und beschrieb seine eigene Rolle als die eines Chefredakteurs. *WikiLeaks* veröffentlichte zunächst Internet-Zensurlisten, unterdrückte Informationen, und Geheimmaterial, das ihr von anonymen Quellen zugespielt worden war, so zu US-Drohneneinsätzen im Jemen, Korruption in der arabischen Welt, außergerichtlichen Hinrichtungen in Kenia und einem Ölkorruptionsskandal in Peru. 2008 publizierte *WikiLeaks* während der US-Präsidentschaftswahlen E-Mails vom *Yahoo*-Account der Präsidentschaftsbewerberin Sarah Palin, der von der Hackergruppe *Anonymous* geknackt worden war. Im Herbst 2008 veröffentlichte *WikiLeaks* eine Mitgliederliste der rechtsextremen *Britischen Nationalpartei*. 2009 stellte die Plattform interne Unterlagen zu einem ernsthaften Nuklearunfall in der iranischen Urananreichungsanlage Natanz auf der Homepage ein. Medienberichten zufolge war der Unfall die Folge einer ausländischen Cyberattacke auf das iranische Uranprogramm, hinter der Israel und die USA vermutet wurden. Bis 2015 veröffentlichte die Plattform insgesamt mehr als zehn Millionen Dokumente und Analysen und wurde von Assange als gigantische Bibliothek der geheimsten Dokumente der Welt beschrieben.

Den ersten Höhepunkt öffentlicher Aufmerksamkeit erregte *WikiLeaks* im vierten Jahr seiner Existenz. Im April

2010 begann die Veröffentlichung der gigantischen Menge Geheimmaterials, das die US-Geheimdienstmitarbeiterin Chelsea (Bradley) Manning der Plattform übermittelt hatte. Das Material beinhaltete sowohl das furchtbare, 2007 entstandene Hubschraubervideo (veröffentlicht unter dem Namen *Collateral Murder*/Kollateral-Morde), das zeigt, wie US-Soldaten von einem Hubschrauber aus grundlos – und bis heute ungestraft – achtzehn unschuldige Menschen im Irak ermorden. Publiziert wurden in diesem schicksalhaften Jahr auch die Geheimunterlagen zum Afghanistan-Krieg der USA, veröffentlicht unter dem Titel *Afghanistan War logs* (Afghanistan Kriegsakten, Juli 2010), die entsprechenden *Iraq War logs* (Irak Kriegsakten, Oktober 2010), und die *Guantánamo files* (Guantanamo-Unterlagen, April 2011), die alle furchtbare US-Kriegsverbrechen und sonstige illegale, völkerrechtswidrige US-Aktionen in den betroffenen Ländern und darüber hinaus belegten. Wurde *WikiLeaks* bis zu diesem Zeitpunkt in der öffentlichen Meinung, sprich: in der Westblockpresse, überwiegend positiv dargestellt, so drehte sich das erstmals mit der Publikation von 750.000 geheimen Unterlagen des US-Außenministeriums im November 2010, bekannt geworden als die *Cablegate*-Unterlagen. Die darin enthaltenen Nachrichten, die von US-Botschaften ans Außenministerium in Washington, D.C., übermittelt worden waren, belegten die völkerrechtswidrigen Spionageaktivitäten der USA gegenüber den Vereinten Nationen (UNO) und wichtigen Staatschefs weltweit, belegten bisher verborgen gebliebene Spannungen zwischen den USA und ihren engsten Verbündeten und vermittelten ein Bild der in der arabischen Welt vorherrschenden Korruption, was mit ein Auslöser für den im Übrigen von der CIA nach Kräften geschürten sogenannten *Arabischen Frühling* war.

Dennoch wurde Assange nun erstmals negativ dargestellt,

da führende Westblockpolitiker und in ihrem Gefolge auch die Westblockpresse diese Aktion als illegal und überflüssig brandmarkten (aber keinerlei Stellung zu den darin enthüllten US-Verbrechen nahmen). Einige US-Politiker forderten Assanges Exekution beziehungsweise seine Ermordung. Linke Staatschefs und Politiker (einschließlich des britischen Labour-Vorsitzenden Jeremy Corbyn, 2019 durch eine Dauerkampagne der Westblockpresse zum Rücktritt gezwungen) dagegen lobten die Aktion. Assange bekam 2010 mehrere Menschenrechtspreise verliehen, wurde von den Lesern der französischen Zeitung *Le Monde* zur »Person des Jahres« gewählt, und von weiteren Zeitungen weltweit für ähnliche Preise nominiert. Zudem erhielt er einen hochdotierten Verlagsvertrag für seine geplante Autobiographie. Seit der Veröffentlichung des Manning-Materials begannen die US-Behörden nun damit, gegen *WikiLeaks* im Allgemeinen und Assange im Speziellen Ermittlungen einzuleiten und juristische Verfahren gegen beide vorzubereiten. Handhabe war das völlig veraltete, im heutigen juristischen Gebrauch lächerliche, aber nach wie vor gültige US-Spionageabwehrgesetz von 1917, das bereits bei der Schilderung des Falles Snowden erwähnt wurde. Dieses im Ersten Weltkrieg erlassene Gesetz mit seinen kruden Bestimmungen wird bis heute, bis ins 21. Jahrhundert von den USA herangezogen, wenn es gilt, regierungskritische *Leaker* oder *Whistleblower* anzuklagen und zu bestrafen.

Aus dem von Edward Snowden 2013 publizierten Geheimmaterial von NSA und CIA geht hervor, dass Assange schon Anfang 2010 von den wütenden US-Behörden auf eine *Manhunting Timeline* gesetzt worden war, dass also eine Angriffsplanung gegen seine Person und seine Organisation in Gang gesetzt worden war, und dass gleichzeitig Aufforderungen an die US-Verbündeten (BRD et cetera) ergingen, ebenfalls Ermittlungen gegen Assange in die Wege zu leiten. Es dauerte nicht lange, bis eine der 2010 von den US-Geheimdiensten vorbereiteten Fallen zuschnappte. Angesichts dessen, was weiter oben im Buch zu Olof Palme beziehungsweise zu Schweden berichtet wurde, verwundert es nicht, dass es gerade in diesem skandinavischen Land passierte. Ist Schweden doch eines jener nominell neutralen Länder, die eine äußerst enge, mehr als bedenklich enge Verbindung zu den USA und ihren Geheimdiensten seit vielen Jahrzehnten pflegen. An dieser Stelle ist angesichts der verbreiteten Empörung über Assange im Zuge des folgenden Vorfalls in Schweden eine Vorbemerkung notwendig: Generell gilt, dass niemand, ungeachtet welche Rolle er oder sie spielen, ob nur eine private oder eine sehr öffentliche, ein Engel, ein Übermensch oder ein*e Held*in ohne jegliche Schwächen sein muss. Das wäre schlicht unmöglich. Dennoch, und das gilt uneingeschränkt, sollten gerade Personen, die sich einer überdurchschnittlichen öffentlichen Aufmerksamkeit »erfreuen«, sich ihrer herausgehobenen Position in vollem Umfang und ausnahmslos bewusst sein und ihr Verhalten entsprechend verantwortungsbewusst gestalten. Wie geriet Assange nun in diese, rückblickend betrachtet, erbärmlich einfache, mit minimalem Aufwand durchschaubare *honeytrap*, die schwedische Sexfalle, die schon beim ersten Versuch erfolgreich zuschnappte? Alles begann mit einer Mail, die Assange im Frühjahr 2010 von einer schwedischen »Aktivistin«, einer jungen Dame namens Anna A., erhielt, die zeitweise auch als Anna B. auftritt. Sie war zu diesem Zeitpunkt wissenschaftliche Hilfskraft an einer schwedischen Universität und Mitglied einer Vereinigung, die sich *Christliche Sozialdemokraten* nannte, einer Splittergruppe der Sozialdemokratischen Partei Schwedens. Diese lud ihn jetzt zu Vorträgen nach Schweden ein, Thema »*WikiLeaks* und die Presse«. Assange, der ohnehin Reisepläne Richtung Schweden verfolgte, um sich mit Vertretern der dortigen Piratenpartei zwecks Serversharing zu treffen, sagte zu. Ob er die Dame zuvor wenigstens oberflächlich überprüfte, ob er die Organisation, in deren Namen sie ihn einlud, überprüfte, ist bis heute unbekannt. Für einen Mann in seiner Position, der sich zu diesem Zeitpunkt bereits alle Geheimdienste der USA zu Feinden gemacht hatte, der für die USA nicht weniger als *Public Enemy No. 1,* Staatsfeind Nr. 1, war, wäre ein zumindest oberflächlicher Background-Check, eine Überprüfung seiner Ansprechpartnerin, Pflicht gewesen. Und ein solcher oberflächlicher Check, wie ihn ein Internet-Wizzard wie Assange innerhalb von Sekunden hätte durchführen können, hätte bei ihm mehrere Alarmglocken schrillen lassen müssen.

Fakt ist, Assange reiste am 11. August 2010 von Großbritannien nach Schweden. In Stockholm nächtigte er nicht in einem Hotel, sondern in der Einraumwohnung von Anna A., die ihm diese zur Verfügung gestellt hatte. Sie selbst werde während des Aufenthalts von Assange anderswo nächtigen, hatte man Assange mitgeteilt. Doch schon nach zwei Tagen kam Anna A. überraschend in die Wohnung zurück, und meinte, ihre Pläne hätten sich geändert. Das sei aber nicht schlimm, man könne ja die paar Tage auch zu zweit in der kleinen Wohnung wohnen. Allerdings hatte Anna A. nur ein Bett. In dem sie nun mit Assange übernachtete. Es kam, wie es kommen musste. Der 39-jährige Assange und die 31-jährige Anna A. hatten einvernehmlichen Sex, und nicht nur einmal. Von wem die Initiative ausging, darüber gibt es unterschiedliche Darstellungen. Die wahrscheinlichere Variante ist, dass Anna A. die Dinge entsprechend in die Wege geleitet hat. Die Gründe hierfür gibt es weiter unten. Ab hier lief der perfide Plan jedenfalls wie ein Uhrwerk ab.

Und Assange merkte nicht, dass in dem Moment, wo er mit Anna A. vögelte, die »virtuellen« Handschellen klickten. In den nächsten Tagen hatten sie weiterhin häufig Sex, Angebote anderer Aktivisten, dass Assange bei ihnen übernachten könne, lehnte Anna A. ab. Tagsüber hielt Assange weiter Vorträge, abends gingen sie zusammen essen und trafen sich beispielsweise mit der Führungsriege der schwedischen Piratenpartei. So weit, so noch relativ überschaubar. Bei der ersten Pressekonferenz Assanges am Donnerstag, den 12. August 2010 saß allerdings eine junge Dame in einem auffallenden, rosa T-Shirt in der ersten Reihe, die angehende Fotografin Sofia W., 20, die nun ins Spiel kommt und Assange ihre Telefonnummer zusteckte. Sie wolle ihn gern kennenlernen und fotografieren. Die Zugangsberechtigung zur Pressekonferenz hatte Sofia W. von Anna A. nach einer E-Mail-Kontaktaufnahme bekommen. Assange teilte Anna A. nun mit, dass er in den nächsten Tagen Sofia W. besuchen wolle. Anna A. spielt kurzzeitig die Empörte, doch sie und ihre Auftraggeber müssen in dem Augenblick gejubelt haben, weil sich damit eine weitere Chance für die Vernichtung Assanges ergab.

Am 16. August fuhr Assange mit dem Zug zu Sofia W., die außerhalb Stockholms wohnte. Assange übernachtete bei Sofia W., auch mit ihr kam es zu sexuellen Aktivitäten. Sofia W. scheint keine junge Frau zu sein, die einfach einen Mann näher kennenlernen wollte, der weltweit Schlagzeilen produzierte. Denn nach den Ereignissen, die zur Vergewaltigungsanklage gegen Julian Assange führten, wurden sämtliche Internet-Präsenzen von Sofia W. professionell gelöscht, so professionell, dass keines der normalen Cache-Archive heutzutage auch nur die kleinste Spur von ihr enthält. Das deutet laut Kommentaren schwedischer Aktivisten auf eine Verbindung zum schwedischen Geheimdienst hin, der aufs Engste mit den US-Diensten verbunden ist. Während Assange also willig in beide Venusfallen tappte und mehrfach einvernehmlichen Sex mit beiden Frauen hatte, lief am Freitag, den 20. August 2010 Stufe II der Falle an. Sofia W. hatte kurz zuvor Kontakt mit Anna A. aufgenommen, und dieser mitgeteilt, dass sie Sex mit Assange gehabt habe. Die beiden Frauen tauschten sich nun aus und stellten fest, dass sie beide angeblich sowohl geschützten als auch ungeschützten Verkehr mit Assange gehabt hatten. Speziell der Verkehr ohne Kondom machte ihnen nun angeblich zu schaffen, und sie wollten die Sorge, ob sie sich evtl. eine Geschlechtskrankheit durch den promisken Assange zugezogen hatten, ärztlich überprüfen lassen, und Assange auffordern, ebenfalls einen Test auf Geschlechtskrankheiten (bis hin zu HIV) zu machen. Assange hatte das angeblich zuvor nach Ansprache durch die beiden Frauen abgelehnt. Daraufhin habe Anna A. ihrer Leidensgenossin vorgeschlagen, zur Polizei zu gehen, und dort zu fragen, ob man Assange zwingen könne, einen HIV-Test zu machen. Nun wurde es immer merkwürdiger. Anna A. nahm Sofia W. mit zu einer Polizeistation, in der eine Polizistin arbeitete, die Anna A. kannte. Die Polizistin beriet die beiden allerdings nicht nur, sondern nahm ein offizielles Protokoll der Aussagen der beiden auf. Als Sofia W. erwähnte, dass sie Sex mit Assange hatte, ohne dass dieser ein Kondom benutzte, sagte auch Anna A., die während der »Vernehmung« von Sofia W. – unter Bruch aller schwedischen und internationalen Polizeigepflogenheiten – zugegen war, dass Assange sie zu ungeschütztem Verkehr genötigt habe. Die Polizistin notiert, dass Assange beide Frauen vergewaltigt habe, da in Schweden einvernehmlicher Verkehr, der vom Mann heimlich ohne Kondom durchgeführt wird, als Vergewaltigung gilt. An dem Punkt sei Sofia W. erschrocken aufgesprungen, habe die »Vernehmung« abgebrochen, und erklärt, dass sie Assange keinesfalls wegen Vergewaltigung anklagen wolle.

Die Frauen teilten sich jetzt die Rollen. Sofia W., das »gute« Opfer, das von Anna A. und der Polizistin in die Falle gelockt wurde, und Anna A. als die Drahtzieherin, die »Böse«, die Assange, aus welchen Gründen auch immer, »drankriegen« wollte. Wie Bekannte von ihr aussagten, war sie »not amused«, dass Assange, während er bei ihr wohnte, einen Fick-Ausflug zu Sofia W. unternahm und dies Anna A. auch noch explizit wissen ließ. Was sagt die ganze Angelegenheit nun über Assange aus? Unabhängig davon, was zwischen ihm und den beiden Frauen wirklich passiert ist – Assange muss sich den Vorwurf gefallen lassen, als jemand, der im Fadenkreuz der mächtigsten Geheimdienste der Welt stand und steht, gefährlich fahrlässig gehandelt und sich geradezu naiv angestellt zu haben im Hinblick auf die ihm zuvor schon bekannte Bedrohung durch die US-Geheimdienste, die – wie er nur zu genau wusste – im Begriff waren, eine Diskreditierungs- und Herabwürdigungskampagne gegen ihn zu führen, um seine politische und moralische Integrität zu zerstören. Ziel der US-Dienste war und ist es, dafür zu sorgen, dass kein Mensch Assange künftig brisante Dokumente zukommen lässt. Assange wird also künftig damit leben müssen, diese Unvorsichtigkeit begangen, und damit sein Projekt, aber auch sein Leben leichtfertig aufs Spiel gesetzt zu haben. Assange kannte die entsprechenden Beispiele aus dem Church-Report des US-Senats, der sich in den 1970er Jahren kritisch mit den Machenschaften der CIA auseinandersetzte und belegte, wie der Geheimdienst in solchen Fällen erfolgreich vorging, um den Ruf von Opponenten für immer zu zerstören. Auch das tragische Schicksal des US-Investigativ-Journalisten Gary Webb, der in den 1980er Jahren die Finanzierung der rechtsradikalen Contra-Terroristen in

Nicaragua durch Kokain-Geschäfte der CIA aufdeckte und am Ende von den US-Geheimdiensten in den Selbstmord getrieben wurde, war Assange bekannt.

Nehmen wir nun Anna A. etwas genauer unter die Lupe. Wie man noch heute durch eine nur wenige Minuten in Anspruch nehmende Recherche herausfinden kann, gehörte die heutige Diakonin Anna A. zwar indirekt zur renommierten schwedischen *Sozialdemokratischen Partei,* aber eben nur *indirekt.* Sie war damals Mitglied einer Splittergruppe namens *Christliche Sozialdemokraten,* und auch sonst in trüben Gewässern unterwegs. Während ihres Studiums der Sozialwissenschaften hatte sie ein Jahr mit einem Partei-Stipendium in Südamerika zugebracht und sich seitdem in antikommunistischen Exilkubaner-Kreisen herumgetrieben. Diese betreiben gerade in Schweden einen ihrer wichtigsten internationalen Stützpunkte, und geben dort eine in hoher Auflage verbreitete Zeitschrift heraus, in der Artikel von Anna A. abgedruckt wurden. Damit war Anna A. automatisch in den Dunstkreis der CIA geraten, die zu den Hauptfinanziers der Exilkubaner zählt. Vermutlich entstand auf diese Weise der Kontakt zum US-Geheimdienst. Doch damit nicht genug. Anna A. hatte sich im Internet auch als sehr nachtragende, rachsüchtige, schlechte Verliererin in emotionalen Angelegenheiten gezeigt. Nur wenige Monate vor den Ereignissen mit Assange hatte sie in ihrem (wenige Tage nach dem Assange-Vorfall gelöschten) Blog ausführlich darüber berichtet, welche Möglichkeiten man als Frau habe, einen Kerl, der einen sitzengelassen habe, nach Strich und Faden fertigzumachen. Dazu zählten auch üble Nachrede und Sex als Waffe. Begünstigt wird das durch eine in Schweden äußerst frauenfreundliche Sexualstrafgesetzgebung (was ja grundsätzlich begrüßenswert ist). Hier reichen schon Dinge, die in der restlichen entwickelten Welt noch zu den harmloseren Delikten zählen, um Gefängnisstrafen zu provozieren. Anna A. war also die ideale Gegenspielerin, um Assange in eine Venusfalle der Extraklasse zu locken: jemand, der ideologisch auf der Gegenseite stand, und als jahrelange »Frauenbeauftragte« der Studentinnen einer schwedischen Universität sich genauestens mit den rechtlichen Aspekten auskannte.

Das Vorhaben Assanges, während seines Aufenthalts in Schweden die Aufnahme in den schwedischen Journalistenverband sowie eine Daueraufenthaltsgenehmigung für Schweden zu beantragen, um so den in Schweden überdurchschnittlichen juristischen Schutz für Journalisten zu erhalten, war nach der eingeleiteten Anklage wegen Vergewaltigung natürlich gescheitert. Auch dabei handelte es sich vermutlich um eines der Ziele dieser erfolgreichen CIA-Operation. Doch die Drahtzieher der Operation waren zu diesem Zeitpunkt noch nicht ganz am Ziel. Denn die Ermittlungen gegen Assange wegen der angeblichen sexuellen Übergriffe wurden von den schwedischen Justizbehörden zunächst nach wenigen Tagen wegen Mangels an Beweisen eingestellt. Assange erhielt die Erlaubnis, das Land zu verlassen. Nachdem im Hintergrund entsprechender politischer Druck seitens der schwedischen Regierung und der USA ausgeübt worden war, wurden die Ermittlungen einige Wochen später jedoch wieder aufgenommen. Am 20. November 2010 erließ die schwedische Polizei einen internationalen Haftbefehl gegen Assange im Zusammenhang mit diesen Vorwürfen. Am 8. Dezember 2010 stellte sich Assange den britischen Behörden und nahm an einer ersten Verhandlungsrunde bezüglich seiner Auslieferung an Schweden teil, in deren Verlauf er bis zum Abschluss des Verfahrens in Haft genommen wurde. Am 16. Dezember 2010 wurde er während einer Anhörung gegen Kaution aus der Haft entlassen. Assange, der auch einen direkten Anschlag auf sein Leben befürchtete, teilte Ende 2010 mit, sollte ihm etwas zustoßen, werde *WikiLeaks* auf Tausenden von Webseiten weltweit alle noch nicht veröffentlichten Dokumente gleichzeitig und unredigiert, also mit allen Details, Kontaktdaten und Namen der Agierenden, ins Netz stellen. Offenbar hatte er mit dieser Drohung Erfolg – immerhin ist er noch am Leben. Am 24. Februar 2011 erließ das britische Gericht das Urteil, dass Assange an Schweden auszuliefern sei. Der US-Inlandsgeheimdienst FBI schleuste ebenfalls 2011 für mehrere Monate einen 18-jährigen Informellen Mitarbeiter bei *WikiLeaks* ein, einen etwas verstörten, übergewichtigen jungen Mann aus Island mit einem Hang zu kriminellen Aktivitäten, der für die US-Behörde direkt aus dem Herzen der »feindlichen Organisation« berichtete. Zudem setzte dieser US-IM im Namen von *WikiLeaks* – jedoch ohne jeden Auftrag oder Autorisierung durch *WikiLeaks* – einige illegale Aktionen in Gang, die offenbar dazu gedacht waren, die Online-Plattform in schlechtes Licht zu rücken. Nicht zuletzt unterschlug der Informant offenbar 50.000 Dollar aus einer Unterstützer-Website, die er für *WikiLeaks* betrieb.

Am 30. Mai 2012 entschied das Oberste Britische Gericht, Assange sei – ungeachtet der Möglichkeit, den *Europäischen Gerichtshof für Menschenrechte* anzurufen – innerhalb von zehn Tagen nach Schweden auszuliefern. Er erhielt eine Frist von zwei Wochen, um einen Antrag auf eine Neuaufnahme des Falls einzureichen. Innerhalb dieser Zeit werde er nicht ausgeliefert. Der von Assange am 12. Juni 2012 eingereicht Antrag auf Neuaufnahme wurde jedoch zwei Tage später abgewiesen. Damit drohte Assange ab dem 28. Juni innerhalb von zehn Tagen die Auslieferung von Großbritannien nach Schweden. Um die Auslieferung zu verhindern, entfernte Assange am 19. Juni 2012 seine ihm seit Anfang des

Verfahrens umgelegte elektronische Fußfessel der britischen Behörden und flüchtete in die ecuadorianische Botschaft in London, wo er um politisches Asyl bat. Am selben Tag teilte der ecuadorianische Außenminister Patiño mit, dass Assange politisches Asyl in Ecuador beantragt habe und dass die Regierung Ecuadors diesen Antrag prüfe. Die britischen Behörden teilten daraufhin mit, Assange werde wegen Bruch der Kautionsvereinbarung verhaftet, sobald er die Botschaft verlasse. Zu diesem Zweck wurden nun rund um die Botschaft rund um die Uhr Polizeieinheiten stationiert mit dem Auftrag, Assange zu verhaften, sobald er das Gebäude verlässt. Die Kosten dieser siebenjährigen Stationierung der Polizeieinheiten rund um die Botschaft beliefen sich auf über dreizehn Millionen Euro. Die australische Regierung hatte gleichzeitig mitgeteilt, sie sehe keine Veranlassung, sich zugunsten von Assange in dem Fall zu engagieren. Dazu muss man wissen, dass Australien zu den engsten Verbündeten der USA in politischer, wirtschaftlicher, militärischer und geheimdienstlicher Hinsicht zählt.

Am 16. August 2012 teilte Ecuador mit, dass man Assange politisches Asyl gewähre. Man honoriere damit seinen Einsatz zugunsten der Menschenrechte und des Völkerrechts. Assange könne in der Botschaft solange bleiben, wie er wolle. Allerdings handelt es sich bei der ecuadorianischen Botschaft in London nicht um ein großzügiges Botschaftsgebäude mit eigenem Garten, sondern nur um eine Wohnung in einem Altbau-Apartmentblock. Innerhalb dieser Miniaturbotschaft richtete man Assange nun in einem der Botschaftsbüros ein improvisiertes Apartment ein, mit Bett, Telefon, UV-Lampe, Computer, Dusche, Fahrradtrainer und einer kleinen Küche. Während er in der Botschaft hauste, setzte Assange seine Arbeit für *WikiLeaks* fort. 2013 half er dem US-*Whistleblower* Edward Snowden bei seiner

Flucht aus Hongkong nach Moskau. Ebenfalls 2013 meldete sich die schwedische Generalstaatsanwältin bei den britischen Ermittlungsbehörden und teilte mit, sie plane das schwedische Verfahren einzustellen und den europäischen Haftbefehl aufzuheben, da die Kosten in keinem Verhältnis zum zu erwartenden Urteil stünden. Die britischen Behörden baten die schwedische Generalstaatsanwältin dringend, das Verfahren weiterzuführen. Da drei der vier Anklagepunkte mittlerweile verjährt waren, blieb nur noch der Vorwurf der Vergewaltigung im minderschweren Fall, der erst 2020 verjährte. Anfang 2016, Assange hatte mittlerweile vier Jahre im Botschaftszimmer verbracht, ohne auch nur ein einziges Mal die Wohnung verlassen zu können, also eine besonders perfide Form der Einzelhaft, schrieb die UN-Arbeitsgruppe gegen willkürliche Gefangennahmen, dass Assange entgegen den entsprechenden UN-Konventionen in der Botschaft mit der Androhung seiner umgehenden Verhaftung bei Verlassen der Botschaft festgehalten werde, und dass dies einen Rechtsbruch seitens Großbritanniens darstelle. Assange sei umgehend freizulassen. Großbritannien wies dieses Ansinnen der UN umgehend als »lächerlich« zurück. Im Februar 2016, im Vorfeld der US-Präsidentschaftswahlen, bei denen sich als Kandidaten Trump (Republikaner) und Hillary Clinton (Demokraten) gegenüberstanden, teilte Assange mit, er habe Zugang zu Tausenden E-Mails von Clinton gehabt und könne daher bestätigen, dass diese nur an ihrem eigenen Fortkommen interessiert sei, und im Übrigen plane, die USA in eine Fülle neuer, überflüssiger und illegaler militärischer Aktionen zu verwickeln. Die Wahl zwischen Hillary Clinton und Donald Trump gleiche der Wahl zwischen Pest und Cholera. Er persönlich würde keinen von beiden wählen. Am 22. Juli 2016 veröffentlichte

WikiLeaks eine Fülle von Dokumenten und E-Mails vom Server des Wahlkomitees der Demokraten. Diese belegten, dass das Wahlkomitee entgegen den geltenden Bestimmungen einseitig Clinton bevorzugte, und ihren zunächst sehr erfolgreichen parteiinternen Konkurrenten Bernie Sanders auf illegale Weise benachteiligte. Die verantwortliche Parteivorsitzende der Demokraten trat daraufhin zurück. Im Oktober 2016, kurz vor der US-Präsidentschaftswahl, stellte *WikiLeaks* weitere zweitausend E-Mails von Hillary Clinton an ihren Kampagnenmanager John Podesta online. Dort waren weitere illegale Machenschaften Clintons nachzulesen. In der Westblockpresse hieß es zu diesem Zeitpunkt nur, offenbar habe sich *WikiLeaks* Material zu eigen gemacht, das von staatlichen russischen Hackern erbeutet und *WikiLeaks* dann zur Verfügung gestellt worden sei. Assange wies darauf hin, dass es für diese Behauptung auch nicht die Spur eines Beweises gab (und bis heute nicht gibt, trotz aller Bemühungen der USA, die Sache zu hinzudrehen). Assange wurde daraufhin vorgeworfen, er habe keinerlei Material gegen Trump veröffentlicht. Assange wies diese Vorwürfe dahingehend zurück, dass er nicht veröffentlichen könne, was er nicht habe. Da ihm niemand Material gegen Trump zur Verfügung gestellt habe, könne er auch nichts online stellen. Von den im veröffentlichten Material belegten kriminellen Machenschaften Clintons war in der Westblockpresse nichts zu lesen.

Am 14. November 2016 wurde Assange in der ecuadorianischen Botschaft zu dem Vergewaltigungsvorwurf befragt. Im Mai 2017 vertagten die schwedischen Strafverfolgungsbehörden das Verfahren gegen Assange bis auf weiteres. Der Haftbefehl wurde ebenfalls aufgehoben, mit dem Hinweis, dass er wieder in Kraft gesetzt werden könne, falls Assange vor August 2020 nach Schweden einreise. Wie sich hinterher herausstellte, hatten britische und US-Geheimdienste auch innerhalb der ecuadorianischen Botschaft eine lückenlose Überwachung Assanges aufgebaut. Dennoch gelang es Assange, in den Jahren seines Botschaftsasyls wichtige Leaks durchzuführen. So wurden am 25. November 2016 E-Mails und interne Dokumente der US-Armee publiziert, die US-Militäroperationen im Jemen zwischen 2009 und 2015 betrafen. In einem Kommentar zur Publikation teilte Assange mit, die US-Militäraktionen im Jemen hätten unsägliches Elend über die Bevölkerung gebracht, gleichzeitig werde dieser Feldzug von der Westblockpresse totgeschwiegen. 2017 nannte der damalige CIA-Direktor Pompeo die Plattform *WikiLeaks* einen feindlichen Geheimdienst, der staatliche Akteure wie Russland bei ihren illegalen Aktionen unterstütze. Pompeo bezog sich dabei auf eine neue Fülle von Dokumenten, die *WikiLeaks* damals publiziert hatte. Unter dem Sammelnamen *Vault 7* (Gewölbe 7) wurden damals ausführlich Details zu den Internet-Hacking-Aktivitäten und Fähigkeiten der CIA erläutert. Assange warf der CIA in einem Kommentar vor, seine Bürgerrechte außer Kraft zu setzen, um in ihrem illegalen Treiben ungestört fortfahren zu können.

Clinton verlor im November 2016 die Wahl, weil sie letztlich das Wahlvolk nicht davon überzeugen konnte, die bessere Präsidentin zu sein. Dass sie mit dem Umstand, die erste Frau im Amt in der US-Geschichte zu sein, zu punkten versucht hatte, war fürs Wahlvolk nicht überzeugend, weil man ja gerade erst erlebt hatte, dass auch der erste Nicht-Weiße auf dem Präsidentenstuhl deswegen keine wesentliche andere oder gar bessere Politik machte als all die weißen Präsidenten vor ihm. Hinzu kamen schwere Fehler Clintons bei der Wahlkampfführung wie mangelnde Kampagnentätigkeit in den »Swing-States« et cetera. Sie beschuldigte nun zusammen mit Teilen der US-Presse *WikiLeaks* und Russland, die Wahl zugunsten von Trump entschieden zu haben, obwohl es dafür auch nicht den Hauch eines Beweises gab. Anschließend versuchten die Demokraten und Teile der US-Presse, statt *WikiLeaks* nun Russland für den Wahlsiegs Trumps verantwortlich zu machen – eine einigermaßen absurde Aktion, da es keine aktive Einmischung Russlands in den Wahlkampf gab. Aber man brauchte einen Sündenbock für den unvorhergesehenen Wahlsieg Trumps. Und statt die wirtschaftliche Lage, die Verelendung weiter Teile der Bevölkerung, auch nur wahrzunehmen, schob man alles auf den bequemen Sündenbock im Ausland. Dass Protestwähler Trump auf den Präsidentenstuhl geholfen hatten, die vom amerikanischen Regierungssystem und der grassierenden Korruption sowie der Ignoranz der Herrschenden gegenüber den Nöten des einfachen Volks genug hatten, wurde ausgeblendet. Trump war mit der Kernthese angetreten, den Sumpf an Korruption trockenzulegen. Das fand die Mehrheit des US-Wahlvolks gut. Dass er als korrupter Multimillionär (Milliardär, wie er selber immer gern behauptet, ist er offenbar nicht, eine weitere seiner vielen Lügen) natürlich genau das Gegenteil tat und die Korruption in Washington auf neue Rekordhöhen drückte, ist eine andere Sache, die aber mit den Ursachen seines Wahlsiegs nichts zu tun hat.

Schon im Sommer 2018 berichtete der britische Journalist Greenwald, dass die in der Zwischenzeit an die Macht gekommene neue ecuadorianische Rechtsregierung unter Präsident Moreno plane, Assange an Großbritannien auszuliefern, um sich wieder in den Genuss von »Entwicklungshilfegeldern« aus den USA zu bringen, welche der vorherigen Linksregierung unmittelbar nach Amtsantritt gestrichen worden waren. Im November 2018 erregte eine besondere

Besucherin, die Assange in der Botschaft aufsuchte, Aufsehen: niemand anderes als die Badeanzugschönheit und politische Aktivistin Pamela Anderson traf sich mit Assange in der Botschaft, und forderte in einem anschließenden Interview mit einer australischen Nachrichtensendung den australischen Premierminister auf, sich für die Freilassung seines Mitbürgers Assange einzusetzen. Die sexistische Antwort des Premierministers fiel derart beleidigend aus, dass sich Anderson öffentlich darüber erstaunt zeigte, wie sich ein Staatschef derart im Ton vergreifen könne. Im selben Monat verrieten US-Staatsanwälte versehentlich, dass bereits seit längerer Zeit ein neues Verfahren gegen Assange in die Wege geleitet werde. Am 11. April 2019 erteilte Ecuador schließlich der britischen Polizei das Recht, die Botschaft zum Zwecke der Verhaftung von Assange zu betreten. Ein Dutzend Polizisten stürmte ins Gebäude und schleppten den zur Strecke gebrachten *Leaker* vor den Kameras der Weltpresse aus der Botschaft in einen Bus, der Assange ins Gefängnis brachte. Ebenfalls am 11. April 2019 gab die US-Staatsanwaltschaft öffentlich bekannt, Anklage gegen Assange zu erheben. Die schwedische Staatsanwaltschaft nahm am 13. Mai 2019 das Ermittlungsverfahren gegen Assange wegen des Vergewaltigungsvorwurfes wieder auf. Am 19. November 2019 teilte die schwedische Staatsanwaltschaft mit, die Voruntersuchungen zum Vergewaltigungsvorwurf würden eingestellt, da keine ausreichenden Beweise für eine Verurteilung vorlägen.

Am 1. Mai 2019 wurde Assange wegen Bruch der Kautionsbedingungen zu fünfzig Wochen Haft verurteilt. Der Richter teilte mit, Assange könne bei guter Führung, und wenn keine anderen Gründe dagegensprächen, nach der Hälfte der Haftstrafe entlassen werden, also im September 2019. Noch im April 2019 hatte *WikiLeaks* mitgeteilt, dass es

Beweise für eine umfassende Überwachungsoperation gegen Assange in der ecuadorianischen Botschaft gefunden habe. So sei er per Videokameras ebenso wie seine Besucher*innen überwacht, aber auch abgehört worden, zudem sei seine Internet-Kommunikation aufgezeichnet worden. Dafür sei eine spanische »Sicherheitsfirma« aus dem Umfeld der spanischen Geheimdienste eingesetzt worden. Der Auftrag dazu sei von der CIA erteilt worden. Der Chef der Firma wurde im September 2019 in Spanien verhaftet, wegen Korruption, Geldwäsche und Erpressung sowie wiederholten Verletzungen der Privatsphäre verschiedener Opfer. Am 23. Mai 2019 wurde die US-Anklage gegen Assange um siebzehn weitere Vorwürfe ergänzt. Für diese Vorwürfe ist gesetzlich eine Maximalstrafe von hundertsiebzig Jahren Haft vorgesehen – in den USA werden die Haftstrafen für verschiedene Vergehen, wie erwähnt, nicht zusammengelegt, sondern addiert. Als Journalist hätte Assange das Recht, bestimmte Regierungsdokumente zu veröffentlichen, als Privatmann nicht. *WikiLeaks* hatte schon 2017 von einem britischen Gericht die Bestätigung erhalten, dass es eine Presseorganisation darstelle, mithin also unter dem Schutz der journalistischen Rechte stehe, was in diesem Fall auch für Assange als Angestellten von *WikiLeaks* gelten müsste. Mittlerweile werden *Whistleblower*, Hinweisgeber und *Leaker* – auch das ein Ziel der Operation – durch die drastischen Strafen und die menschenunwürdige Behandlung Assanges offenbar umfassend von der Weitergabe kritischer Daten abgeschreckt.

Nachdem Assange eigentlich im September 2019 gemäß dem Gerichtsurteil für seine Verhaftung wieder freigelassen werden sollte, entschied das zuständige Gericht kurzfristig, Assange nicht freizulassen, da akute Fluchtgefahr bestehe. Viele Ärzte innerhalb und außerhalb Großbritanniens unterzeichneten einen internationalen Appell, Assange wegen seines schlechten Gesundheitszustands freizulassen. Auch in Australien gründete sich eine fraktionsübergreifende Arbeitsgruppe im Parlament mit dem Ziel, die Freilassung und Überstellung Assanges nach Australien zu erreichen. Die Haftbedingungen im britischen Hochsicherheitsgefängnis sind nach wie vor schikanös. Am 20. März 2020 stellte der Anwalt Assanges einen Antrag auf Freilassung seines Mandanten gegen Kaution, der vom Gericht abgelehnt wurde. Der für Mai 2020 angesetzte Ausweisungsprozess wurde wegen der Corona-Krise auf September 2020 verschoben. Ausgang ungewiss. Rückblickend muss festgestellt werden, dass wie auch immer man Assanges Verhalten im schwedischen Vergewaltigungsverfahren beurteilt, *WikiLeaks* und seine Arbeitsweise den Gang der Geschichte verändert haben. Die Veröffentlichung der US-Kriegsverbrechen im Irak und anderswo haben den Nimbus der »moralischen Führungsmacht« USA weiter unterminiert. Zudem haben Assange und *WikiLeaks* viele Medienunternehmen dazu gebracht, Innovationen, die Assange für *WikiLeaks* entwickelte, für ihre eigene Arbeit zu übernehmen. Dazu gehören digitale Dropboxen, über die Hinweisgeber anonym Daten übermitteln können, die Veröffentlichung redigierter Original-Datensätze, die Beschäftigung mit *Data Science* (Datenwissenschaft) und die Erhöhung der Internetsicherheit von Journalisten, um Quellen zu schützen. Assange wird also – unabhängig vom endgültigen Ausgang des Verfahrens – wegen dieser Verdienste in Erinnerung bleiben.

Auch der UNO-Sonderberichterstatter für Folter, dem Schweizer Jura-Professor Nils Melzer nannte Anfang Januar 2020 das gesamte Verfahren und die Behandlung Assanges durch die britischen Behörden illegal, ja verbrecherisch, und bezeichnete Assange als im Sinne der Anklage unschuldig. Zudem gleiche die Behandlung Assanges klassischer Folter,

Assange selbst weise medizinisch nachweisbare Spuren von Folter auf. Assange, der unwiderlegbare Beweise für systematische Folter veröffentlicht habe, werde nun statt der Folterer selbst verfolgt. Da ihm die Auslieferung an die USA drohe, einen Staat, der Menschen wie ihn unter Haftbedingungen halte, die Amnesty International als Folter bezeichne, müsse er von Europa davor bewahrt werden. Assange sei mittels der Vergewaltigungsvorwürfe aus Schweden ins Zwielicht gerückt worden, laut Melzer eine klassische Manipulationsoperation, um Stimmung gegen Assange zu machen. Nach Durchsicht zentraler Dokumente zur Beurteilung der Vergewaltigungsvorwürfe sei für ihn klar, dass das Verfahren nicht mit rechtsstaatlichen Mitteln betrieben worden sei. So sei etwa auf einem als Beweismittel eingereichten Kondom keinerlei DNA von Assange festgestellt worden. Dabei sei der zeitliche Kontext auffällig: Ende Juli 2010 veröffentlichte *WikiLeaks* das sogenannte *Afghan War Diary,* eines der grössten Leaks in der Geschichte des US-Militärs. Inklusive der furchtbaren Bordkamera-Aufnahmen, wie ein US-Hubschrauber im Irak viele unschuldige Zivilisten zur großen Freude der Hubschrauberbesatzung zusammenschießt. Daher sei die US-Regierung nun darauf verfallen, Assange zum Angeklagten zu machen und seinen Ruf zu zerstören. Schweden habe einige Jahre zuvor bereits zwei Asylbewerber ohne das ihnen zustehende Gerichtsverfahren an die CIA übergeben, woraufhin diese in Ägypten in einer Black Site von CIA-Mitarbeitern gefoltert worden seien. Der *Crown Prosecution Service,* die britische Generalstaatsanwaltschaft, habe die Schweden unbedingt davon abhalten wollen, das Verfahren einzustellen. Denn *WikiLeaks* habe mit seinen Veröffentlichungen die politischen Eliten in den USA, England und Frankreich bedroht beziehungsweise verärgert. Keiner der aus den von Assange geleakten Unterlagen bekannten US-Kriegsverbrecher sei bis heute angeklagt worden. Normalerweise gebe es in Großbritannien bei Verstößen gegen Kautionsauflagen in der Regel nur Bußgeldstrafen. Assange hingegen erhielt eine Haftstrafe von fünfzig Wochen in einem Hochsicherheitsgefängnis, die jetzt sogar »wegen Corona« bis September 2020 verlängert worden sei. Dieser öffentliche Missbrauch der Justiz in einer westlichen Demokratie sei beispiellos. Angesichts der Tatsache, dass UNO-Standards eine Isolationshaft von mehr als fünfzehn Tagen verbieten, handle es sich um ein illegales Vorgehen. An Assange werde ein Exempel statuiert, es gehe um die Einschüchterung aller Journalisten weltweit, die Eliten dieser Länder nicht durch ihre Berichterstattung in ähnlicher Weise zu verärgern, sonst werde es ihnen ergehen wie Assange. Letztlich solle so das überaus erfolgreiche »Geschäftsmodell« von *WikiLeaks* zerstört werden. Das habe funktioniert – die letzten Leaks auf der *WikiLeaks*-Homepage (*WikiLeaks.org*) stammen vom Herbst 2019.